古都・行った

私の・京都&奈良・収穫旅行

松原 裕一

YM 総研

そうだ京都、行こう！「ＪＲ東海の新幹線の旅」の始まりは平成五（一九九三）年の秋だった。小生の古都の旅は、昭和三七（一九六二）年の「修学旅行」で始まり、気が付けば奈良と京都だけでも、百カ所以上を巡礼した。飛鳥京、藤原京から平城京そして平安京へと遷都されたことは教科書で学び、誰もが知るところである。その流れに従い、奈良は飛鳥から始まり京都へと、この旅は流れる。とは言っても、順番に歩いたのではなく、昭和三七年から令和五（二〇二三）年まで、訪れた年や時期はそれぞれ異なるが、最寄りの場所をご近所と考え、まとめてみた。お目当ての場所は目次を参照され、拾い読みもお勧めである。

場所によっては半世紀前の頃に訪れた時の記述もあるので、注釈は添えたがご留意＆勘弁願いたい。まだまだ行きたい所は山ほどあるが、百を区切りに執筆、次の百へと・・・百歳まで、希望をつなげたい。

小生は物書きや歴史の研究家ではないので、関東から訪れた一観光客の立場として、あくまでも感性での記述になっている。実際にこの足で歩きに歩いた道すがらの出会いや、立ち寄った神社仏閣など、行って・歩いて・見て・知って、噛んで・砕いて・咀嚼して・・・思ったことをエッセイ風の記述スタイルにしてみた。

まえがき～プロローグ～

週末にお二人で、東京駅六時始発の新幹線で、京都や奈良に向かう人がいた。中学校の恩師、伊藤一磨先生という三年の時の担任で、専門は生物である。先生の趣味は版画、いわゆる自画・自彫・自摺で、素人とは思えない素晴らしい作品を作られ、毎年いただく年賀状が楽しみであった。古都では神社仏閣の巡礼を楽しみ、スケッチに余念がなかったようだ。その間、奥様は仏像を拝観したり庭園を散策したりして、お二人は最終の新幹線に乗り、日帰りで東京へ戻る事を何年も繰り返されていた、と亡くなられた後に奥様から聞いて知った。

他界されてからしばらくしたある時、奥様から落款が押された作品が送られてきた。仁和寺の庭を丹念にスケッチされ彫られたであろう版画で、形見として大切にしている。手前に回廊を置き、遠くに御殿の建物を配置した様は、奥行き感の表現が見事である。本の表紙をどうしようかと悩んでいたが、令和五年九十六歳になられた奥様のご厚意で、その作品を採用させていただけることになり、先生や奥様の古都への思いも本書に込めたい。奥様のお話では、先生は八十歳まで、東京港区の、有栖川宮記念公園内に併設されている都立中央図書館で版画教室を開き、後進の育成にご尽力されておられたそうだ。素晴らしい作品を本にしないかと、周囲から多くの勧めが有った様だが、固辞し続けたと聞く。日本橋の丸善で開催された個展を拝見したが、それが唯一のお披露目であったのだろうか。そう思うと「この表紙は記念すべき一枚になった」と言っても良いだろう。

一方の小生、初めての古都の旅は、中学校の修学旅行の時で、京都と奈良に行った。思えば、伊藤先生に連れられての旅だったのである。団塊の世代の先頭だった戦後生まれの我々は、一クラス六十人を越えた十二クラスで、様々な行事の時は、先生はもとより我々生徒も大変な思いをしたものだ。

当時の鉄道といえば、新幹線はもちろんなく、東京の中学生は、東海道線を走る、国鉄時代の「ひので」と呼ばれた修学旅行専用列車（特別設計の一一五系車輛）を利用した。朝八時頃に品川駅を出発し、夕方に京都駅着。車中泊を含め三泊四日の旅だった。列車は一編成しか無かったのか、帰りはピストン輸送の夜行で、早朝に品川駅に着いたと記憶している。ひので号は、今の東海道新幹線と同じ、三人と二人掛けの横五人の座席（六人と四人のボックス席で、座席の上が荷棚、折り畳み式のテーブル付で、ボックス毎に天井に照明が有った、と記憶する）で、その分通路は極端に狭く、車内の移動はすれ違いに苦労した。

旅行中の移動も大変だった、何しろ七百人以上が同時に行動するのである。寺や神社に着くたびに駐車場や集合に手間取り、食事は小一時間で胃袋の中にかき込まなければならない。バスは降りた場所で乗った記憶は薄く、次の駐車場まで歩くために、わざわざ寺や神社に寄るような感じがしたくらいだ。

寺の生立ちや仏像等は聞いても特に興味がなかった気がする。今まで教科書で学んだ名所旧跡などを見て回り、現地で確認するくらいにしか思えなかった。有名な場所はほとんど見て回っていたとの記憶があり、今思い返してみればなんと贅沢な旅だったことか。

見晴らしの良い高台に建つ比叡山延暦寺の根本中堂、光輝く金閣寺、巨大な知恩院、池に映す朱が際立つ平等院の逆さ鳳凰堂、熱心な説教にひたすら耳を傾け東塔の姿に魅せられた薬師寺、猿沢の池に溶け込む五重塔の興福寺、赤い鳥居と多くの吊り灯篭は春日大社、大仏の大きなお顔と仁王像に度肝をぬかれ正倉院の校倉の木組みに魅了された東大寺、どこからどこまで乗ったのか全く記憶のない近鉄電車・・等々、正確には思い出せない多さだ。

社会に出てからはというと、出張ついでに寄ったこともあり、今思えば〝どちらがついで〟だったのかいささか疑問だが、いずれであろうとも、目的は達成していたのであるから、良しとしていただこう。思い出してみると、四国霊場巡り以上の神社仏閣を訪れていたことがわかり驚いている。

ひと昔前の企業における定年は、六十歳であったが、小生の場合は、七十五歳が停年となった。旅好きが高じて、全国の神社仏閣を参詣してきたが、時間の制約がなくなったのを機に、京都と奈良に限り、旅のまとめとして回想録「収穫旅行」を思いついた。自分史は無理と悟るも、旅行記なら書けるだろうと思ったからだ。持ち帰ったり集めたりしたパンフレットや、関係社寺のホームページ、さらにはつたない記憶を頼って記すことにした。

私の古都【奈良編】

奈良での《社寺巡礼の収穫》

この本では、奈良の観光地を大きく五つに分けている。①飛鳥地区、②奈良市内、③斑鳩、④西の京、⑤吉野・長谷・他、である。①の飛鳥地区は場所により「近鉄飛鳥駅」および「近鉄・JR桜井駅（橿原神宮は近鉄橿原神宮前駅）」②の奈良市内は奈良駅を境として東西に大きく二分し、「東」は興福寺近辺と、「西」は平城宮跡近辺に大別している。強いていうならば、それぞれが徒歩で回れる程度の、いわばご近所といった所であろうか。

「西の京」の薬師寺と唐招提寺および、「斑鳩」の法隆寺地域は少々離れ、「吉野・長谷地区」はさらに離れるので分けて記載している。

大阪や京都方面から「②〜④地域」へは、近鉄の奈良世界遺産フリー切符「奈良・斑鳩コース」一日か二日用を選択可能：令和五年現在、および「①&⑤地域」へは、奈良世界遺産フリー切符「奈良・斑鳩・吉野コース」：令和五年現在が、該当地区での電車とバスの乗り降りが自由なので便利（購入前に利用可能な交通機関や地区を要確認：購入は駅員がいる近鉄特急券売り場）で、寺院などによっては割引（利用可能場所と内容はチケットに記載有）もあるので、お得である。

奈良① 飛鳥（飛鳥京・藤原京）

○飛鳥京

飛鳥の地は、都が置かれる以前から人々の営みがあり、多くの古墳と思われる丘が見られる。高松塚古墳・キトラ古墳・石舞台古墳・・・誰もが一度は聞いたことがある名前が並び、往時の生活が偲ばれるのもこの地方である。自然の山を拝み、昇ってくる太陽を拝み、祈りの場である神社が設けられ、様々な祈りを取り込んだ生活が成り立っていた。さらには、インドから大陸を経てもたらされた仏教や仏像崇拝も盛んになり、多くの寺が造営され、人々が集まり賑わいが起きた。

令和から遡ること約千四百年前、日本の首都は、現在の奈良県の明日香村周辺に置かれ、約百年間続いたとされる。飛ぶ鳥の飛鳥という文字が使われ、一説には飛鳥京とも呼ばれるが、本格的な都だったという歴史的根拠はなく、発掘や研究成果は得られていないらしい。しかし、皇極・斉明天皇の飛鳥板蓋宮、天武・持統天皇の飛鳥浄御原宮は、それぞれが二代にわたる天皇の宮殿であった。川原寺・飛鳥寺・山田寺といった大寺院が存在したのは、遺構の存在からも確かである。他にも橘寺・岡寺を含む神社仏閣が、現在も存在しているのがこの地方の特色である。しかも驚くことに、岡寺周辺の集落の造りは、路は石畳あり・家は白壁あり・所々に土蔵ありで、観光地として整備されたのかも知れないが、歴史の重みを感じるのである。レンタサイクルで一日廻っただけだが、多くの遺跡や寺が点在し、資料館も充実しており、一四〇〇年をはるかに超える昔からの人々の営みを肌で感じることができたのである。

1、橘寺

聖徳太子誕生の寺として広く知れ渡り、この近くが「誕生の地」であるのは事実のようだが、橘寺であるとの確かな証拠は薄いとされる。また聖徳太子が建立された七大寺（橘寺・葛木寺・法隆寺・中宮寺・法起寺・広隆寺・四天王寺）の一つとされ、前の二寺は飛鳥の地、中の三寺は斑鳩の地、後の二寺は京都と大阪であり、全国広しといへども誕生の地近くに創建されていることがわかる。

さらにいえば、聖徳太子の霊場は、奈良・大阪・滋賀・兵庫・京都に全三十六カ所を数え、第八番が橘寺であり、太子信仰も盛んだったとされる。聖徳太子は自ら仏典の講義をされていたが、天皇の命でお経を唱えた時、南の山に千の仏頭が出現し光明を放ったので、この地の御殿を改造し、仏頭山上宮皇院・橘寺と命名したようである。太子が造られた梵字を形どった阿字池には、太陽・月・星の光明を放ったといわれる「三光石」と呼ばれる石も置かれており、いささか伝説めいてはいるが、夢物語として受け止めても良いだろう。創建当初は、東西・八七〇メートル、南北・六五〇メートルの敷地を持つ大寺院で、金堂・講堂・五重塔をはじめ六六棟の伽藍を有したそうだ。現在は五重塔の芯柱の礎石が梵鐘の隣に置かれているが、この場所に塔があったかは分からない。

このあたりには、聖徳太子ゆかりの橘寺と、弘法大師ゆかりの川原寺（嵯峨天皇により運営を任されていた京都の東寺と、自ら建設に携わった真言密教の聖地である高野山を往復する途中に宿坊としていたといわれる）の二つの大寺院が並んで建っていた。川原寺前の道路から僅かな傾斜地を上がった所に、橘寺の山門があるが、ここは東側を向いて建てられた本堂の裏、つまり西側にあたり、正門は本堂の正面先の東側にある。寺の屋根の一番高い瓦の上では、ムクドリほどの大きさの鳥が、終始良い声でさえずっており、出迎えと見送りが鳥だったのは、飛鳥という名の地だからだろうか。寺の本堂に近づくと、若い女性のグループの話し声が気になったので、広い休憩所で先に休み、食後に寺の中を見て回わることにした。室内には、中年と思われる年格好をした海外からの珍客が腹ごしらえをしており、小生も小一時間昼食を共にした。男性の方はノートに何やら必死に書き込んでおり、女性の方はスナック菓子を口にしたりしていた。日本人でも余程の歴史好きか、考古学に興味がある人でないと来ないであろう場所に、何を目的に来られたのだろうか。

観光の寺というより歴史の原点と思われる寺は、今でも古人が突然目の前に現れてもおかしくない、といった雰囲気を漂わせているのである。本堂前には達磨大師の化身とされる太子の愛馬〝黒の駒〟が置かれ、背後の地蔵堂と相まって、災難厄除けのお守りとされているようだ。本堂近くの場所には、言い伝えにもあるように、中国から持ち帰った種から育った橘の木が植栽されており、秋には大きな実が成るのであろうか。さらに善と悪の両面を一つの石に刻んだ「二面石」などもあり、わが身を思い知らされる。古くは本尊の太子像を始めとし、日羅立像・不動明王・如意輪観音、新しくは往生院で、現代アートではあるが、素晴らしい花の天井画等を拝観でき、楽しみの一つである。

聖徳太子は、用明天皇を父、穴穂部間人皇女（アナホベノハシヒトノヒメミコ）を母とし、皇族の一員であるが、仏教にご執心であった。寺との関りも幼少の頃からあり、自ら仏教を学ぶと共に広めたとされる。日本国が形造られていく始まりの地に、推古天皇の命で、欽明天皇の別宮だった橘の宮を改造して作られたのが橘寺である。さらに天皇家は、一般的には神社との関係が深いように思われるが、平成になって両陛下が訪れ、令和五年にも上皇ご夫妻として再度訪れた京都の泉涌寺の例もあるように、仏教との関りも古くからあったのだと聖徳太子を通し、この寺で知ったのである。

○川原寺跡

弘法大師ゆかりの寺（先にも記したが、空海が宿坊としていた）とされ、名を馳せている。橘寺と道路を挟んだ対面に建立されたのが川原寺（当時は弘福寺といわれたとある）、後に建てられた同名の弘福寺が同じ場所に存在する。創建は天智天皇の時（六六一～六七一）で、「天智天皇に関連する大宰府の観音寺と、伽藍配置や瓦の文様が酷似しており、天智天皇時代に斉明天皇の冥福を祈って建てられたとの説がある」と現地の案内板に説明があった。また川原寺の軒瓦は、その紋様の特徴から「複弁八弁蓮華文軒丸瓦」と呼ばれ、古代寺院に使われたそうである。

飛鳥資料館には、寺の復元模型も展示され、中金堂を中心に、向って右に五重塔、左に西金堂、奥に講堂を配し、周囲と中金堂にも回廊を廻すほどの立派な伽藍だったことが解る。中金堂の礎石には、白大理石（瑪瑙（メノウ））が使われており、当時としては貴重な材料だったのだろうか。廃寺の周囲には、五重塔の基壇等が復元されており、伽藍の規模が大きかったことを物語っている。

飛鳥の地に在った四大寺のうち、この河原寺だけは遷都先の平城宮の近くに引っ越さずこの場所に留まった。移転した他の三大寺（現在名：薬師寺・大安寺・元興寺）は規模は変わるも現在も存続しており、そう考えると、人々が去った後の世を見通せなかったのだろうか。運命とは解らないもので、吉と出るか凶と出るか、時代の流れを読むのも重要だ。これだけの大寺院を維持するには、それ相当の僧や経費は必要であろう。檀家や裕福な支持層も欠かせないし、何といっても賑やかな場所で、多くの人々が詣でてくれなければ寂れる一方なのだ。荘園や、何か事業に取組んでいれば、寺としての生計も成り立たつかも知れないが、あの薬師寺でさえ、堂宇はお化け屋敷同然にまで荒廃し、一時は運営が危ぶまれたそうである。かつての大寺院川原寺は、いつ頃廃寺になったかは調べもしないが、結果が出るまでは時間を要するのである、打つ手は早くなければならない、そういう教訓を学べるのもここ飛鳥の地であった。

2、岡寺

飛鳥の坂を登った高台に岡寺はある、ご多分に漏れずこの寺も創建当時の伽藍は残っていない。天智天皇が義淵僧正に命じ、今を遡ること約千三百年、飛鳥京の中心地にあたる明日香村の丘に建立された。創建当初は「東光山真珠院龍蓋寺＝龍蓋寺」であった、義淵僧正が法相宗だったので、興福寺の末寺として住職も兼務されていたとある。江戸時代に入り、長谷寺の住職が入山されてからは同寺の末寺となり、法人としての名も「岡寺」に変更されたと記されている。

西国三十三観音霊場七番として厄除け参りが定着している岡寺、現在の本堂は、背後に鬱蒼とした木立が茂り、驚くほどの石楠花が咲く南に開けた丘の中腹に佇んでいる。文化二（一八〇五）年に再建された入母屋造りで、唐破風の屋根を設け、それを支える柱とのバランスが美しい堂々とした姿のお堂である。高い天井を有する本堂に納まるのが、坐像の御本尊・如意輪観音菩薩で、巨大なお姿に誰もが驚くにちがいない。空海は仏教がインド・中国・日本へと伝わったことを意識し、この三国の土を持ち寄り、とてつもない大きさの塑像の観音様を造った。紅の残る唇、建立当初は極彩色に包まれた見事なお姿だったようだが、残念ながら現在は退色してしまっている。坐像といえども、高さは四メートル八十五センチにも達し、我が国最大の塑像とのことである。これほど大きな尊像が、一世紀以上の間に渡り鎮座され続けているとは俄かに信じ難く、余程の思い入れで管理し続けられたのだろうことを思うと、よくぞやったものだと言いたいくらいである。この像とは真逆の小さな像も人気だ。中宮寺の如意輪観音と同じく、弥勒菩薩ともいわれる如意輪観音菩薩・半跏思惟像、その御姿は広隆寺の二つの弥勒菩薩同様の半跏思惟像である。右足を左ひざに乗せ、右手の指を頬に添わせるお姿も、表情は異なるも、思索にふけるさまは似ている。造像当初は、本尊の大きな体内に納められていたとのことであるが、現在は単独でその魅力を放っている。像高三十センチほどの金銅製で、小柄ながらも表情が人気を博しているようだ（現在は京都国立博物館に寄託）。

不思議なことに、この寺には、二つの伝説が伝わり、お互いが影響し合っているのも面白い。一つは赤子伝説で子宝の寺、二つは嵐を起こす龍退治で厄除けの寺。龍を退治したのは、この寺で授かった赤子なのだ、その子が成人になって、龍を池に押し込め蓋をし出られなくしたとのことである。子宝と、賢い人の二つを授かれる寺で、伝説から龍蓋寺の別名が付けられたそうである。蓋はないが、龍は今も龍蓋池に眠っているそうなのだ。

天武天皇の息子、草壁皇子は、この地に岡宮を建て、後に義淵僧正が寺にした。義淵は東大寺のお水取りで使われる、良弁椿の名にもなった高僧の良弁を育てたとされ、百済の聖明王の末裔で、仏教界の元祖なのである。少し離れた高台には朱塗りの三重塔があり、そこから遥か飛鳥の村落を望む景色は素晴らしい。軒先の風鐸、通常は吊り灯篭のような格好だが、ここは風琴なのも変わっている。琴の音は期待できないが、面積の大きな琴は風を受け揺れやすく、その邪鬼除けの音とはどのように響くのだろうか。

もう一つの見所は、室生寺と共に石楠花の花であろう。本堂に向って右奥には谷間がある、谷間の低い場所は参道になっており、幾つかのお宮が設けられている。左右の斜面一帯に石楠花が競うように茂り、谷を埋め尽くしてしまうほど多くの花が咲き乱れていた。桜が終わり、端午の節句を迎える頃が見頃であろうか、小生が訪れたのは四月中旬だったが、温暖化の影響なのか、全山満開といっても過言ではなく、圧倒されるほどであった。

見下ろす遥か遠くの地に、日本の首都が置かれていたとは誰が想像出来ようか。今はのどかな山間の山村としか思えない。しかし、丘を降りその集落の道を進むと、石畳の路地の左右に建つ家々は、漆喰の白壁や蔵を有し、土塀を廻し剪定のゆきとどいた庭が残されている、まるで京都や金沢や萩などに似た佇まいなのである。観光地として意識的に整備されたのかも知れないが、山村とはほど遠い歴史の街が脈々と受け継がれているのである。

3、飛鳥寺

日本最古は数々あれど、仏教界はこの寺なしには語れない。先ずは、蘇我馬子の発願で創建された蘇我氏の氏寺は、飛鳥寺とも呼ばれた法興寺で、日本初の本格寺院はここ飛鳥寺（現：安居院）なのである。日本書記によれば、崇峻天皇元（五八八）年〜推古天皇四（五九六）年までの歳月をかけ建立された。一説には百済から渡来した僧侶や建築・仏像技術者達が、高句麗の仏教寺院を真似て造営されたとされる。

中大兄皇子（天智天皇）と中臣鎌子（藤原鎌足）が、この寺で行なわれた蹴鞠の会で出会い、後の大化の改新に繋がっていくわけで、政治の舞台にも利用されたことにも着目したい。出会った二人は、談山神社で計画し、飛鳥板蓋宮で皇極天皇の御前にて蘇我入鹿を打ちとり（乙巳の変）、大化の改新は断行されたのだ。板蓋宮の場所は、岡寺から飛鳥寺へ行く中間辺りで、道の左に史跡として整備され公園になっていた。

寺に戻り、本尊の飛鳥大仏は、推古天皇十七（六〇九）年、鞍作止利（止利仏師）の作で、これも日本最古である。また、当時の寺域は広大で、東西二百メートル、南北三百メートルだったことが、最近の発掘調査で解ったそうだ。礎石などから、塔（五重塔）を中心に中金堂と東西の両金堂、中金堂の裏には講堂を持ち、それらと繋がる回廊等、大寺院様式を整えていたようだ。大化の改新で追われた蘇我入鹿、彼の首塚が寺の近くに残されている。こんな静かな場所でも、かつては繁栄し、賑わった頃があったとは、今考えると不思議としか言いようがない。遷都により都は崩壊し、人々も去り、役割を終えた寺々は消えた。ここにあった四大寺、本薬師寺（現：薬師寺）・大官大寺（現：大安寺）・法興寺（現：元興寺）・川原寺（廃寺）のうち、川原寺以外は平城遷都と共に新天地の平城京近くに向かった。この地に留まった川原寺のように遺跡として形が残され、弘福寺が守役で管理されているのは良いほうである。例えば山田寺のように、僅かな無人の管理棟は置かれるが、寺そのものは跡形もなく消え去ったりしている。

飛鳥寺（現：安居院）、寺名は変わってしまったけれど、飛鳥大仏は今なおこの地に鎮座し続けているのである。本尊の飛鳥大仏は、推古天皇十七（六〇九）年に、止利仏師により造られた、日本最古の仏像である。北魏式と呼ばれ、大陸的な姿とされる左右対称の姿は力強く感じ、建立当初は黄金の鍍金が施された光り輝く像であったのだ。何度かの火災などで被災し修復され、頭の螺髪の部分には金色の輝きも残ってはいるものの、お顔他には痛々しい傷跡が見られ、座像下の台座部分は失われてしまっている。像高約二七五センチの金銅製の「釈迦如来坐像」、創建時は銅十五トン、金三十キログラムを使い造られたとされる。当初、大仏は大伽藍である金堂の中心に置かれた。奇しくも現在鎮座される同じ位置に祀られ、伽藍は全く変わってしまったが、同じ場所から頑なに動くことを拒んだとしか思えず、何とも不思議なのである。アーモンド形の目を持ち、アルカイック・スマイルといわれる微笑は、思慮深い姿でもあり忘れ難い。江戸時代に再建された現在の本堂は、こぢんまりしてはいるが、軒下の白い漆喰が印象的で、小さいながらも周囲とのバランスが考慮され堂々としている。このように釈迦如来である飛鳥大仏は、万葉の歌碑や小柄な石仏が置かれる万葉池を従え、創建当時と同じ場所に建つ本堂に鎮座し、その背後には真神原が広がり、隆盛を極めた往時が偲ばれる。世にある高岡大仏、鎌倉大仏、奈良の大仏など、様々な大仏を拝んではきたが、どれも仏の姿として対峙してきた。しかし、この本堂で御本尊と向き合っていると、それは仏というよりも、この地に生きた一人の男のようでもあり、親しみさえ湧いてくる。遥か古の頃から、変わりゆく世の中を見つめ続けていたことを思うと、不思議と対話がしたくなり、去り難い思いに駆られるのが飛鳥大仏なのである。

○山田寺跡

飛鳥資料館に入ったら、山田寺の特設展示があり、東回廊の連子窓が腐ることもなく発掘され、保存処理して展示されていたのは驚きであった。その他、瓦や遺品の多くが展示されていたが、限られた時間内で現物を見て廃寺跡へと急いだ。

山田寺の創建は、蘇我倉山田石川麻呂の発願で、欽明天皇一三（六四一）年に始まり、四四年後の六八五年に完成する。麻呂は同族争いの蘇我入鹿の暗殺（大化の改新）に加わり、疑いをかけられ大化五（六四九）年に建設中の同寺で自害。後に疑いは晴れ、山田寺は完成をみたのである。時は経ち興福寺の僧兵の襲撃で、諸仏や寺宝は持ち去られ、あげくの果てに火が放たれ、跡形もなく消え去ってしまい、後の廃仏毀釈で廃寺となってしまう。ことの経緯までは調べていないが、山田寺から持ち去られたのちに、興福寺へ運び込まれ東金堂の本尊として据えられたのが、金銅製の丈六（四八五センチ）の薬師仏なのである。しかし残念なことに、一四一一年の東金堂への落雷による火災でお堂は焼失してしまう。白鳳時代六八五年造立のご本尊は、お体は溶け失われてしまうが、重たい頭だけは落下し助かったとのことである。小生のような素人は、たかが仏頭と思うが、その価値の高さはいうまでもなく、興福寺の国宝館に「国宝」として保存されている。

飛鳥資料館から五百メートルほど行くと廃寺跡の表示がある。車道から少し入った民家の先に、小奇麗なスペースにベンチが置かれていた。山門・五重塔・金堂・講堂を従えた寺の見取り図とともに、寺の由来が書かれた案内板が立っていて、その横には寺が建っていたであろう平らな野原が広がっている。寺の金堂は、五重塔や講堂を従え、山門を入ると眩いほどだったに違いない。その姿が見えないのは何故なのだろうか、消え去ったのは幻で、今でも隠れて見えないだけのような錯覚に陥るほどだ。明治時代末期から昭和初期に、はかない二十六年間の命をつなぎ、五〇〇編の作品を残した、童謡詩人「金子みすゞ」が山口の地にいた。「青いお空の底ふかく・海の小石のそのように・夜がくるまで沈んでる・昼のお星は眼にみえぬ。見えぬけれどもあるんだよ・見えぬものでもあるんだよ。散ってすがれたたんぽぽの・瓦のすきにだァまって・春のくるまでかくれてる・つよいその根は眼にみえぬ・見えぬけれどもあるんだよ・見えぬものでもあるんだよ。」〃星とたんぽぽ〃より。今は何もない野原と化した草原に呆然と佇んでいたら、何故かそんな詩を思い出していた。この地に再び堂宇が並び、栄華の時代が蘇ることはあるのだろうか。管理棟とは名ばかりの無人の建物が置かれ、その隣に井戸の跡と藤棚が設けられ、いくつかの石碑が残されていた。寺の建物といえば、幅三間と奥行き二間の小さなお堂がポツンと建っているのが唯一で、「史跡山田寺跡」と書かれた石塔と、一輪のタンポポの花が寂しさを誘うのであった。周囲は野原同然であるが、除草されていたのがせめてもの慰めと感じた。

白鳳時代を代表する仏頭、「白鳳の貴公子」とも呼ばれる薬師如来は、お顔だけ見ても、すっと伸びた高い鼻・細長の目・彫の深い唇が貴賓を漂わせており、その御姿は想像するだけでもさぞかし素晴らしかったに違いない。飛鳥資料館にその〃仏頭のレプリカ〃が展示されており、興福寺まで足を運ばなくても、間近で観賞できるので見逃せない。飛鳥大仏や、塑像の如意輪観音と共に、白鳳時代に造立された貴公子薬師如来は、今はなき山田寺の金堂で微笑んでいたのである。

○藤原京

飛鳥の地から北上した場所、橿原と桜井の中間辺りに、約千三百年前に設けられ、たったの十六年間だが日本の首都だった場所がある。一説によると、藤原宮は存在したが、藤原京の名は日本書紀にも見当らないそうだ。耳成山・香具山・畝傍山に囲まれた地に、その中心だった藤原宮は存在し、周囲を含めた規模は、東西五三〇〇メートル、南北四八〇〇メートルで、後の平城京よりも大きかったとされるのが藤原京なのである。藤原宮は中国の都城を真似て、持統八（六九四）年に造られ、持統・文武・元明の三代に渡る天皇が統治した律令国家であった。中心部に天皇の住まいである内裏を置き、政治の中枢である大極殿が置かれた。南北に朱雀大路が貫かれ、東に左京と西に右京を配し、碁盤の目のように区画されていたようだ。街の造りもさることながら、天皇を中心に据えた国家体制が整えられたことは前代未聞である。持統天皇は大宝律令を発し、司法と行政が設けられ、中央集権国家の礎が定まったことは、いうまでもなく歴史が語っている。

ここ藤原京の近くに在った四つの巨大な寺は、飛鳥の川原寺は現地に留まるも（後に廃寺となってしまう）、本薬師寺（現在の薬師寺）・大官大寺（現在の大安寺）・飛鳥寺（現在の元興寺）は遷都と共に平城京近くへと移転した。遷都の理由は様々な憶測があるようだが、中心部が湿地帯で疫病の発生が絶えなかった、飛鳥の地に豪族が多くその圧力から距離をおきたかった、等が有力であるようだ。後の聖武天皇は引っ越し好きで、七四〇年から七四五年の何と五年間に、京都・大阪・滋賀・奈良と移り住み都を移した例もあり、そのようなことも考慮すると、本当の理由は当時の天皇のみが知るところではないだろうか。

4、橿原神宮

日本書紀によれば、橿原は日本建国の地とされ、初代天皇である神武天皇が、高千穂の宮を離れ、畝傍山の麓に橿原の宮として創建されたとされ、今を遡ること二七〇〇年ほど前のことであった。従って橿原は、国家として形成された歴史や文化の発祥の地とされている。神武天皇は曾祖父（瓊瓊杵尊：ニニギノミコト）の三代目で、天照大神から数えると五代目にあたり、神として仰ぎみられていた。

明治天皇の時代になって、創建されたのが橿原神宮で、京都御所内の賢所を本殿に据え、神嘉殿を拝殿とし、明治二三年四月二日に橿原神宮が創建されたとある。南と北の神門を潜り、参拝は外拝殿（神嘉殿）までで、その先の、内拝殿・幣殿・本殿へは通常入れない。祀られているのは神武天皇と媛蹈鞴五十鈴媛皇后である。特に神武天皇は一二七歳の長寿を全うされ、初代天皇とのことで、人生百年時代に相応しい様々な御利益があるとされ、参拝者が絶えないそうである。どこの神社にも見られない厚い玉砂利を踏んでの参詣、小生は靴底が凹凸の大きいウオーキングシューズだったから難なく歩けたがそれでも苦労した、底の平らな靴やハイヒールでは歩き難いだろうし、車椅子など押すのに苦労するのではと、いらぬ心配も頭をよぎるのであった。

明治天皇と昭憲皇太后を祭神とする東京の明治神宮は、大正九年の創建で、その人工林は鬱蒼とした森になっており、都会のオアシス的役割を演じている。橿原神宮は明治中期の創建なので、明治神宮よりも若干古いわけで、その分森も先輩格なのであろう、こちらも見事な木々が覆い茂っている。唯一異なるのは、耳成山・香具山・畝傍山に囲まれた場所におかれた藤原宮の畝傍山裾野に立地し、その山を借景にしているところが神々しさを増していると感じる。古い歴史の中での流れからの創建かと思っていたが、地元住民の熱い思いから設立が決まったそうで、歴史の街に住み着いた人々の思いは深いのであろう。

5、談山神社

中大兄皇子（天智天皇）と中臣鎌子（藤原鎌足）が国政改革（世に言う大化の改新）をめぐって談合をした多武峰に建つ神社で、山での談合から命名し談山神社と呼ばれている。二人は法興寺（現：飛鳥寺・安居院）で開催された蹴鞠の会で初めて会うが、鞠をけった際に、皇子の履いていた靴が脱げ、飛んで落下したのが偶然にも中臣鎌子の前だったそうだ。鎌子はすかさず拾い上げ、皇子に差し渡すのであった。当時は身分の上下を重んじる世代だったが、躊躇せずに自ら手渡し、皇子も身分を顧みず素直に受け取ったとされる。そんな気さくな皇子と知った鎌子は、豪族で徳のない蘇我氏を打つ秘めごとを、この人とならば達成可能では、と考え尊敬の念を持って皇子を頼ったに違いない。

二人が蘇我入鹿暗殺や、国家の行く末を描き語り合った場所が、政治の中心に近くとも、人目を避けることが可能な多武峰の山中であったのだ。桜井駅からバスで三〇分足らずではあるが、聖林寺から先は歩けばきつい山道で、談合の場所として最適だと、行ってみて感じたのである。談合の翌年、皇極天皇四（六四五）年、世に言う大化の改新は実行される。飛鳥板蓋宮で、皇極天皇の御前にて蘇我入鹿を見事打ちとり（乙巳の変）、天皇を脅かすまでに勢力を伸ばした豪族、蘇我の本家は滅びるに至った。皇極天皇が攘夷し孝徳天皇になり、改新は断行され、日本で初めて元号が使われるようになり大化の世が始まったのである。国としての形がまだまだ整っていなかった日本は、唐の国で行なわれていた律令制度を取り入れ、租庸調をはじめとした制度を設け、中央集権国家としての礎を整えていくことになる。

政変にまで発展した蹴鞠は、現在でも談山神社や下賀茂神社などで続けられている。蹴鞠は優雅なものであるが、蹴球という点では最近脚光を浴びているサッカーにも通じ、れっきとした競技なのである、唐と英国からの流れが根付いているのは何かの縁なのかも知れない。

談山神社のある六〇七メートルの奇妙な名前の御破裂山（ゴハレツヤマ）、言い伝えでは「天下に異変が生じる時には、談山神社の御神像が破裂（亀裂の発生だとは思うが）する」そうで、後陽成天皇の命で、その破裂記録である多武峰大織冠尊像御破裂目録が江戸時代に作られ、奈良県の指定文化財として残されている。木像の御神像ならば、経時変化で亀裂も入り、偶然に何かの異変と重なることもあり得るだろう、どんなことが起きて書かれているのか見てみたいものである。

大宝元（七〇一）年創建の本殿は、嘉永三（一八五〇）年に建て替えられた。花鳥などの彫刻や紋様は極彩色に彩られた春日様式の絢爛豪華なお宮で、日光東照宮の造営の際にお手本にされたそうだ。下界の喧騒を離れた神域は、鳥のさえずり以外は物音も聞こえず、木の枝を吹き抜ける風もさわやかで、心が安らぐのを覚える。本殿は長い石段を上がった場所にあるが、なだらかな迂回路もあるので、階段が苦手な向きには、建物や文化財を見ながら緩い坂を利用するのも良いと思われる。多くの歴史遺産が傾斜地に点在しており、景色を見ながら回るにはうってつけで、変化に富んでおり飽きることもない。新緑の頃に訪れたが、春の桜や秋の紅葉は素晴らしいに違いなく、健脚向きには、ご廟詣でのついでに、頂上まで行けば景色も格別であろう。藤原鎌足公の遺骨は、白鳳七（六七八）年に大阪の墓所からここ御破裂山の山頂近くの墓所に分骨され、妙楽寺として、塔と講堂を設けた。

後に神殿を建て御神像を安置したのが談山神社の本殿で、三三もの宝物・建造物・文化財を有する由緒ある神社なのだそうである。本殿を出て、広場の先、下る石段越しに見える変わった塔は、かつての妙楽寺の名残だそうだ。談山神社の本殿前の高さは、丁度その塔の高さの中間に位置し、真横からみる塔の姿は実にバランス良く、初層の屋根上の檜皮葺から、上層の軒下までが手に取るように見え素晴らしい。父の藤原鎌足の追善供養にと、長男・定慧と次男・不比等により、六七八年に創建された塔、現存する塔は享禄五（一五三二）年の再建で、談山神社のシンボルである。屋根の数を数えると、何と一三層にも達し、木造の塔としては世界唯一と記されている。屋根の上に伸びる金属（主に銅製）の相輪は、九輪塔の名の通り通常九個の輪から構成されるが、ここでは七輪である。九輪とは仏教の五智如来（大日・阿閦・宝生・無量寿・不空成就）と四菩薩（密教では：普賢・文殊・観音・弥勒）で、談山神社の七つや、當麻寺の八つは例外であるとのことで、何が欠けるのかそれとも別な意味があるのかは不明である。

談山神社への本格的な登りにさしかかる場所には、寺川という名の川が流れ、見たこともない珍しい屋根付きの橋が架かっている。名は屋形橋といい、それこそ屋形船の屋根のようでもあり、赤く塗られた烏帽子付きの欄干は見応えがある。この辺りの川はまだ渓流で、その下は滝の如く水が流れ、その音がバスの窓からも聞こえる。人が渡る橋としては幅も広く、日光東照宮の〝神橋〟とまではいかないが、「この先は神の聖域に入っていく！　心を整えよ！」とのお告げが聞こえてきそうな雰囲気がするのであった。

6、聖林寺

多武峰の山懐に建つ聖林寺は、同じ峰の御破裂山（ゴハレツヤマ）直下に建つ談山神社の別院として建てられた。藤原鎌足の子である定慧の創建で、当時は談山神社の神宮寺と同じ天台宗であった。その後に起きた火災で焼失するが、大神神社（オオミワジンジャ）の神宮寺だった平等寺の支援で復興され、平等寺と同じ真言宗に改宗されることになる。聖林寺の名が使われはじめたのは、享保年間（一七一六～一七三六）からとのことで、それ以前は偏照院であった。

その頃の僧侶は、安産祈願の本尊を造立する浄財を得るため、四年半を超える期間にわたり全国を行脚され、托鉢で得た上納金で完成したのが、御本尊として鎮座する子安延命地蔵菩薩とのことである。あの説明坊主と揶揄され、修学旅行生など三百万人が説教に耳を傾けたとされる薬師寺の高田好胤師が、若き頃に写経百万巻を掲げ全国を行脚し、見事金堂の再建に繋げたのと同じだ。石像の御本尊、丈六の地蔵菩薩は、右に真っ赤な肌の掌悪童子、左に真っ白な肌の掌善童子を従え、穏やかな大きなお顔で正面を向く。

御本尊もさることながら、この寺で見落とせないのが国宝・十一面観音立像である（第一回目の国宝審査での指定・第一号は広隆寺の弥勒菩薩）。三輪そうめんで有名な地に、三輪山を御神体とする大神神社があり、幾つもの神社や神宮寺を従えている。その神宮寺の大御輪寺の本尊・十一面観音立像が、神仏分離による廃仏毀釈を逃れるため、慶応四（一八六八）年聖林寺に移された。多武峰の中腹の見晴らしの優れた高台にある聖林寺、本堂の窓越しに霊峰三輪山や古墳等がある大和盆地が一望でき、飛鳥時代からの変わらぬ風景が楽しめる。三輪山の山中には、この観音様が長らく祀られていたのだ、いわば故郷なのである。かつては本堂の厨子の中に置かれていたのだろうか、厨子には十一面観音の写真が納められていた。法隆寺の救世観音は、聖徳太子の分身ともいわれ、長年秘仏とされ四五〇メートルにもおよぶ白い布が巻かれていたが、岡倉天心とフェロノサの手でその布は解かれ、夢殿の御本尊として鎮座され人気を博している。同じくフェロノサにより秘仏の禁が解かれたのが、聖林寺の十一面観音立像で、明治二〇(一八八七)年のことだったそうである。聖林寺も法隆寺も秘仏であったからか、保管状態も良いとされ、訪れた人々を感動させているのである。

スポーツ選手と見紛うばかりの分厚い胸の上半身に、ファッション・モデルの女性のようなくびれた腰、下から見上げるからか、八頭身を超える均整の取れた全体像にはため息が漏れる。十一面観音としてのファンも多く、大和八八観音「十一面観音×八寺院(聖林寺・西大寺・法華寺・大安寺・海龍王寺・法輪寺・長谷寺・室生寺)」巡りも盛んなようである。あまりにも有名なこの仏像は、本堂の上の丘に建つ美術館のような贅沢な環境に納められている。

如意輪観音を納める中宮寺の本堂は、近代的かつ解放的なコンクリート造りである。ここ聖林寺の観音様専用のお堂は、自然環境からは完全に隔離され、全てが御本尊延命の限りを尽くしたといっても過言ではないほどで、驚きを禁じえない。縁取りもないガラスケースの中に立ち、周囲は真っ白な円筒状のお堂で、適度な光で衣の文様まで充分見ることができ感激した。双子の観音菩薩立像で有名な奈良の不退寺のように、時代と共に歩んできたお堂の中で、時の流れのままに任せて維持し、観賞するのも良いかも知れない。しかし科学技術の全てを尽くし、創建当初のままに保存できるに越したことはないであろう、そういう時代が到来したのである。ここまで贅を尽くすなら、前後左右上下を隈なく近くで観賞できる術は考えられなかったのか、ない物ねだりが頭をよぎるのであった。

本尊以外にも多くの諸仏が置かれ、曼荼羅をはじめとした遺産が納められた寺。素晴らしい景色も楽しめるこぢんまりした本堂と、超近代的な観音堂は、歴史の過去と来たるべき未来に誘ってくれた、そんな魅力を持つ聖林寺であった。

7、安倍文殊院

談山神社を参拝し、聖林寺を拝観後、そこからはのどかな街道を徒歩で安倍文殊院までやって来た。下馬と書かれた大きな文字に迎えられ、石に刻まれた多くの石仏と灯篭が並ぶ参道を本堂に向かった。

創建は大化元（六四五）年、孝徳天皇の勅願で安倍倉梯麻呂が建立したのが安倍山崇敬寺で、大和十五大寺の一つに数えられていたそうだ。当時は法隆寺式の大伽藍で、東大寺の別格本山であったようだが、元禄六（一五六三）年に松永弾正による兵火で全焼してしまう。約百年後の寛文五（一六六五）年に、七間四面の入母屋造り・本瓦葺きである現在の本堂が再建された。

本尊は胎内の墨書銘から建仁三（一二〇三）年・快慶作の国宝でもある文殊菩薩で、目・鼻・唇を赤く染め、巨大な獅子に乗る秀麗なお顔立ちの美男子である。右手には剣（降魔の利剣）を持ち、左手には慈悲・慈愛を象徴する蓮華（ハスの花）を持っている。

文殊菩薩が置かれる須弥壇（この寺では大収蔵庫と呼ぶ）の前は広い礼堂で、能の舞台としての役割も果たせる広さなのが特徴とされ、周囲には寺ゆかりの仏像や諸仏の展示がある。文殊菩薩像の総高は七メートルにもおよぶため、天井は本尊の部分を高くした富士山型になっている。背後の壁は漆喰で、雪を纏った富士山そのもののようで、獅子に乗った文殊菩薩が練り歩く姿を際立たせている。京都醍醐寺の絵には、雲海を渡り・衆生の厄を払い・知恵を授ける旅に出る文殊様の姿が描かれている。それをさらに具現化したのが騎獅文殊菩薩像で、立体的に表現しているのだ。

寺の資料によると、渡海文殊菩薩の御一行は、先導する可愛らしい善財童子（華厳経の入法界品に登場し、文殊菩薩の教導を受け、仏の悟りを得るために、五三名の善知識を歴参することで知られる）に導かれているのも変わっている。西域・優填国の王であった優填王（華厳経の新訳本が優填国の僧によって成されるなど、華厳経と優填国には密接な関係にあるから採用されたとされる）に綱を引かれた獅子に乗った文殊菩薩を中心に、須菩提（仏陀波利三蔵と呼ばれ、バラモンの僧で、文殊菩薩に言われ、インドから中国へ「仏頂尊勝陀羅尼経」を翻訳し広め、現在も文殊菩薩の聖地である五台山にとどまっているとされる）と維摩居士（維摩経によると維摩居士が病気の時、お釈迦様が文殊菩薩を見舞いに送り、素晴らしい法輪が生まれたという故事がある）を従えたお姿で、登場人物は全て国宝であるのが素晴らしい。

その他にも数多くの寺宝が納められており見応えがあるが、中でも観音菩薩と勢至菩薩を脇侍とする釈迦三尊像は、神仏分離・廃仏毀釈の時に、談山神社の神宮寺だった妙楽寺の御本尊を引き取ったとされる。さらには、阿部一族の寺なので、安倍仲麻呂像や安倍清明像も祀られている。

仲麻呂は奈良時代の官僚で、遣唐使として中国に渡り、科挙に合格し玄宗皇帝に仕えたとされる秀才なのだ。他方の清明は天文観測に長けた陰陽師で有名だ。幾つかあるといわれる安倍清明信仰の聖地の一つとして、独立した清明神社がある。寺の横には仲麻呂屋敷があり、二人が生まれた場所でもあったとされる。室町時代からの仲麻呂の像と、清明の像は揃って金閣浮御堂に置かれている。飛鳥の地の山田寺跡から北東に位置する場所に安倍文殊院はある。

飛鳥辺りには、有名な高松塚古墳・キトラ古墳・石舞台古墳があり、発掘された時は日本中を興奮の渦に巻き込んだ。近鉄電車の車窓から景色を見ていると、多くの小高い丘が見え、大きいものは周囲を池で囲んだりしているのがわかる。それらは全て古墳といってもよいだろう、時代を取り仕切った豪族達の墓なのだ。ご多分に漏れず、ここ安倍文殊院にも東西二つの古墳が見られる。先に述べた飛鳥の三つの古墳は、全国にも数が少ない国の特別史跡に指定されている。安倍文殊院の古墳の一つ、西古墳も特別史跡に指定されるほど重要で、内部を見ると、良質な花崗岩を加工し、左右対称に石組みされている。この古墳は、大化元（六四五）年に誕生した初の内閣左大臣だった安倍倉悌麻呂の墓であった。外から見てもわかるが、天井岩は十五平米もある大石が載せられ、内部上部はアーチ状に削られている。故人が見ることができたとしたら圧迫感もなく安眠でき、墓参の習慣があったとしたら、頭上に余裕もあるので楽だったに違いない。内部の築造技術は秀麗で、その美しさは日本一との定評があるそうで、古墳上には土が盛られ、長い年月を経て木々も覆い茂り、洞窟のような感じがしないでもない。古墳内の麻呂の墓は移され、現在は弘法大師作の願掛け不動明王が祀られ、その前には文殊池が鏡のように水をたたえている。

朱の欄干が綺麗な橋の先、池の中央には金閣浮御堂と呼ばれるお堂が設けられ、安倍仲麻呂・安倍清明・弁財天が安置され、陰陽道で名を馳せた安倍清明の所縁の品々も納められているようだ。金閣浮御堂は、とかく暗くなりがちな寺のイメージを払拭するかのように池の中で輝き、寺の境内に華を添えていた。

8、大神神社

日本人なら、三輪そうめんを知る人は多いだろうが、大神神社（オオミワジンジャ）を知る人は少ないと思われる。そうめん作りは、奈良時代に遣唐使により小麦栽培と製粉技術が伝えられたことに加え、三輪山の良質な御神水と冬の寒冷・低湿・寒風の好条件が重なり、千二百年前から始まったとされている。

大神神社は、三輪山を御神体として仰ぐ日本最古の神社といわれ、本殿はなく拝殿だけを設けている。その由来は、大国主命を国家や人々の生活全ての守護神として、三輪山に鎮めたからだそうである。よって、御神霊が鎮まる三輪山を直に拝むという、崇拝の原点ともいえる神祀りを現代に伝える日本最古の神社なのである。拝殿は、寛文四（一六六四）年に徳川家綱による再建で、檜皮葺の屋根は南北に広く、豪壮な唐破風は大和の国の一宮に相応しく威厳を放つ。両手を広げたような伸びのびとした軒は、拝殿後ろの聖域三輪山を引き込んでおり、神霊を体内に呼び入れることが可能な唯一の場所なのである。

高さ四六七メートル、周囲一六キロの三輪山山域は、杉・松・檜の大木に覆われ、太古の昔から神が鎮まる聖なる山と仰がれてきたのである。神聖な山懐には、様々な役割を持った社が建立され、登拝すればその名に相応しいご利益が得られるはずだ。東南の峰には、聖林寺に納まる十一面観音の故郷でもある〝平等寺〟が鎮座し、神宮寺として親しまれてきた。

大神神社には「なでうさぎ」と呼ばれる大きな耳の兎が居られる。この兎は江戸時代の中期からの伝わりで、兎像を撫でて御神助を祈願するのだそうで、小生も撫でて無病息災を祈願した。第十代崇神天皇の時代から、重要なお祭りは卯の日＝兎の日に奉仕する定めが、二〇〇〇年もの間受け継がれているそうなのだ。卯の日が月三回の時は中間、二回の時は最初の日に卯の日祭が行なわれるそうで、国家の安泰と国民の平和が祈願されてきた。兎と大神神社は深い関係で結ばれていることになり、厳格な仕来りの中にも、親しみやすさを感じたのである。

コラム：飛鳥の地

飛鳥大仏と岡寺の塑像の巨大仏を一目見たさにやって来た。それよりも何よりも、この地は日本人の故郷の一つでもあるので、近くに点在する遺跡などを、天候と交通の便も考え、自転車を借りて一日（六時間）で回ることにした。

高松塚・キトラ・石舞台古墳群の内部は、発見当初にテレビなどで知ったので、走りながらその外観を眺め、詳細は資料館での確認にとどめることにした。今回は、橘寺・飛鳥寺・岡寺を訪ね、廃寺となった川原寺・山田寺の跡地を見て回った。先人達が選んだ地は、それなりの理由があってのことだったろうが、現代人だったらこのような場所を選ぶだろうか、など地形も見たり考えたりしながら自転車を走らせていた。自転車で感じるのが坂道である、この地はなだらかな丘が続き、平地の場所は限られている。初めて乗る電動アシスト自転車だが、坂道を登るのも余裕で、調子にのって岡寺までの坂道も漕ぎ上がったが、受付で「駐輪場は坂下です」と言われがっかりした。しかし額に汗が滲む老人の顔を見て機転をきかせ、「その看板の後に目立たないように止めてもいいですよ」と言ってくれた。この時ほどありがたい言葉と感じ嬉しかったことはない、岡寺には観音様以外に天女もおられるのだと思ったくらいだ。帰りに気付いたのだが、ブレーキが利くのか怖いくらいの急な坂道だった、電動アシストとはいえ、よく登れたものだと変な関心をしながら飛鳥寺に向かった。

翌日はバスで談山神社に寄った後、聖林寺から徒歩でやって来た安倍文殊院だったが、道に迷い一キロ以上も行き過ぎてしまい戻ってきた。門前近くまで辿り着くと、近所に住む老婆に呼び止められた。「これを持って帰りなさい」と差し出されたのは、何と「タラの芽」ではないか、自分の土地だろうか、背丈を超えるほどに成長した、五、六本の木が芽を出していた。拙宅の日光の地にもいたる所で自生し、春先には芽を摘んで、天婦羅やお浸しにしたりして、香りを楽しみながら味わう食材なのである。せっかくだが、旅の途中なので帰るのは二日後だ、と告げ丁重にお断りした。東京から来たと告げると、話好きの老婆が言うには、庭で採れた柿の実を、東京新宿に住んでいる長男に、毎年送っているそうだ。嫁は武蔵野音楽大学を出たピアノの教師で、「どこでも買えるから」と言って、「せっかくの好意を素直に受け止めてくれない」、としきりに愚痴をこぼし、「都会の人は皆そうなのだろうか」と言うのだ。男の子二人を育てたそうだが、共に東京暮らしで滅多に帰って来ないと嘆く。その次男は武蔵野美術大学を出た画家だそうで、長男の職業は明かされなかったが、両家とも芸術一家なのだろうか。先を急ぎたかったが、話は止まらず、「自分が生まれたのは、大神神社の近くで、こんな田舎に嫁いでしまった、三輪の地が懐かしい」と語る。

当の小生は、大神神社に寄る予定だったが、時間も遅いし止めようと考えながら歩いていたが、そんな話と勧めもあって思い直すことにした。神社のいわれなども、こと細かく話してくれたので、行ってみようと考えが変わったのである。二十分ほど話し込んだので、疲れはすっかり回復し、神社は時間制限もないので「大神神社に寄って帰ります」と告げると、にこやかな笑顔で、「突き当りを曲がると直ぐが安倍文殊院の入り口だ」と九十歳だという元気な老女が教えてくれた。

やっと辿り着いた安倍文殊院で感動したのが、渡海文殊菩薩の御一行様との対面である。先導するあどけない善財童子に導かれ、優填王に綱を引かれた獅子に乗った文殊菩薩を中心に、須菩提と維摩居士を従えたお姿は素晴らしかった。

二日間かけて回った飛鳥から藤原京が置かれた地域は、当時からしてみれば全く様変わりしてしまっているのだろう。念願叶った飛鳥大仏、岡寺の巨大な如意輪観音菩薩、聖林寺の十一面観音菩薩、その他多くの遺産を知った、お会い出来てそのどれもが忘れ難い。出会いとは不思議なものである、老女と話し込まなければ大神神社には行かなかったと思われる。この地での、美仏・歴史遺産・語り合った人々など多くの出会いは、一生心に残ることだろう。

奈良② 奈良市内・1（西部・平城京）

9、秋篠寺

思えば安倍晋三氏の悲劇の西大寺駅前からバスで向かったのは十五年以上前だった、小型のバスだったので、余程山奥にでも向かうのかと思ったが、走っているうちに道路が狭いので大型は無理なのだと理解した。

門前近くでバスを降り、門を抜け林の中の境内を本堂に向かった。開門時間前に到着し、数人の人と一緒に待ったが、その間に御堂入り口前の林を散策した。そこは薄暗い場所だが、朝陽が木漏れ陽となり苔を輝かせている。茶色の小振りなどんぐりが、しっとりした緑の苔の上に身を落ち着け、ここが第二の住処とばかりに、命を蘇らせているようにも見えた。

寺は奈良時代末期の宝亀七（七七六）年に光仁天皇勅願で創建された、真言密教の寺で名は地名から取られた。かつては東西二塔や金堂、講堂も有する寺であったらしいが、現在は講堂跡に本堂が再建されている。その本堂は奈良時代の伝統の建築様式を活かし、鎌倉時代に再建されたお堂で、瓦と木材を漆喰の白壁が飾る美しい国宝である。

平安時代に貴族から信仰が始まった仏教は、生きている現世よりも、死後の来世に不安と関心が集まったようだ。天国や地獄の世界が語られ、描かれ、知られるようになったからだ。死後は輪廻転生を繰り返し、この世の行いの良し悪しで、六つの世界（地獄道、餓鬼道、畜生道、修羅道、人間道、天道）のどれかに生まれ変わるとされる。閻魔大王の采配で、あの世の運命が決まり、どのような仕打ちが待っているのかを、心配かつ怖がったのである。そのような心配ごとから逃れようとして始まったのが祈りの仏教だったのだろうか。せめて生きている間は、健康で世の中に貢献できることを神仏に頼り祈ったわけだ。

堂内は土間になっており、愛染明王、帝釈天、不動明王、薬師如来（脇侍の日光菩薩、月光菩薩）、大元師明王、地蔵菩薩、五大力菩薩、十二神将（全てが各干支の動物を頭上に掲げる）が並ぶ。それぞれが祈りの対象であり、親しみを感じると同時に、見応えもある。微笑ましいくらいに思えるのが、薬師如来をお守りするとされる十二神将。小型ながら段上に思い思いの表情で行儀よく並ぶ、腕を上げ・笑い・怒り・ひょうきんな顔まで様々なのが面白く、見ていて飽きることがない。新薬師寺の、最大で最古を誇る十二神将と比べると、子供の寸劇を見ているようで、笑いを誘う。

そんな仏像達の中に、ひとり伎芸天が端に立っているが、圧巻ともいうべき存在感を持つのである。その理由は、像高も高くひときわ目立ち、うつむきながら微笑む姿は、〝東洋のミューズ〟ともいわれ、他の仏達が地味に見えるほど見事で異彩を放つからである。作家の堀辰雄に言わせれば「このミュウズの像は何だか僕たちのもののような気がせられて、わけてもお慕わしい」（『大和路・信濃路』より）と絶賛していることからも明らかだ。かつては手に職を持つ人々、大工だろうが、白拍子だろうが、技術や芸術を頼りに生計を立てる人達は、こぞって寺へ出向き伎芸天にすり寄り、行く末の安寧と発展を祈ったのだ。多くの人々が願いを込めて崇拝した、像高約二〇五センチの大柄な美人の伎芸天は、脱活乾漆造りの頭部を持つ木造で、これも当時は技術の粋を駆使し造像されたのである。

しかし時代は変わり、明治時代になると、教育が進むにつれ、徒弟制度や見よう見まねの独学で職を身に付けるのではなく、体形的に学ぶことが広まった。そういう世には、祈りで職を際立たせる考え方が薄れていき、〝職の神様伎芸天〟は忘れ去られる運命を迎えることとなる。祈りの対象も、観音信仰のように、健康や職や所得に至るまで、〝ご利益万能選手の仏像〟で充分こと足りる世の中になったのである。気が付けば華やかし頃の伎芸天は、日本中を見回しても、かろうじて秋篠寺のこの一体だけが残るというありさまになってしまった。祈りもされず、遺産としての仏像も忘れ去られ、廃棄され続け、たった一体だけが寂しく佇む世の中を誰が予想しただろうか。元気が貰える柔和なお顔だが、もしも心があるならば、内心は寂しさで心苦しく、友を求めて悩んでいるのかも知れない。日本人は手に職を付けることを忘れてしまったのだろうか「過去にはそんな祈りもあったよな」とでも言わんばかりである。

そんな世の中でも、伎芸天に熱心にすがりついた女性が居たのだ。京都は嵯峨野の祇王寺で出家された智照尼、人気の芸妓が庵主となったのは有名だ。現役時代は稽古はいうにおよばず、祈りで精神力を高めたのだろうか、何度となく伎芸天に馳せ参じていたそうだ。できることの全てを尽くし、技を積み、揺ぎない高みに到達できたのである。

かつての技能オリンピックは、日本に多くのメダルをもたらした。それだけ優れた腕の持ち主が多かった。しかし最近の結果はさんざんだ、メダルはことごとく新興国を主体とした他国に持ち去られているありさまなのである。そう考えると、再度伎芸天のお出ましの機会が訪れたような感じがしないでもない。そんな世の中を日本人は変えることができるのだろうか、いやできるかできないか位では甘っちょろい。何としても変えなければ、素晴らしき文化と芸術と共に生きる日本民族は、この世から忘れ去れてしまうに違いない。

この寺には、他にも多くの諸仏が空間一杯に置かれ、これ以上置かれたら鑑賞や祈りに支障を来すほどである。居並ぶ仏像が雑踏を生み出す中に身を置くことで、それらとの一体感が生れてくる。そのどれもが自分の知人のような気がして、見つけた友人に声をかける如く、独り言を言い出しかけた自分を笑うのだった。

10、西大寺

平城京の地には、東西に国の寺ともいわれる二つの官大寺が存在した。聖武天皇が創建した東の大寺東大寺と、称徳天皇が創建の西の大寺西大寺である。聖武天皇と光明皇后の娘、称徳天皇が天平宝字八（七六四）年に建立した西大寺は、東西十一町、南北七町、約四八ヘクタールという広大な敷地だったそうだ。東・西の両塔、薬師・弥勒の両金堂、四王堂院、十一面堂院をはじめ百以上の堂宇を有していた。現在は東塔の礎石が基壇の上に残されており、この場所に塔があったとすれば、伽藍全体が西の方に寄って建てられていたのだろう。

塔は八角形で七重だったとされ、東大寺の両塔と同じだったのだろうか。東大寺の七重の塔は、高さ百メートル級で、何と新幹線の四輌分である。相輪だけでも二三メートルに達したとされ、全国の小中学校のプールの長さにも迫り、そのレプリカが大仏殿の隣に置かれている。父・聖武天皇建立の東大寺を手本に、娘・称徳天皇が西大寺を建立したのだから、その思想は似ていたに違いない。

平安時代になると、様々な災害が勃発し、これらの伽藍は面影を残さぬほどのダメージを受け、そのほとんどが消え失せるのであった。鎌倉時代になってこの寺に入った稀代の名僧・興正菩薩叡尊が復興に当たり、真言律宗の根本道場として、現在の西大寺の伽藍が整備されていった。室町時代に入ると、兵火などによる被害をも顧みず、幕府の援助および戒律とその教えによる強い結束力を持って、堂宇やその法燈は連綿と受け継がれた。今は真言律宗九〇有余の総本山として、寺宝や戒律は守られているようだ。寺宝の仏像は多種多様で、本堂・四王堂・愛染堂の三カ所で拝観でき、趣の異なる御堂に祀られた諸像は、それぞれがその場所に馴染んでいる。

「本堂」には、本尊の清涼寺式釈迦如来立像が祀られ、中興の祖叡尊が仏師を京都嵯峨野の清涼寺に派遣し摸刻させたとされる。上半身の衣の襞の多さと整った体形は、中国北宋様式の像で、同じような姿のお釈迦様は全国で五十体を超えるとのことである。西大寺の釈迦如来はその代表とされ、作者の仏師法橋善慶等により、建長元(一二四九)年に開眼供養された。文殊菩薩騎獅像は、叡尊の一三回忌、西安四(一三〇二)年に、中国の五台山に伝わる文殊信仰に習い造立された。戒律の教えを尊重し、宝刀の維持に努めた叡尊が篤く信じていたとされる仏の一つで、全国にも数少ない五体揃った文殊信仰の結晶的存在のようだ。さらには丈六の弥勒菩薩坐像も祀られ、元亨二（一三二二）年、叡尊三三回忌に奉納された。

「四王堂」では、十一面観音の巨像が出迎えてくれる。桜井東部山間の長谷寺の御本尊を基に造られた長谷寺式観音様で、鎌倉の長谷寺他全国に見られ、錫杖を持つのが特徴とされる。像高一丈八尺（六メートル）で、京都の鳥羽上皇の御願寺の本尊だったが、お堂崩壊後放置されていたものを修復し、亀山上皇が正応二（一二八九）年に叡尊を慕って西大寺に預けたとされる。

さらに「愛染堂」には、宝治元（一二四七）年に、叡尊の発願で造立された仏の愛染明王（通常はお前立を拝観）が祀られている。蓮華座の上に座り、深紅に彩られた一面三眼六臂の忿怒想で、小型（三〇センチ）ながら迫力満点である。見逃せないのが、地味ではあるが国宝の叡尊坐像である。師の生前に弟子達の発願で、仏師善春による作だとされる。叡尊八〇歳の記念像は、平城京で活躍した一高僧としては国の宝であり、その分身である仏像は西大寺の宝でもあるのではないだろうか。

桜も終わり藤の花が咲き始めた境内に、整然と立ち並ぶ堂宇が映え、雨の中だったので、参詣者はそれほど多くはなく、各お堂をゆっくり拝観でき、至福の時であった。

11、法華寺

藤原不比等の娘、後の光明皇后が、父の邸宅を継ぎ皇后宮としていた。今から一三〇〇年以上前のことで、その後光明皇后の発願で建立が始まり、宮寺にしたのが光明宗総国分尼寺（正式名称：法華滅罪之寺）である。東大寺が総国分寺であるのに対し、法華寺は総国分尼寺として、女人成仏の根本道場の役割を担ったとある。中世の頃から宮家や公家の姫君が入寺され、尼門跡（法華寺門跡）と呼ばれていた。伽藍は皇后亡き後、延暦元（七八二）年頃の完成で、東西両塔をはじめ、金堂・講堂・食堂などの諸堂を配した大寺院だったそうだ。

場所は平城宮の大極殿近くで、当時は国の都だった地域にとって、遷都という時代の流れは誠に非情で、東京遷都後に平安京が一時期すたれたのと同様、平城京の平安遷都後には、奈良の街は荒廃が進み、法華寺も例外ではなかったようである。東大寺を始め法華寺を含む力のある寺々は、様々な方法をあみだし、復興されることになる。諸国に置かれた国分尼寺の総本山であった法華寺は、復興後も数々の災害に遭遇し、全てを失う悲惨な状況に至るのだった。

女性ゆかりの御堂は、慶長六（一六〇一）年に豊臣家の淀君により再建され、天平時代の様式を受け継ぐとされる。正面には八角灯籠が置かれており、左右の灯篭は欠けるが、京都の真如堂にも似て優雅な姿が心をうつ。春の御開帳の終盤には、ひな会式といわれる行事も執り行われ、善財童子といわれる人形を纏った人達が堂内に色を添え、大勢の信者達は、穏やかな春の風の中に心を躍らせるとのことである。

小生はこの時期を逃し、御開帳以外の時だったので、御本尊のお前立ちが迎えてくれた。このお前立は、仏師の松久朋琳作で、四天王寺の仁王像や鞍馬寺の魔王像と並ぶ大作とされる。十一面観世音菩薩、一目見たら忘れられない観音様で、モデルは光明皇后といわれ、柔和で女性的な雰囲気と高貴さを併せ持つお姿は、邸内の蓮池を歩かれた時の様子とされている。浴室を建て、人々の垢をすり取ったともいわれる光明皇后、千人目の人には患部に自らの唇を惜しみなく奉げ、その膿を吸い取り命を救ったとされる。

そのお姿を思い起こさせる優雅な躯体は、祈りの対象以外考えられないほどに神々しい。インドでは十一面観音は香木の白檀一木造りだそうだ。日本では調達できないので、それに似た榧（かや）の木材を用い、招聘されたインドの仏師〝問答師〟の作とされる。像高百センチと小柄な像ではあるが、何故か巨大な像にも負けないボリュームを感じ、細部まで精神を集中して観賞できるのが良い。厳密には素材の種類やその木目などが異なるので、御本尊とお前立では、細部の印象は異なるはずであるが、遠くからの鑑賞ではそこまでの差は見とれないだろう。左右を飾るように伸びた茎の先に、蓮の花や葉が添えられ、体全体を守るようでもある。形のある着衣とは異なり、柔らかな絹の衣を幾重にか重ね、薄手の布のふんわりとした軽さと柔らかさが表現され、高貴なお姿を一層際立たせている。左足に体重を乗せ、右足先を少し浮かせ、腰をわずかにひねらせた独特の姿は艶めかしいほどで、中宮寺や広隆寺の弥勒菩薩、泉涌寺の楊貴妃観音とはまた異なる美しさに釘付けにされるのである。

法華寺には、京都の仙洞御所からの移築とされる、国の史跡〝名勝庭園〟が在り、尼門跡寺院屈指の名園といわれ、特別公開されていた。こぢんまりした庭の池には石橋が架かり、中央に設けられた橋脚上での字型に折られている。踏面には土が盛られ、更に敷石が綺麗に敷かれ、橋の前後の敷石との調和も素晴らしい。渡った先には、太鼓橋と灯篭を配した枯山水の庭が現れる。築山には様々な形の岩や木々が配され、滝から流れ出た水が池へと流れ下るさまを石で表現しているのが風情を誘う。橋の袂には燕子花（カキツバタ）が植えられていたが、四月だったのでまだ背も低く、鮮やかな薄緑の葉が伸びようとしていた。橋の手前には、地面近くに配した竹の藤棚に薄紫の花が咲き、その色を水面に映し揺れており、美しい庭を引き立てる。

寺内には本堂の他、桃山様式を取り入れた鐘楼が置かれ、櫓を覆う板の袴が見事で、朱に染められた軒と反りの大きな屋根は、おとぎ話に出て来る竜宮殿のようで美しい。唯一の高床式である慈光殿には、寺宝の諸仏や寺伝来の宝物が納められ、東大寺の正倉院展に合わせ公開されるそうである。鐘楼隣の池の中には護摩堂が浮かび、光明皇后が自ら法華経を読誦され、お札は皇居に献納されたとある。現存する建物で最も古いのが横笛堂で、室町以前の建立とされ、内部の装飾には鎌倉様式も見られる。平清盛の娘である横笛の像が安置されていたので、そのように名付けられたが、本来は本尊の阿弥陀如来を納めたお堂で、阿弥陀信仰由来の御堂との事である。さらには、明治三年に再建された浴室（からふろ：現代でいえばサウナ）、光明皇后の発願とされ、千人の垢を流したとされ、庶民の為に薬草を焚いた蒸し風呂であった。

浴室と横笛堂の東には、華楽園と称する庭園があり、四季折々の花園となっている。桜が終わった頃に訪れたが、椿と真っ白なフジが満開を迎え、薄紫のフジも咲き始めていた。その他様々な植物が植え込まれ、睡蓮の池もあったので、花の頃は見事であろう。浴室の後ろには、移築された光月亭と呼ばれる茅葺屋根の古民家がおかれ、お茶もふるまわれ、疲れた足を休ませてくれる。厚みのある茅葺の軒は深く、懐かしい古民家での生活が偲ばれる。

十一面観世音菩薩や堂宇の他に、庭園や花園が充実し、安らぎの時を過ごせるのも尼寺の持つ魅力なのであろう。

12、海龍王寺

飛鳥時代の寺院を、天平三（七三一）年に光明皇后が、遣唐使派遣の祈願所として拡大増築し、多くの伽藍を整えた。遣唐使だった僧の玄昉が帰国時に、海龍王経を唱えながら、四隻の船に分乗したが、帰国できたのは二隻で、内一隻は二年後だった。第一隻で帰国できた玄昉は、五〇〇〇巻の経典と共に、初代住職となった寺である。

海龍王寺の命名は、聖武天皇で、それ以後は航海の安全を祈願する寺として栄えた。写経が盛んだった当時、光明皇后や空海も、持ち帰った経典の写経に訪れたとのことである。海龍王寺の寺域は、藤原不比等の邸宅の場所で、都の東北の隅だったので、相続した娘が隅寺という名の寺にしたのが海龍王寺であり、娘は後の光明皇后なのである。金堂から見て右端に西金堂が建ち、堂内には国宝の五重小塔が置かれている。他の寺院には数十メートルの塔が建つが、光明皇后の住居だった宮殿なので、敷地も広くはなく、本来ならば高くそびえる五重塔を建てたかったのだろうが、諦めたのだろう。その代わりといっては誤解があるかも知れないが、東西両金堂を設け、堂内に小振りの五重塔を設けたようだ。つまり元々は東金堂に置かれたものとの一対だったようだが、東金堂は塔と共に明治時代に失われてしまった。かつての宮廷内に在って、現在まで残るのは西金堂が唯一の建物である。寺とは異なり、皇后自ら宮廷内に伽藍を設け、祈りの場とした名残であり、いわば〝内廷仏教〟を現代に伝える建造物としても貴重なものとされている。

創建当初から西金堂内に置かれていた国宝の五重小塔（高さ約四メートル）は、外見は他の五重塔と同じだが、実は積み木の箱なのである。つまりその内部は空間（大きさが似ている元興寺の塔は、実際屋外に建つ塔と同じ構造で造られている）で、芯柱等はなく外側の組み物の積み重ねで出来ている。模型のような五重塔が国宝とは何故なのかという疑問が脳裏をよぎった。しかし現存する奈良時代の遺作とされるこの塔は、細部に至るまで精緻に造られているそうだ。塔の組み物の手本とでもいえる造りは、精細かつ完璧な技が使われており、薬師寺の東塔はこの技術があったからこそ完成できたともいわれる。天平文化の早い時期の技法が見られ、塔の建築様式を伝える貴重な存在で、れっきとした建造物とのことで納得したのである。

江戸時代に再建された本堂（中金堂）は、創建当時（奈良時代）に金堂が建っていた場所と同じとされ、奈良時代の仏堂の建築様式である。建立は寛文年間、江戸時代にしては古風な造りを踏襲しており、奈良に住む棟梁の技を活かした貴重な建造物のようである。

ご本尊は、鎌倉時代の造立とされる十一面観音菩薩立像で、木彫金泥仕上げの美像である。光明皇后が刻まれた像を手本に、慶派の仏師による作で、檜材が使われ金泥が施されている。見るからにお顔が大きく、六頭身位で頭部の化仏も金色黒髪で統一されている。丸みのある細長い水瓶の蓮は赤花&緑葉に彩色され、威厳を放つ像に華を添える。さらに頭上から足元に至るまで、衣の上に多彩な装飾品を身に付け、女性を思わせる美人の観音様である。衣にも彩色（朱・丹・緑青・群青）があるとのことだが、薄暗いので小生には見分けは付かない。銅製鍍金の装身具を多用し、透かし彫りが用いられ、豪華なネックレスには色の付いたガラス球も取り入れられているとのことなのだ。太陽を木漏れ日として写真に撮ると、太陽の光は四方八方に光芒（コウボウ＝光の筋）となって光り輝く。八角形に伸びた〝線の光背〟は、まるでその光線のように、顔を中心に四方八方に伸びて輝いている。

十一面観音菩薩立像以外の主な仏像では、真言律宗の文殊信仰の流れで、十三世紀中頃に造立された文殊菩薩が目を引く。安倍文殊院のような、獅子に乗り従者を従える造りも見られるが、ここでは単独の立像である。甲冑を纏った四臂の従者に両脇を守られ立つ姿は何となくあどけない。御本尊とは異なり、八頭身の姿で、見開いた眼や表情は親しみやすい。愛染明王は、頭上に獅子を乗せ、六臂の忿怒想で威圧する。後から見たとしたら、その身が隠れるほど大きな丸い光背が力強さを強調している。永享元（一四四〇）年六月一日に開眼供養され、檜材の寄せ木造りだそうだ。不動明王は右手に頭上を越える長さの剣を持ち、左手には羂索を絡め、辮髪を垂らし睨んでいる。愛染明王と不動明王は、それぞれが前に立つ甲冑を纏った二人の従者に守られている。四人は、各々の名は見忘れたが、姿からすると四天王（広目天・持国天・多聞天・増長天）ではないだろうか。毘沙門天が祀られている由来は、冒頭にも記した通り、その背景には光明皇后がおられる。従来からここに在った毘沙門天を本尊としていた寺を改め、遣唐使の旅の安全を祈願する寺に相応しい姿に変えたことにあるとされる。像高一四五センチと他の仏像に比べ大柄だが、一説には平城京の東北の隅（海龍王寺は先にも述べたが隅寺とも呼ばれていた）を守るため、大きく造ったとされる。表情は穏やかで、何か思索にふけっているようにも感じる位である。

他にも多くの寺宝があるが、自らの血を用いて写経された書物が残されている。血書の例はほとんどなく、仁和寺の願文と高山寺の写経および海龍王寺の法華経の写経の三点とされる。しかも海龍王寺の写経は、実に八巻におよぶそうで、弘安七年閏四月二〇日・僧禅海の奥書が添えられていることから。鎌倉時代の僧侶・禅海師および多くの寺僧による海龍王寺復興への決意が示された証とされているそうだ。

さらに、黄麻の紙に薄墨で書かれた、弘法大師直筆の偶寺心経（般若心経の写経）があるそうだ。これを読めば、様々な願いが成就されるとのことで、是非読んでみたいものである。最近では、海の旅のみならず、あらゆる旅の安全を祈願する寺として人気があり、旅好きの小生には欠かせない寺であるのだ。

13、不退寺

かつては大同四（八〇九）年に平城天皇譲位後に造営された萱の御所で、孫の在原業平が承和十四

（八四七）年に寺に変え、聖観音像を自ら刻み、本尊としてお祀りしており、別名〝業平寺〟とも呼ばれている。

業平は自ら刀を手に仏像を刻み歌も詠んだとされ、歌人でもあり彫刻家でもあったのだろうか。頭に化仏を現した宝冠を乗せ、丸い光背を背負う。耳の上の宝冠に結ばれた幅広の大きなリボンが左右にたち下がり、一本の蓮の蕾を持つ姿は、女性的なイメージでもある。小生は修理が終えた御本尊を、奈良国立博物館で見た。

極彩色に輝いていたのであろうか、今は色彩はなく、五蘊と思える下塗りも所々剥がれ、木肌が露出している。よくよく目を凝らしてみないと、彫刻された木肌の凹凸は、目の錯覚で見違えてしまいそうである。奈良国立博物館の資料によると、この不退寺の像は、文化庁所蔵の観音菩薩立像と像高がほぼ一致し、その作風が酷似しているようだ。長くなるが資料によると、「腰の捻じりが左右対称であることから、元々は薬師寺の薬師如来の脇侍である日光菩薩と月光菩薩同様に一対とみなされ、当初の尊名は不明ながら三尊像の両脇侍であったと考えられるに至った」そうだ。さらには「不退寺像は広葉樹の一木造りで、左上膊部や天衣の一部を含めて一材から彫り出し、背中から内刳りを施して蓋板を当てており、宝冠と光背を装着時には、宝冠と両耳上の間辺りから垂下する大きなリボンの如く結ばれている飾り紐が着いた状態になる。光背の他両足先や台座は、中世に後から追加され、表面の白下地彩色も同じ頃に補われたようである。不退寺と文化庁の像は、高く結い上げた髻や耳の上で渦を巻く鬢髪、矢羽根をあしらった天冠台の衣装など、細部にいたるまで共通しているのも意図あってのことのようだ。脛部に刻まれた大波と小波二条を交互に配する衣のひだや、両脛外側の瓔珞による裙のたぐれの表現もよく似ているばかりか、構造や作風に加え、不退寺像の伏し目の表情、両像の腰高で細身のプロポーション、着衣に見る鎬立てた彫り等の共通項目も多く、制作は十世紀半ば頃と推定される」とのことである。奈良国立博物館の展示の時には、不退寺の像の大きなリボンの如く結ばれている飾り紐は外されており、双子の兄弟とも思える二体が並んだ姿には唖然とし、ただ見とれるばかりであった。運命とは何なんだろうか？　片や彩色、片や素肌、全く異なる仕上げが施された経緯は何だったのだろうか？　素朴な疑問が脳裏をよぎるのであった。

本尊の不在時に寺に行ったが、厨子の中には、板に本尊を描いた油絵が置かれ、仏像ではなく描かれたご本尊を見ることができた。寺の女性が言うには、杉の板に描かれた油絵は日本画と違って非常に珍しいとのことで、作者は聞き逃したがそれなりの価値はあるだろう。

本尊の代わりに、在原業平朝臣画像が特別公開されていた。胡坐をかいて座り、白い紙を持ち、硯を置き筆を持って和歌でも詠み書き記しているのだろうか。六歌仙（古今和歌集の序文に記された六人の代表的歌人＝在原業平・小野小町・僧正遍昭・文屋康秀・喜撰法師・大友黒主）の一人で、百人一首にある業平の歌は古今和歌集にも掲載された。紅葉の名所を読んだ「ちはやぶる　神代もきかず龍田川・からくれなゐに・水くくるとは」（山の紅葉は生駒を流れる竜田川の水面に映り、唐の国の真っ赤な括り（絞り）染めのように見えるが、このような素晴らしいことは神の世にも聞いたことがない）の歌は有名である。

一歩本堂に入ると、古い仏像達が発している威圧感というか霊感のような空気に包まれる。周囲を飾りたてて仏像や宝物を見せるのではなく、適度に維持されたお堂で、時代と共に生き延びた歴史そのものが滲みでてくるような雰囲気がこの寺の特徴でもある。外の喧騒と隔絶された本堂にいると、創建当初の姿に引き込まれて行くようで、寺が経て来た今日までの出来事など、様々な思いが頭をよぎるのである。さらに目をひくのが五大明王像で、寺の資料によると、中尊の不動明王は木彫彩色で、鎌倉時代後期の作である。他の四明王は、降三世明王（四面八臂の姿の像）、軍荼利夜叉明王（一面八臂の姿の像）、金剛夜叉明王（三面六臂の姿の像）、大威徳明王（六面六臂の姿で牛に跨って乗る像）で、どれもが一五〇センチほどに揃えられた平安時代後期の作である。一般的には激しい忿怒の顔つきだが、五体とも穏やかな表情なのが特徴とのことで、藤原時代中期の作風が現れている貴重な遺作とされる。それに加え、古い時代の五大明王が一同に会しているのは非常に珍しいそうだ。諸仏が納まる本堂は、南北朝から室町時代前期の創建で、寄棟造り総瓦葺きだ。堂内は内陣と外陣に分かれ、中世に見る一般的な造りとされる。

庭に出ると本堂正面から見て左側には、鎌倉時代に建立された多宝塔が置かれている。本堂左に付けられた小道を進むと塔の正面に行き着く。不退寺の建造物では最も古く、創建当初は檜皮葺の二重の塔だったが、現在は上層は撤去され、単層の瓦葺になっている。

多宝塔の前は池になっており、一周はできないのだろうか、一枚の大きな石橋を渡ると、本堂正面の参道に出る。珍しい遺物といえば、近くの古墳から発掘された石棺であろう、幅や長さ厚さとも大きく、このような中に埋葬されたからには、身分の高い人だったに違いない。

この寺のもう一つの見所は、花の寺と呼ばれるように庭に咲く四季おりおりの花である。前出の寺の女性（ご住職の奥様か）の説明によれば、「手を加えることなく自然のままを表現しているお庭」が自慢で、秋には池の周りにあるモミジが素晴らしい色に変わるという、ここは業平好みの庭なのだろうか。ご本尊が不在の雨の中、参詣客が一人だったこともあり、受付近くの池の畔で、お庭のことをいろいろ説明していただいた。東大寺の二月堂で行われるお水取り、そこで使われるのは造化の椿と聞いてはいたが、あの高僧良弁ゆかりの椿は見たことがない。偶然とは良くいったもので、何と東大寺から苗を分けてもらったという良弁椿が満開を迎えていたのである。花は糊こぼしといわれる貴賓ある紅白の絞りで、その苗木が植木鉢の中で大切に育てられていた。何年か先には大きく育ち数も増え、今ある椿や菖蒲・連翹・燕子花・萩・睡蓮・美男葛などと共に庭を飾り、寺の歴史に新たな華を添えるのであろう。

充実したお堂の御仏達、こぢんまりではあるが多くの草木や花々が楽しめる庭、在原業平の面影を肌で感じることができる寺なのである、「観音を・ただ一筋に頼みつつ・不退の寺に・急ぎまいらん」‥(大和北部八十八カ所ご詠歌より)。

14、平城京跡

もうかれこれ十年以上前になるが、平城京跡地に大極殿と朱雀門が再建されたと聞いていたので、近鉄大和西大寺駅前からバスで向かった。降りた場所は、時代を遡ること約一三〇〇年の和銅三（七一〇）年、藤原京からの遷都によりこの地に出現した都だった場所である。学生の頃は、語呂合わせで七一〇年を「ナント大きな平城京」などといって、年号を覚えたりした。広さは、東西約四キロ（四〇一三メートル）、南北約五キロ（四七〇〇メートル）あるとされ、さらに周囲に市街地が続いていたようだ。都の入り口にあたる最南端には羅城門が設けられ、宮廷入り口の朱雀門をへて大極殿にいたる朱雀大路は、大和古道をそのまま利用したとされ、地域住民にはゆかりの場所でもあったのだろう。

唐の都であった長安を模して造営されたというが、広大な中国とは異なり、周囲への発展性に欠けるのは、後の京の都と同じで、行き詰ったのではないだろうか。広大な関東平野への遷都で、まれにみる世界の大都市に発展した日本国の首都東京、やはり奈良や京都では手狭だったように思える。

平城宮が置かれたのは、最も北に位置する約一キロ四方、朱雀門を入り大極殿までの地域で、ここに天皇の住まいと、政治の中心が置かれた。後の聖武天皇は、引っ越し好きで、七四〇年から何と五年の間に、京都・大阪・滋賀・奈良と移り住み、その都度大極殿を壊し、建て直していたそうだ。蘇った大極殿、政の中心である建物であるが、再建成ったのは元明天皇時代のもので、これを第一次大極殿と呼び、引っ越し好きの聖武天皇、平城京に舞い戻った際には、先述した場所から南東の地に、小振りの新たな大極殿を造営した。これを第二次大極殿と呼び、先の大極殿はその時には取り壊されたそうだ。令和五（二〇二三）年五月現在、大極殿の入り口の門などが再建中のようであるが、踏切への道は同月現在閉鎖されており、一般道で迂回する必要がある。

藤原京が在った地から北に行くと、平城京の入り口に羅城門が立ち、門を入り大路を北に向かうと、朱雀門に行き着くことになり、その先は天皇の住まいも併設された平城宮内であった。羅城門の場所は、朱雀門より遥か四キロほど南で、そこまで真直ぐな朱雀大通りが設けられていた。現在のＪＲ大和郡山駅の北東方向十五分ほど歩くと石碑が建てられている。さらに、その遥か南にはかつての都、藤原京や飛鳥京があったわけだ。羅城門近くにはその名を冠した公園は設置されているが、石碑の場所への門の再建までは期待出来そうにない。平城京内では、朱雀門と大極殿の間に、今は近鉄奈良線が敷設されてはいるが、建造物は何もなく、かつての都の周囲は様変わりしてしまったようだ。千年もの間、ここに都があったことすら忘れ去られてしまっているかのようだ。近年になって、ようやく発掘調査が始まり、宮殿の中に鉄道は不要と移設が決まりかけたが、電車内からの宮殿見物も乙なものとされていると聞く。いずれにしろ、本格的?な復元計画が進んでいるとのことである。

令和五年に、文化庁が京都の地に根を下ろした、その根を奈良まで伸ばし、歴史の中での伝統文化に目を向けることから始め、景気後退で傾きかけた日本にメスを入れる必要があると感じる。平城京復元完成の暁には、日本はもとより世界各地から観光客が押し寄せ、周囲の神社仏閣と宮殿群が一体となり、奈良は一大リゾート地に変身するであろう。

小生が訪ねた時は晩秋で、かつての宮廷内には、背丈を遥かに超えるススキが大繁殖し、原野化してしまっており、左右の踏切の警報機も隠すほどに伸びていた。静寂が保たれた場所に、突然カンカンカンと鳴り響き遮断機が降りた。踏切を通過する電車の速度は八十キロを超すだろうか、押し退けられた空気は風圧となり穂を大きくたなびかせている。この場所は本当に日本の首都が在った所なのだろうか、我が身にも届くその風は、消え去った華やかし過去を哀れむかのように冷たく、涙を誘うのであった。

コラム：平城宮に寄り添う（市内西部）

駅（近鉄大和西大寺か新大宮）近辺の地域には、寺や平城京跡などが点在する。大和西大寺駅は、近鉄路線の分岐点で、多くの人が乗り降りする。それに伴い、主に奈良の西部を対象とした地域の足を担うバスターミナルでもある。西大寺は駅の目と鼻の先だが、秋篠寺や平城京跡その他の神社仏閣へはバスの利用が良いと思われる。また新大宮駅からは、徒歩で行けるのは、法華寺・海龍王寺・少し遠くの不退寺くらいと考えればよいだろう。その他へは大和西大寺駅か奈良駅（ＪＲ＆近鉄）からのバスになるので、本数が少ないことを考慮しての行動も考えに入れる必要がありそうだ。

平城京創設時、朱雀大通りは、遥か四キロ南（ＪＲ郡山駅近く）に建立された羅城門から、南北に延びる生活用道路に沿って、朱雀門を入り平城宮の大極殿まで設けられた直線道だった。古人の時代から、陽の光が満遍なく当たる南に面して家を設けたであろうことからすれば、平坦地であれば、東西南北に向って道路ができるのは必然であり納得がいく。大通りを幹にして枝葉のように町は栄えたはずだ。ここ奈良の地域の繁栄は、何といっても平城宮という国家中枢機関の場所を中心に、その影響を強く受けていたことは、想像に難くないであろう。

さらには、政治の力を除くと〝天皇家および光明皇后〟の存在なくして、この地域の繁栄は語れないともいえる。神社仏閣はもとより、地域に生きる人々にとっても、生活面での光明皇后の存在は大きかったはずである。身分の高かった人々はもとより、一般市民もこぞって「お近くに寄り添いたい」と居を構えたに違いない。西部地域に在った西大寺はいうにおよばず、多くの寺や神社は、平城宮にて過ごされていた天皇家とも、持ちつ持たれつの関係だったと想像できる。聖武天皇と光明皇后の娘、称徳天皇が建立した西大寺はもとより、光明皇后自らも、法華寺や海龍王寺に携わった。海龍王寺の寺域は、藤原不比等の邸宅の場所で、都の東北の隅だったので、相続した娘が隅寺という名の寺にしたのが海龍王寺であり、娘は後の光明皇后なのである。他方、法華寺の厨子に納まる十一面観音像は、インドの仏師である問答師を招聘し、光明皇后をモデルに造像したとされる。素材は榧（かや）の木とされ、問答師の地元では香木の白檀を使用し造像されるが、日本にはないので榧を白檀に見立て壇像としている。法華寺も海龍王寺と同じく父の屋敷を寺に変え法華滅罪之寺（略して法華寺）としたのである。寺内の地下の遺構からは、光明皇后の住まい「皇后宮」が発掘されており、十一面観音と同じお姿で、庭園を散策されていたのであろうか。

都が遷都されると、人々の大移動が起こり、新天地は活況を呈するが、用済みの地は廃墟と化すのが世の常なのだ。ご多分にもれず平安京への遷都後は、西大寺や東大寺など大寺は荒廃が進み、中小の寺などはいうにおよばずのありさまだったとされる。それに追い打ちをかけるように、神仏分離や廃仏毀釈による影響をまともに受けたのだ。例えば、大寺院の興福寺などは、塀は壊され仏像は焼かれ、土地は県にまで占領された。恐れをなした僧侶は逃げ出し、春日大社の神官に化け、寺は荒廃していった。遷都だけでも、人々の移動などで地域の衰退が起こり、活気がなくなり廃墟同然になったのにも関わらず、被害はさらに拡大したのだ。誰もが生き残りをかけた諸策を打ち、必死になって生き延びようと励んだ、その結果が今ある姿といえるだろう。

場所は変わるが、平安京でも東京への遷都後は荒廃が進み、人々は何とか元の都の活況を取り戻そうと躍起になり、平安神宮の再建に取り組み、現在の観光都市に蘇っている。

おりしも平城京の再現計画が進行中で、第一次大極殿の南門の完成が間もないようだ。京都の平安神宮再建が京都を観光都市へ変貌させた如く、平城京の再建が奈良の地の活性化に繋がり、一大観光リゾートに生まれ変わることに期待したいのである。

奈良③ 奈良市内・2（東部・鹿と共生の南都）

15、元興寺

寺歴は古く藤原京にまで遡り、飛鳥の地では法興寺といった。平城京遷都後の飛鳥の地に残った寺は、本法興寺を経て、現在は飛鳥大仏と共に創建された地に安居院の名で存在する飛鳥寺である。藤原京には四つの大寺院が建立され、法興寺（現：元興寺）・本薬師寺（現：薬師寺）・大官大寺（現：大安寺）・河原寺（廃寺：飛鳥の地に跡が残り、現在は弘福寺が廃寺跡に建つ）、の寺々であった。その頃の法興寺、養老二（七一八）年に平城京に移った先では、蘇我氏の氏寺から官大寺として新たに堂宇が建立され、元興寺に改名された。平城京が造られた頃の元興寺は、東大寺・西大寺・興福寺に次ぐ広大な寺域を持つ存在で南都七大寺（元興寺・東大寺・西大寺・興福寺・大安寺・法隆寺・薬師寺）の一つであった。

本堂や講堂も含め、今はその面影はほとんど見られないのが何とも残念だ。東向きの本堂は、大屋根を支える七本の柱が、拝殿に上がる階段の外に立てられている。下足を脱ぎ、正面中央の木の階段を上がると、左右は広い舞台で、大きな障子を入ると仏間になっている。ここがかつては僧坊だった極楽殿と呼ばれる本堂で、その後ろには別棟の「禅室」が奥に細長く続いており、両者共国宝で世界遺産に登録された。御本尊は智光曼陀羅で、阿弥陀如来を中心とした、極楽浄土の姿が描かれている。寺に住み、奈良時代に修行を重ねつつ描いたのが、僧の智光であった。

この二つの御堂の屋根瓦を南側から眺めるのがこの寺のもう一つの楽しみである。一般的なお寺の屋根は、いぶし銀のような黒々とした瓦だが、この寺の屋根瓦はそれとは異なる。京都名物のお菓子、固い方の八つ橋を思いだす湾曲した形、色は茶や黄土や焦げ茶と様々で、見飽きることがない。屋根瓦だけ見ていると、別の見方をするならば、何だか異国のスペインにでも来たような趣なのだ。何とその一部の瓦は創建当時のものをそのまま並べているというから驚きで、飛鳥から天平時代の面影が感じられる。この丸瓦の屋根は行基葺といわれ、見栄えはやはりスペインの建築に使われるスパニッシュ瓦と同じだ。御堂の南側の足元には、幾つもの小さくて愛嬌のある石仏が並ぶ。その脇にしゃがみ込み、石仏と屋根瓦を見ていると、この寺が飛鳥の地に在った頃が偲ばれる。時代の移り変わりは、当時に比べれば激しくかつ早い。だからこそ、いつまでも変わらぬ情景に触れると、心が癒されるのではないだろうか。

16、興福寺

京都の山階寺（京都山階（現・山科））を起源とするこの寺は、藤原鎌足の夫人が京の都に建立、飛鳥（藤原京（厩坂寺））を経て同じく不比等がこの地（平城京）に定着させた。元興寺の門を出て左へ、昔ながらの家並みを一軒々々楽しみながら進むと、やがて猿沢の池の畔に辿り着く。道は細いものの真直ぐなので、気がつけば行く先に興福寺の五重塔が確認できる。

中学校の修学旅行から時は流れ、おぼろげな記憶では、奈良駅の近くで観光バスを降り猿沢の池にやってきた。確か池には鯉や亀がいたと記憶する。その池を半周し、五重塔に向かった。塔の下の石段で、十二クラスがそれぞれ記念撮影をしたのを思い出す。今日もその方向へ向かうので、この先は、春日大社へは寄らないが、当時の修学旅行と同じルートを辿ることになりそうだ。

その頃の興福寺は、寺域というよりは解放された公園のようだった。事実、明治時代の神仏分離や、それに続く廃仏毀釈で、仏教界は突然の嵐に襲われた。興福寺も例外ではなく、僧侶は春日大社の神官に化け、一時的に避難を余儀なくされたそうだ。寺を廻らせていた築地塀は破壊され、お堂の取り壊しや仏像の焼却が行われ、残った僅かな塔やお堂が創建当時の面影をかろうじて残すありさまであったらしい。修学旅行の時はそんな状態のままだったのだろうか、公園の中に寺の建物が幾つかある場所といった印象で、塀で囲われ拝観料を徴収する他の神社仏閣とは明らかに異なっていた。これら明治時代の政府の狼藉については「秋風や囲いもなしに興福寺」：正岡子規、と明治の俳人も詠むほどだった。そういう状態は今も続くが、西金堂再建時には是非元の姿に戻っていることに期待せざるをえない。

猿沢の池を眺め、五重塔の手前の階段を上がりきって目を疑った。平城京跡に建った大極殿と見紛うばかりの真っ赤に燃える御殿、黒く輝く屋根には金色の鴟尾、天平の遺産「中金堂」が蘇ったのである。浮きたつ心は、寄るはずの五重塔はいつしか素通りし、気が付くと中金堂へと小走りで向かっていた。

寄棟構造の単層裳階付き中金堂、軒を支える周囲の丸柱が素晴らしい。二階構造かと思わせる造りは堂々たるもので、東金堂とは違った存在である。創建当時は回廊が回っていたそうだが、まだそこまでは手付かずのようだ。ゆくゆくは再建されるだろう南大門や西金堂、さらには中金堂の後ろに講堂が完成すれば、築地塀を廻した門内の伽藍は中金堂が中心となり、回廊で繋がるはずである。羽を広げ東西二つの金堂を従え並ぶ姿、藤原時代の人々の思いが蘇る、その日が待ち遠しい。

お堂の中に入ると、江戸時代（文化八年（一八一一）の作という金箔に覆われた釈迦如来坐像がまぶしい。脇侍は薬王・薬上の両菩薩、三メートルに届こうとする高さの釈迦如来坐像に引けをとらない高さの立像。いずれも木造漆塗り金箔押しで、再建なった中金堂に相応しい巨像である。こちらは鎌倉時代（建仁二年（一二〇二）の作とのことで、中央に鎮座する現在のご本尊より古い。神々しいばかりの三尊であるが、周囲でお守りする四天王立像が特に目をひく。頭上には炎を巻き上げ燃え盛る輪光背、釈迦如来をお守りするこれらの武将四体は勇ましく、五十年後位にはお堂の方が天部達になじんでくるだろう。さらには、法相宗の一四人の高僧が描かれた柱の法相柱が異彩を放つ、堂内で身近に拝め、かつ唯一鮮やかな彩を添えている。

柱の立つ足元の地下には、創建当時の礎石が眠るそうだ。その真上に再建されたお堂に身を置くと、天平人と一体となっているような思いがこみ上げてくる。ここから眺める東金堂と五重塔、右を振り向くと南円堂、さらに右には北円堂、その間には未だ見ぬ〝幻の西金堂〟が浮かびあがる。西金堂再建の夢を現実のものにした時、堂内に居並ぶはずなのは、興福寺の代名詞とでもいえる阿修羅像達なのである。その人気にあやかり、落慶法要には全国各地から、老若男女が大挙して押しかけるだろう、小生がそれを見るのは此岸からではなく、彼岸の世からなのかも知れない。

中金堂再建以前は、唯一現存するお堂が東金堂で、五重塔と並んでいたこともあり、共に長い間親しまれていた。ご本尊は、薬師如来であるが、度重なる火災の都度焼失し、山田寺から運び込まれた白鳳時代（六八五年）のご本尊は、一四一一年の火災で焼失してしまう。しかし金メッキされた銅造のお体は溶けたが、重たい頭だけが落下し、白鳳時代の素晴らしいお顔は維持され、それが国宝の仏頭として保存されている。現存の薬師如来は一四一五年に再興された漆金箔押しの銅造だそうだが、脇侍は先代のご本尊の被災時に、火災にも耐えた銅造の日光・月光両菩薩立像である。白鳳時代の作であるが、通常の日光・月光菩薩は頭上には化物（その像の特徴的な仏を頭に乗せる慣習がある）を付けないが、この二像はそれを有し（阿弥陀如来を乗せている）、未だに謎とされている。さらに両像は、金箔の有無の差に違和感があるが、造像時期が異なるので致し方ないだろう。

幻の西金堂に納まるはずの阿修羅像、どのお堂のご本尊よりも有名なのが、この像ではないだろうか。失礼な言い方ではあるが、カニのような六本の手は印象的で、幼い子供でも一目見た誰もが忘れないのである。しかもそのお顔は、飛びぬけて美しいからなおさらである。人は生前の行い如何で、死後は六道（地獄・餓鬼・畜生・修羅・人・天）のいずれかに送られるそうだ。その修羅の世界を司るのが阿修羅なのである。元々は仏教ではなく、ゾロアスター教の神様であり、仏教に帰依したとき、天から離れた地位に格下げされた。戦いを担当する神様であるが、形相からしてそのような役割だとは、微塵も感じられないのである。三つあるお顔のどれをとってもあどけなさが残り、特に正面を向いたお顔は、女性を思わせる美しささえ感じさせる。サラリーマン現役時代には、テレビ東京のワールドビジネスサテライトを見ずには寝られなかった。ゲストスピーカーを招き、キャスターの小谷真生子氏が取り仕切る番組だった。ビジネスは戦いの連続である、そのキャスターが阿修羅そっくりのお顔だったのを思い出す。阿修羅像の前に立ち、様々な思いを巡らしていると、柔和なお顔をしていたその美人キャスターも、奇しくもこの世の経済界での〝戦い大好き人間〟だったような気もしてくるから不思議だ。

不空羂索観世音菩薩を御本尊とし、藤原冬嗣が、父である内麻呂の追善供養に建立したのが南円堂である。御本尊は、これも運慶の父である康慶作、像高三四〇センチの箔押し坐像で、化仏を有する宝冠を被った姿は威厳を放つ。透かし彫りの光背は、鳥が羽を広げたようでもあり、西国三十三観音霊場では唯一の不空羂索観音様である。

南円堂再建時にモデルとされたのが北円堂で、三重塔と共に興福寺では最も古い建造物である。藤原不比等の菩提を弔うために造られたそうで、当時ここからは、眼下、遥か遠くに平城京を望むことができたといわれ、寺内でも高い場所に建っている。円堂といっても真丸ではなく、南円堂や法隆寺の夢殿と同じで八角形である。夢殿よりも一回り大きく、円堂の中では日本で最も美しいとされているそうである。堂内には弥勒如来（弥勒は未だ菩薩だが）が納められ、弥勒信仰に篤かった不比等と如来が、揃って都を眺めながら、安らかに眠りにつけられるようにとの配慮がされたのではなかろうか。

奈良を代表する建物が興福寺の五重塔だとすれば、猿沢の池は塔を映す鏡である。小生が修学旅行で最初に奈良を訪れた史跡は、忘れもしないこの五重塔であった。その後も何回か訪れた奈良、ある時は大雨の中の塔を見上げたこともあった、雲が塔の後ろから流れ、それに押されるかのように塔は倒れそうだった。ある秋の出張の帰りには、復興なった平城京の大極殿を見て、ススキが背丈ほど伸びた原野の踏切を渡り、朱雀門を抜け徒歩で興福寺に向かった。この時は宝物館の仏像の鑑賞が目的だったが、やはり五重塔が出迎えてくれた。天平二（七三〇）年の完成の塔は、五回の焼失を経て王永三三（一四二六）年ごろに再建され、京都の東寺の塔に次ぐ日本で第二の高さを誇るそうだ。第一層には、東に薬師三尊像、南に釈迦三尊像、西に阿弥陀三尊像、北に弥勒三尊像が須弥壇上に安置されているといわれる。

康治二（一一四三）年に創建されたのが三重塔で、三七年後に焼失し一八一五年頃に再建されたとある。興福寺では、現存する建造物の中で最も古いそうだ。第一層の柱間の板には、東に薬師如来、南に釈迦如来、西に阿弥陀如来、北には弥勒如来が祀られ、各々千体の同じ仏が描かれているとされ、五重塔に似た内容である。東側には唯一須弥壇を設け、弁財天坐像とその弟子である一五童子が並ぶ。団体客の多くは、ここまでは足を延ばさず、いつ来ても人がまばらで静けさを保っている。五重塔よりも繊細な造り、屋根の間合いのバランスが何ともいえず、小生好みの塔である。

歴史とは、ともすると〝強者とその功績〟が強調されるもので、平家にも功罪の両方が存在しただろうが、興福寺や南都の神社仏閣に対しては、罪の部分を強調せざるをえないほどの狼藉を働かせたのである。興福寺は東大寺と共に、平清盛の息子である重衡の焼き討ち（世にいう南都の焼き討ち）で全ての伽藍を失い壊滅的な状況に陥った。その時の様子は九条兼実の日記・玉様に「筆端の記すべきにあらず」とも記され、その焼け盛る炎の様子は京都の地からも確認されたほどだったようだ。その翌年、平清盛は高熱を患い亡くなった、平家一族は焼き討ちの罪を負うかのように、奈落の底に転げ落ち、一気に滅亡へと追いやられた。神や仏に逆らい、欲望の全てをむさぼり取ろうとの野望は、仏の手で断ち切られたとしか思えないのである。

17、東大寺

東大寺といえば大仏殿だが、これが金堂で寺の中心的な御堂である。堂内の裏手に模型があり、創建当初は左右に七重塔を従え、御堂の幅は八十八メートルと現在より三十メートル以上大きく想像を絶する。模型では確認できなかったが、後ろには大きな講堂を従えていたといわれる。その講堂、今は大仏殿の塀の外に、礎石だけが野ざらしにされるにとどまるが、再建を待ちたいところである。

近鉄奈良駅の横に出て、大通りをだらだら登り、国立博物館の先の交差点（バス停でいうと東大寺大仏殿）を左に折れると、南大門に通じる広い通で、その先に南大門が確認できる。途中左には土産物店が並び、名物である奈良漬の老舗などもみられる。その向かいには、鹿煎餅を売る小母さん達が並び、観光客を集め、鹿が煎餅目当てに群れ寄り、煎餅をもらう前には誰がしつけたのか、お辞儀をするところがいじらしい。

広い道幅いっぱいに建っている南大門、二層の屋根だが、通常の門では、大きく張り出した軒は、軒先近くに立てた別の柱によって支えるが、ここでは上下二段の軒の柱は門の本体の柱以外は使っていない。本体の柱から上にいくほど長くした六本の「肘」といわれる片持ちの梁（上下の隙間を組み物で固定し「六手先」と称する構造にする）と、柱の数だけ設けられた六手先の間を三本の通し梁の「貫」を組み合わせ軒屋根を支えており、二層目も同じ方法である。簡単にいえば、手作り竹馬では足を乗せる踏面が棒に対して水平になるように斜めの補助材で支える。南大門では、柱の上下に間隔を持たせ六つの穴を開け、下に行くほど短くした竹馬でいう踏面「肘」を六本差し込み、上下間の隙間を組み物で固定し、横から見ると三角形の一つの材料に見せかけ、足を乗せるのではなく、屋根を乗せ支えている。さらに横方向に貫を通すことで、全ての六手先に通し固定し、より強固にしているのだ。これは中国宋の時代から採用されている方法で、日本では珍しい様式だそうだ。この方法で軒の先端部分に柱を立てずに屋根を支えることができ、美しい姿の表現が可能なのだ。

お寺の門には左右に二体の像が置かれ、一般的には仁王門と呼ばれる。ここ南大門にも仁王である巨大な金剛力士像が置かれ、阿吽の呼吸を表現している。二体とも昭和から平成にかけて（一九八八〜一九九三年）解体修理が行われた。ＴＶで報道されたり、特集番組が組まれ解説されたので、ご存じの方も多いと思う。大きく口を開き忿怒の様相の阿形は運慶と快慶が、口を閉じて睨め付ける吽行の方は定覚と湛慶の作とのことが、今頃になって判明するなど話題にもなったのである。いずれにしろ、親分肌の運慶の指示のもとに製作が進んだ。記録によると、何と僅か二か月間という、信じられないほどの驚異的な早さで完成させたのだ。

あれほど大きく立派で、しかも表情豊かな作品、どうして短期間での製作が可能だったのだろうか。現在、建築現場の作業を見ていると、ノコギリ・カンナ・ノミ・釘・金槌などはほとんど見られない。電動工具を使い、いままでとは異なる部品を使用し、家は組まれていく。要は極端な話、職人の腕は不要なのである。段取り八分・仕事二分、職人の腕がモノをいった時代は、何も建築だけではなかっただろう。例えチームで取り組んだ結果だとしても、道具を選び、周到な準備をし、持てる技をフルに引き出し、非の打ち所のない結果を出す。様々な仏像彫刻を鑑賞するといつも思うことがある、国宝級の作品に限らず、当時の仏師や宮大工の技こそが、国宝級だった気がするのだ。

秋篠寺の項でも記したが、世の中には技能オリンピックという競技がある。かつての日本は課題の多くで上位をしめ、メダルに輝いた。今はさんざんの状況である、要は結果が出せないのだ。そのことに対して様々な異論を唱える人もいるらしい、できない理由を述べるのは負け惜しみでしかないのだ。古の時から、様々な素晴らしい〝伝統文化〟を受け継いできた日本人、これからどこへ行こうとしているのだろうか。仁王像を見るにつけ、その睨みは、〝日本人に向けられた警告〟のようでもある。南大門の巨大な金剛力士像、類い稀ともいえる高度な腕を持った慶派の仏師達、まさしく持てる技と呼吸があってこそ、成し得た大事業だったのではないだろうか。

東大寺は何といっても大仏殿なくしては語れない。創建当初は八八メートルもの幅で奥行きは五二メートル高さは四七メートル。火災による焼失後、江戸時代の再建では、同等の大きさは確保したものの、その後に再度の火災で焼け落ちた。現在目にしている三度目の建物は、江戸時代に建てられたが、お堂に合致した材料が確保できなかったのと、資金不足も重なり、御本尊の大きさを優先に、高さと奥行きは同等だが、幅は五七メートルと三〇メートルも縮小された。屋根の軽量化を図り、瓦の隙間を少なくしたが、雨漏りの原因となり元に戻す。しかし七千トンにもおよぶ屋根瓦の重量を支えることが懸念された。真に残念なことではあるが、明治の修復では鉄骨を使っての補強がされ、実質的にはもはや純和風建築ではなくなっているのだ。

仏教は遠くインドに誕生し、中国や朝鮮半島を経て、日本に伝来した。そういう意味合いから、八角灯籠が置かれている広く長い石畳の材料は、インド・中国・朝鮮および日本を含めた、四か国の石材が使われており、国際的な石畳なのだそうだ。和魂洋才とは良くいったものだ、良いことはどんどん吸収し伝統文化に組み入れる。優しい思いやりの心は尊重すべきだが、魂までも安易な方向に向かわせないことが重要だろう。古都には、国宝級の材料（建築・仏像・書物・調度品・等々）がどこにでも存在し、〝学べる場所〟なのであり、何事においても心しないといけないのだ。

中に鎮座するのが盧舎那仏（大仏）坐像で、天平一七（七四三）年に造立が始まり、天平勝宝四（七五二）年四月九日に開眼供養が執り行われた。式典には聖武太上天皇・光明皇后・孝謙天皇・他要人や僧侶が一万人も参列したとの記録がある。さらには、日本・中国・朝鮮・ベトナム各国の雅楽や舞が華を添えた。その後、平安時代や戦国時代の兵火で頭部が落下したりして、様々な損傷を受けたが、その都度修復され、現在のお姿になった。像高一四メートル九八センチの国宝ではあるが、残念なことには、聖武天皇が見た大仏そのものではないのである。

伽藍の再建は中断されており、東西二つの七重塔を始め、講堂や回廊も復元されれば、元の姿が再現される。先ずは、〝東塔の再建百年計画〟の実現に期待したい。大仏殿の東（二月堂側）には、その九輪塔（高さ二三メートル）の金色に輝くレプリカが置かれている。高さ百メートルの塔は着々と準備されているようだ。

その先の坂を上がると二月堂である、ここに立てば、東大寺のほとんどの伽藍を見渡せるといっても過言ではない。今は鬱蒼と茂る成長した樹木に遮られ、全てを見渡すことは叶わないが、奥まった高台に建てられたお堂が二月堂である。南北両側の石段を登って、本尊の十一面観音に拝観する形になる。二月堂のメインイベントは何といっても修二会であろう。この行事は重要かつ複雑で、小生が述べるには相応しくないので、詳細は割愛させていただく。要は、仏教の発祥の地インドの正月に合わせて行い、東大寺に伝わった〝仏教文化〟を形で表わすと共に、祝う行事とでもいえよう。若狭の若水（香水）を汲み御本尊に捧げ、人々は懺悔して心を新たにし新年を迎える。水天と火天が御本尊の前で松明を焚き邪鬼を追い払う、その火の粉を浴びると心身が清められるとされ、永遠と途切れることなく続く仏事に、全国から多くの信者や見物人が参加する。木造建築と火を使う仏教の宿命とでもいおうか、蝋燭や線香での失火、さらには様々な戦火や災害による何度もの焼失を重ねた二月堂。その度に御堂は再建と拡張が行われ、ついには崖の上の地面を外れ、清水寺と同じ宙に舞う、いわば掛け造りの様式となったようなのだ。しかし、考えてみればこの発想は実に理に適ったものだと思える。狭いお堂の敷地に多くの人は入れない、掛け造りにしたことで、御堂下の広い場所での参加が可能になった。しかも、降り注ぐ火の粉を浴びるには恰好の仕掛けなのである。一度も途絶えることなく続いた〝お水とり〟は益々活況を呈するだろう、火と水は祈りにも生活にも欠かせない、だからこそ人々の魂も燃えるのだ。

二月堂の隣に建つのが法華堂で、御本尊の不空羂索観音をお祀りする、別名三月堂で正堂に礼堂を増築したことが、屋根を見ると解る。大仏殿よりも古く、東大寺の前身の金鐘寺の創建で、良弁高僧の建立とされる説があり、ご本尊の名から羂索堂を経て法華堂になったとされる。西側から見て、左半分の柱間四つ分（四間）が創建当時からの仏様をお祀りする正堂、右半分四間が増築された拝観用の礼堂で、その右の南側が正面となる。御本尊は漆箔押三六二センチの巨像で、両脇侍の彩色は退色しているものの、日光・月光を従えている。注目すべきは、秘仏の執金剛神立像、彩色された塑像の護法神で、厨子の扉の関係からか、本尊に背を向けた北向きに置かれている。御本尊よりも背が高く四メートルもあるのが、天部の最高位である帝釈天と梵天だが、本尊より大きいので当初からの像か疑問視された。その後の調査で解ったことは、当初ここに置かれていたのは御本尊の不空羂索観音・執金剛神立像・戒壇堂の四天王（持国天・増長天・広目天・多聞天）・ミュージアムの日光・月光菩薩の八体であったようだ。一時期には十六体も置かれたことがあったが、現在は十体で、御本尊の不空羂索観音・執金剛神立像・梵天・帝釈天・金剛力士二像（阿形・吽形）・持国天・増長天・広目天・多聞天の十体である。四メートル超えの巨像：梵天・帝釈天、戒壇堂の像とは異なる四天王、金剛力士二像は後から置かれたとされる。

三月堂の西側、大仏殿との間には、鐘楼や開山堂他多くのお堂が並ぶ。小道や広い寺域は自由に往来可能なのが嬉しい、御堂の近くに腰をおろし、古きを偲ぶのも良いだろう。

大仏殿の西側の少し離れた場所には戒壇院が立つ。鑑真和上を招聘し、中国に出向かずに僧侶の資格である「度」を授ける制度を設けた最初の場所が、東大寺である。来日した鑑真は、聖武天皇他、当時の日本を代表する人々に、東大寺大仏殿で迎えられた。始めは大仏殿に戒壇院が設けられ、僧侶の資格を与えていたが、その後に専門の場所として現在の戒壇院が設立されたのである。五年間に渡り、東大寺戒壇院で当初の目的を果たした鑑真は、唐招提寺に移り戒壇に携わることになる。ここでも五年を過ごし、同寺で七十六年の生涯を全うした。十四歳で得度し僧になり、目の不自由な体を押して来日し、日本仏教の礎を築いたのである。このお堂で見逃せないのが、四隅に立つ、国宝の四天王立像であろう。法隆寺金堂の四天王とは表情が全く異なり、どれを見ても顔立ちが素晴らしい。眼を見開き怖い顔で睨み付けるような持国天と増長天、眼を細めたり遠くを見つめるかの様相で見る者を窺う様相の広目天と多聞天、すきの全くない表情は見飽きない。僧侶の資格を得るには、このような仏と対峙しても、動じることのない心構えが必要なのであろうか。

18、春日大社

奈良といえば、一社二寺（春日大社・東大寺・興福寺）を見れば、奈良の都に行って来たといっても良いだろう。この三つのスポットは、お互いが隣同士なので、まとめて歩いて回れ、中学の修学旅行は、正倉院を含めた一社二寺だった。特に興福寺と春日大社の結び付きは古くかつ強固だ。廃仏毀釈の時は、興福寺の僧侶は春日大社の神官に化け、急場を凌いだといわれる。

春日大社と二寺との決定的な違いは、前者は鬱蒼とした森の中に佇むことで、そこに身を置けば、神の聖域であることが肌身に感じられるのである。事実、東の山側の森は今でも人の立ち入りが禁じられ、神が住む聖域となっている。その御蓋山（ミカサヤマ＝春日山）の麓に、称徳天皇の勅命で創建されたのが四つの本殿（国宝）を持つ春日大社である。玉砂利を踏んで歩く参道は清々しく、海外からの観光客も多いが、大声で話す人も少ない。公園からの鹿の群れもここまではやって来ないのか、数は極端に少なかった。奈良国立博物館近くの一の鳥居を入ると、右に松の大木がある、能舞台に描かれる神聖な松である。その横を抜け、参道の玉砂利と鬱蒼とした森の中をどこまでも真直ぐ進む。二の鳥居に近づくと、大きな石灯篭が並ぶ、総数何と二千基を越えるといわれる。

南門・中門の先には、本殿へとつながる幾つかの社殿が姿をみせている。白壁と朱に映える神殿、回廊の柵も朱一色で鮮やかである。式年造替に基づき二十年毎に改修や塗り替えが行われているそうだ。総取り換えの伊勢神宮とは異なるが、似たような制度を設け、常に清々しい姿の神殿と相対し参拝することができるのである。修学旅行の時は、鮮やかな朱の鳥居が出迎え、社殿には脇の小道に沿って多くの古びた灯籠が吊るされていた、そんな記憶だけが鮮明に蘇る。十年ほど前に参拝した時には、記憶の場所は既になく、新しい灯篭と古い灯篭が向き合って居並ぶのであった。新たな社殿ができたようだ。記憶があてにならないのかも知れないが、道も別の場所に付け替えられたのか、全く様子が異なる。今でも社殿の脇には新旧の吊り灯籠が相対して居並ぶ、五十年以上前の修学旅行で見た灯篭も健在なのであろうか、長き時が過ぎ去ったことを思うと、懐かしさが胸にこみあげてくるのだった。

石段を上がった奥が本殿で、神護景雲二（七六八）年創建された国宝である。神が宿る御蓋山の麓の土地の地形を変えることなく、四殿（四つある本殿）には傾斜が付いたまま段差が付けられているとのことで、神聖な場所に対する配慮には心が動かされる。春日大社の社殿は、ほとんど全てといってよいほど朱色である。その色は、生命の尊さを表すように、社殿にも採用され、特に本殿と若宮大社には本朱と呼ばれる水銀朱が使われているとのことだ、しかも無害化対策にも抜かりはないそうだ。ちなみに、第一殿は「たけみかづちのみこと」様、第二殿は「ふつぬしのみこと」様、第三殿は「あめのこやねのみこと」様、第四殿は「ひめがみ」様、が国を守る為に降臨され、四本殿に鎮まられているとの説明である。

宝物殿には様々な人々が奉納した品々が納められ、国宝を始め多くが見られ、歴史の生き証人からいろいろ学ぶことが可能である。

本殿を離れ、南に進むと若宮社に至る。長承四（一一三五）年の創建で、本殿と同等の位置づけがされている。ここでも神聖な領域に配慮がされ、木の根を守る為に建物の基礎等に段差をつけている。周辺には、関係する十二の神社が設けられ、深い森に囲まれた神域である。

さらに春日大社では神鹿が設けられ、古くから鹿は神聖な動物として扱われ、春日鹿曼陀羅まで作られ崇拝されてきた。神話によると、和銅三（七一〇）年に武甕槌命が御蓋山の山頂に白鹿に乗って降臨されたとあり、それ以来鹿は神社の発展と共に神鹿として扱われるようになっていく。牡鹿の角が毎年生え変わるのも縁起とされ、秋の発情期を前に鹿同士お互いが傷つかないように、鹿の角伐りが大社の鹿苑で行われる。また平成二十二年の天皇行幸の時は、参道に鹿が現れ、それを愛でたとの記録があるそうだ。奈良の鹿は千二百頭を数えるとのことで、世界広しといえども、鹿と共生する都市はないらしい。そうだとすれば、日本古来の神の成せる業なのかも知れない。

19、新薬師寺

春日大社の南門を出て、表参道に向かわず、小道を若宮社に向かって進む。若宮他、森の中の幾つかの神社を拝観。どこを通っても、やがて道は合流し、住宅地の広い道に行き着く。深い森から明るい場所に出ると、車の音や生活のざわめきのような音がしてくるのと、風景も変わり、現実に戻った感がしてくる。広い道を渡り路地を何度か曲がり、古民家が立ち並ぶ小道を、道標に従いしばらく歩く。

やがて道の右側に築地塀が現れ、新薬師寺の東門が見えてくる。門は閉じられており、表示に従いその先を右折すれば、南門である。拝観手続きの窓口には数人並んでいたが、寺内に入ると閑散としていた。御堂の形は異なるも、秋篠寺・法華寺に似て、小振りな「本堂」である。玉砂利を敷き詰めた広い場所に、東を向いて佇むのも同じだ。

堂内には中尊と十二神将が祀られている。大きな目を見開いた、中尊の薬師如来は像高約一八六センチの坐像で国宝である。このお堂は、此岸の浄瑠璃世界で、光背には本尊の薬師如来以外の六体の化仏を従えるが、全てがご本尊と同じ仏（東にある此岸の瑠璃光世界には七つの浄土があり、それぞれに七仏薬師と呼ぶ本尊を含めた如来がいて、一番遠くの浄瑠璃浄土におられるのが薬師瑠璃光如来＝薬師如来である：薬師瑠璃光七仏本願功徳経による）で、この世の世界を表している（ここには置かれていないが、西の彼岸には阿弥陀如来がおられる）。京都と奈良の境に浄瑠璃寺があり、三重塔内に薬師如来を配した瑠璃光世界（この世の此岸）、池の対岸に置かれた、本堂には阿弥陀如来を配した極楽浄土（あの世の彼岸）を置くのと考えは同じである。

土間に円形の須弥壇を配し、中尊の周囲を十二神将が取り囲み、一周すると全てを拝観できるので、あらゆる角度でそれらの像を鑑賞かつ礼拝可能なのがありがたい。厳しい忿怒相をして各方角を守る十二神将は像高一六〇センチで、塑像としては最古かつ最大といわれる、自分の干支の大将を探すのも楽しみだ。

新薬師寺は光明皇后が七仏薬師を設け、聖武天皇の病気回復を祈り創建した寺にふさわしく、充実した寺構えだったようである。当時は東西に塔を配した、七堂伽藍の大寺院様式であったそうだが、七八〇年の落雷による火災で全て焼け落ち、再建された小振りの本堂が残るだけとなってしまった。後に発掘調査が行われ、遺構からの推定によると、創建当時の本堂は、現在の東大寺の大仏殿よりも東西は大きく、この寺の巨大だったことが窺える。伽藍の大きさが、光明皇后が天皇を支える心の深さを表しているとするならば、その絆の強さに驚かされるのである。

コラム：巨大な一社二寺と肩を並べた飛鳥生まれの二寺

駅（近鉄奈良かＪＲ奈良）から徒歩かバスで向かう地域には、名だたる神社仏閣が点在する、いわば奈良観光の核心部である。かつて訪れた時は、コロナ前の最後の旅になろうとは思ってもみなかった。いつでも行けると思って、後回しにしていた奈良駅近くの元興寺、修学旅行で生まれて初めて拝観した興福寺、じっくり見たかった正倉院、今回の三名所の旅、下調べもせず出張帰りにやってきたが、驚いたのは興福寺の中金堂が再建され、落慶法要を終えて半年も過ぎていなかったのである。中学生にして初めて来た奈良の興福寺、時は過ぎ小生の古希後に再建叶った中金堂、余程のご縁がありそうな古寺である。

残念だったのは正倉院、門前に到着したのは十五時を回っていたので拝観は叶わず、せめて外観でもと思い、塀伝いに歩けども内部はうかがえそうにない。誰一人とも会わずに引き返し、雨の中を歩いていると、叢が広がりその先に幾つもの礎石らしき物が見えている。ズボンの裾を濡らす覚悟で、長く伸び雨の雫をびっしり付けた草の上を歩いた。大仏殿の真後ろ、狭い道路を隔てた若干低い場所なのだが、この場所こそ創建当時には講堂が建ち、屋根付きの回廊で金堂と繋がっていた場所に違いない、掲示も見当たらなかったが、後に調べると確かだったのである。ここに講堂があった頃は、大仏殿の両脇に巨大な七重塔も存在し、稀に見る大寺院だったそうだが、いつの日にか伽藍が並ぶ元の姿へ戻ることに期待したい。現在は創建当時より小振りの大仏殿だが、それを囲うように回廊が講堂まで繋がれば、新たな歴史遺産に華を添えるに違いない。

東大寺と興福寺の間を通る大通りに面し、東大寺側に奈良県庁がある。ここの屋上には無料の展望台が在り、休日も含めてほぼ毎日利用できる。屋上からの眺めは、南には興福寺の五重塔や中金堂の金色に輝く鴟尾、天気が良ければ、遠くには唐招提寺や薬師寺などが見えるようだ。東には若草山や東大寺大仏殿などの伽藍、北には般若寺など、きたまちエリア。西は眼下に奈良市街を、背後には平城宮跡が望め、その先遠くに生駒の山々が聳え立つ。天気の良くない雨上がりに寄ったが、生駒の山も確認できた。南東の春日大社は見えないが、若草山の右下あたりの森の中と思えばよいだろう。

ここでいう一社二寺とは、春日大社、東大寺、興福寺であり、飛鳥生まれの二寺とは、十五項の元興寺と、訪れていない大安寺である。かつて国の都であった平城京は、平安遷都後に中枢機能が失せても都でありたいとの思いは強かったようだ。平安遷都後の平城京の総称としての南都（京の都の南にあるかつての奈良の都）がある。南都は奈良中心地の総称として用いられることもあり、南都七大寺（東大寺・西大寺・法隆寺・薬師寺・大安寺・興福寺・元興寺）や、南都焼討（治承四（一一八一）年に平家が東大寺・興福寺などの寺院を焼き討ちにした）等に使われたりもするのがその例である。いずれにしろ、奈良東部辺りのことをいい、法隆寺は若干離れているので、代わりに唐招提寺が七大寺に挙げられるようだ。繁華街に近い、興福寺、東大寺と春日大社の広大な敷地内には多種多様な遺産が存在し、栄華の頃を偲んで多くの観光客を受け入れている。

大安寺は藤原京の地に在った頃（大官大寺と呼ばれた）や平城遷都時は隆盛を極めた。奈良の東部地域にはその他にも多くの興味深い神社仏閣があるので好みに応じて参詣されると良いだろう。その他には、書道の墨や手工芸品および奈良漬など老舗の食品店も多いので見て回り、お買い物が楽しみな地域でもある。

さらには、世界広しといへども、奈良市内の一部に限られる珍しい例が、鹿との共生である。令和五年現在千二百頭ほどが市民と共生し、今年は去年（令和四年）より八十頭ほど増えているそうなのだ。野生と共生するからには、人も鹿も一定のルールの基での行動が約束されているそうだ。千三百年の長き時を経ての共生、特に支障がないのであれば続けて欲しいものである。「町へ来て紅葉ふるや奈良の鹿」：正岡子規、「角落ちて首傾けて奈良の鹿」：夏目漱石。鹿煎餅をもらう時は、数回お辞儀をするという南都の鹿は、なんと（七一〇年）大きな平城京ならぬ、「お辞儀して なんと可愛い 奈良の鹿」：（おそまつ）なのである。

奈良④ 斑鳩（日本初・世界遺産の地）

20、法隆寺

「柿食へば鐘が鳴るなり法隆寺」：正岡子規、あまりにも有名な句碑は、鏡池の畔に立つ。飛鳥・白鳳時代、斑鳩や飛鳥の地は、政治の中心でもあり、飛鳥寺をはじめとした伽藍を整えた、寺域も広く規模の大きな寺が並んだ。現在でも、飛鳥大仏を拝める飛鳥寺は残されてはいるが、規模を縮小しての存在で、当時の宝物や古文書等はほとんど失われた。山田寺は、仏像他を興福寺に移管はされたが、今でいう〝寺終い〟となり消え去った。

そんな中で、斑鳩の地で当時の諸物を伝え続けるのが、推古一五（六〇七）年に聖徳太子が創建し、薬師如来（現在は金堂東の間に祀られる）を鎮座させたのが法隆寺なのだ。夢殿には、その太子の分身とされる救世観音が祀られている。明治一七（一八八四）年、絶対秘仏とされ、白い布に巻かれた仏が、フェロノサと岡倉天心により解かれた。寺の僧侶は恐れをなして誰も立ち合わなかったと聞く。中国南北朝時代に活躍した仏師がいて、渡来し仏像彫刻を日本に伝えた。その息子が後を継ぎ、生まれたのが鞍作止利（クラツクリノトリ）で、一般的には〝止利仏師と称され、作品は止利様式〟といわれる。前出の飛鳥大仏（飛鳥寺）、救世観音や釈迦三尊像（いずれも法隆寺）も止利様式で造られている。

法隆寺の寺域は広く、伽藍は金堂のある中心的存在の西院と、上宮王院（天平十一（七三九）年創建）を併合した夢殿のある東院に大別され、約一九万平方メートルにもおよぶ大寺院である。国宝は建物一八棟、美術品一七品目におよび、細かく拝観したら数日でも足りないであろう。歴史で学んだ諸仏を見るのが精一杯といったところである。駅からは距離もあるが、歩けば近づくにつれ気分が高揚し、両脇の築地塀から中門越しに五重塔が見える頃には、それも最高潮に達してくる。

西院伽藍の門を入ると、金堂と五重塔が立ち、周囲には立派な回廊が回り、その内外に伽藍が並んでいる。中でも金堂は日本最古の木造建築ともいわれ、二層の屋根は優雅で伸び伸びした感じを受け、下層の裳階の板張りが異色である。中央の間には御本尊の釈迦如来が置かれており、推古三〇（六二二）年に発病した聖徳太子の病気平癒を願って、止利仏師が丹精込めて造像し、一年後の推古三一（六二三）年に完成したとされる。光背の後には、前記の病気のことに加え、像高は聖徳太子と同じ身長で造られたとの記載が見られるそうだ。これ等の三尊は通称〝アルカイック・スマイル〟と呼ばれる美しいお顔で、左（向かって右）が薬王、右が薬上菩薩とされている。さらに、左右を守るのが二体の天部、吉祥天と毘沙門天の両立像で、かつては大講堂に置かれたが、金堂に移されたようである。東の間には、薬師如来が祀られ、創建時の御本尊との説もある。父の用明天皇が自らの病気平癒を願うも、完成前に他界し、子の聖徳太子と推古天皇が意志を継ぎ、推古一七（六〇七）年の完成と記されている。薬師如来は、用明天皇が発願し、法隆寺と共に創建時に造像されたので、寺独自に造られた最古の仏像とみても良いだろう。さらに西の間には、貞永元（一二三二）年に造像され、鎌倉様式の造りとされる、阿弥陀三尊像が祀られている。極楽浄土の世界に誘うような模様の天蓋は素晴らしく、中央と東西の三つに区分けされた広い須弥壇であるが、明確な区切りは吊るされた天蓋以外には設けられていない。四隅には四天王が諸仏をお守りしている。それは、持国天・増長天・広目天・多聞天であり、四体とも国宝で、四天王としては最も古いとされる。まん丸の光輪を有し、邪鬼の上に立つが、穏やかなお顔が微笑ましいくらいである。東大寺戒壇院の四天王のうち、二体の怒りの表情に比べると雲泥の差の柔和さで、アーモンド形の目は飛鳥時代特有とされ、飛鳥大仏のそれにも似ている。

日本最古といわれる五重塔、上層階に行くに伴い屋根が絞られており、安定感と美観の両面を生んでいる。塔内には東西南北の四面に異なる仏像が置かれている。資料からは、東：維摩詰士＝文殊菩薩と仏教徒の議論を釈迦の弟子が盗み聞きしている場面。西：分舎利仏土＝骨を分骨している場面。南：弥勒仏浄土＝釈迦入滅後五十六億七千万年後に弥勒菩薩が如来となって釈迦の跡を継ぐ場面。北：涅槃浄土＝釈迦の入滅を動物を含めた人たちが悲しむ場面。いずれも塑像で、精巧な作りではないが、物語を理解しやすいように具現化している点が面白い。この五重塔は、美しさは大きな日本庭園に佇む山口の瑠璃光寺の塔に譲るが、京都の醍醐寺の塔とともに日本三名塔に数えられ、日本では最も古い五重塔である。

金堂および五重塔を引き立たせる玉砂利の空間の周囲には、国宝に含まれる美しく機能的な回廊が回っている。中央を太鼓型に膨らませた多くの柱、通路上部と軒から下がった吊り灯籠、微妙なカーブを描く梁の数々、そのどれもが素晴らしくかつ美しい。全長一五〇メートルにもおよぶ回廊を歩いていると、内側に建つお堂は夢の空間のように感じる。連子窓には格子が並び、下界（外）の様子は一目では確認できないので、回廊の内と外を隔てる心理的効果は訪れる者にとって大きい。閉ざされた異次元の仏の世界の中に身を置くと、ついつい外の様子を確認したくなり、連子窓の役目の重さを感じるのである。

回廊北側正面は「大講堂」で、薬師三尊像をお祀りする、正暦元（九九〇）年に再建され、同時に薬師如来が作られた。三像とも蓮の花の上に座り、各像の光背は透かし彫りで、大きく見事な姿である。

大宝蔵院は、入り口の方向から見ると、凹の字を逆さまにした恰好の御堂で、中央の百済観音堂を中心に、左右対称に造られている。最初の御堂西蔵院に入ると、悪夢を良い夢に替えてくれる夢違観音、大御輪寺から移されたとされる地蔵菩薩。さらには、下部に玉虫の羽が埋め込まれ、その上部は金色の鴟尾の屋根を持つ、仏殿の形をした有名な玉虫厨子と呼ばれている厨子などが並ぶ。その全てが国宝と書かれており圧倒される、その他にも多くの宝物が並び、細部まで見ていると日が暮れそうである。いよいよ中央の観音堂、納まるのは飛鳥時代に造られた、像高約二百九センチの百済観音像で、細身の体に話しかけるような柔和なお顔が心に焼き付く。頭上の宝冠と、肩の上から立ち上がる大きな光背が像をひきたてる。最期のお堂東蔵院には、橘夫人の念持仏である厨子に入った阿弥陀三尊像が置かれている。こちらの御堂では唯一の国宝で、独立した蓮華座の上、阿弥陀如来は坐像、勢至と観音の両脇侍は立像である。

西院伽藍を出て、戻ることになるが、中門に向って左の先には亀が多く泳ぐ池が在り、池の右方向奥の高台に西円堂が建っている、少し離れた北西の角である。寺の資料によると、光明皇后の母、橘夫人の発願で養老二（七一八）年に建立されたが失ってしまい、建長二（一二五〇）年の再建とされる。本尊は薬師如来坐像で、御堂と如来とも国宝である。ご本尊の光背は上下二重で、千体の仏像を配し、中心の二重の円相には七仏薬師が置かれ、後から如来をお守りしている。さらにご本尊を囲むように十二神将が並び、東には千手観音、北には不動明王も祀られている。資料の写真では、天井は八つの面が三角形になってお堂の屋根の先端に向かっており、そのさまは、薬師如来を天に向かって誘うと同時に、どっしりとした姿をより強調しているかのようでもある。小高い丘に立つ御堂なので、別名峰の薬師といわれ、何とも気高く聞こえる名前を冠したものだ。

寄り道をしたが、西院伽藍を出て、築地塀の間を通り、さらに先の東大門を出ると、かつては多くの出店が並んでいた。土産物を覗きながら、食べ物の香りが漂う築地塀沿いに歩くと、突き当りが東院伽藍になる。

中に入ると、回廊に囲まれた中央にひときわ目立つのが、八角円堂の夢殿で、瓦の中央先端に法珠を乗せている。御本尊の救世観音は聖徳太子の分身ともいわれ、像高も太子と同じである。長い間、絶対秘仏とされ、四五〇メートルもの長さの一枚の布で巻かれていた。これを解いたのが岡倉天心と哲学者フェロノサで、寺の僧侶達は、秘仏であるが故、布が解かれた時は、恐れおののいて、近寄らなかったとされる。楠の一木造ながら漆箔押しであり、長い間布に巻かれた秘仏だったので、今でも光り輝く。厨子に納まり、年二回の御開帳は見逃せない。回廊には絵殿・舎利殿・鐘楼も建つが、伝法堂には、聖武天皇夫人のゆかりの阿弥陀三尊像三組他多数が治められている。東院伽藍を最後に、隣の中宮寺に向かった。

21、中宮寺

菩薩半跏像（如意輪観音）は、歴史の教科書にも登場するので、誰もが知る御姿ではないだろうか。法隆寺の塔頭かと思える場所に佇むのが、尼寺の中宮寺である。創建は聖徳太子の母の発願によるとされ、古きはどのようなお堂であったのだろうか。

御本尊は大陸南朝式の寄せ木造りの像で、指は接ぎ木で長さを調整し、頰に触れんばかりであり、隅から隅まで優雅な曲線美は唯一無二といえる。そのお顔は、モナリザやスフィンクスと共に世界三大微笑といわれるらしいが、思慮深いその姿は他の比ではないといえるだろう。一三〇〇年の時の流れは想像に難いが、この寺にしてこの菩薩ありきなのは、尼寺という先入観なくしても、何故かその佇まいからは、しっとりとした優しさを感じるのである。

門前に立った時、築地塀に囲まれた軽やかな門や、背が低く重圧感のない寺の設えは、どれもが女性的と言ったら言い過ぎだろうか。慶長年間（一三一〇年頃）には衰退したが、その後天文年間（一五三二年頃）からは、尼門跡寺院として徐々に充実を極め、現代に引き継がれている。今では中宮寺・圓照寺・法華寺が大和三門跡とされ、聖徳太子ゆかりの尼寺では現存最古といわれ、代々天皇家の姫君や宮家の皇女が門跡となる尼寺でもある。発掘調査によると、現在より東方五百メートルほどに建てられ、飛鳥時代の創建当初は、大阪四天王寺式の壮大な伽藍配置だったそうで、僧寺の法隆寺と相対する尼寺の中宮寺であったのである。

本尊をお守りする御堂は、昭和四十三（一九六八）年に、高松宮妃であった喜久子様の発願で建て替えられたそうだ。飾り気もない〝単なるコンクリート製の箱〟と簡単にいいきれてしまうほどのお堂ではあるが、「皇室に関係する寺院に相応しい格調の高さを演出した」と作者は言う。池の中に建つお堂は、浮御堂の趣があるはずだがそれをあまり感じない。何故なのだろうかと考え込んだが、お堂と池の大きさの比がアンバランスなのに気付く。この寺の敷地からすれば、これ以上池を大きくはできないだろうから致し方ないのだが、御本尊の品のあるお顔や、優しいお姿からすれば、広い池の浮御堂ならお似合いなのだろうと思うのだ。文化財指定の対象からも外れた数寄屋造り風の御堂は、近代的で開放的な現代建築ではあるのだろうが、どうしても御本尊と同じく「何故このようなお堂なのだろうか?」と、思案にふけてしまわざるをえないのである。耐久性や安全性にばかりに気をとられることなく、造像当時の建築美や生活様式と一体化することでも、御本尊の価値が増せたのではないだろうか。

コンクリートの寿命はたったの百年、檜のお堂は数千年なのは、技術や歴史が証明しているのだ。いっそのこと式年遷宮という例を取入れ、コンクリートなら百年毎に造り替えるのも良いのかも知れない。伊勢神宮のような、同じものの繰り返しではなく、その時々の時代に合わせた最新の技術のお堂にするのはどうだろうか。

花の時期になると、お堂の前庭には山吹や萩の花が咲き誇るそうだ。山吹の花言葉は「気品」、萩の花言葉は「思案」とされる。御姿に相応しい植栽を考えての選択か否かは知る由もないが、他に当てはまる言葉はなさそうなのだ。飾り気のない花々は、菩薩の高貴な面持ちに溶け込み、気高く微笑む清楚なお姿から発せられるオーラは、心の奥深く染み入り、様々な思いに誘ってくれるのである。

お堂はともかくも、周りを取り囲む馴染み深い花々あっての如意輪観音菩薩、それがせめてもの慰めといっても良いだろう。かつてはレプリカ(実物は奈良国立博物館寄託)を膝先の目前で、手に取るように拝観できた天寿国曼荼羅繡帳と呼ばれる刺繡は魅力的だ。

令和五年、九十二歳になられる日野西光尊門跡は公家の出身で、上皇様ご夫妻を案内された時もお元気そうだった。多くの人々に寺の素晴らしさを感じてもらい、聖徳太子の和の心を広め、法灯を守ることが使命ともおっしゃる。菩薩半跏像（寺伝：如意輪観音）と天寿国曼荼羅繍帳、二つの国宝を守り抜く尼寺中宮寺、寺の維持のみならず、女性を対象に後進の育成に勤め、寺を活気づける施策も進めておられるようなので、今後が楽しみでもある。

22、法輪寺

中宮寺を出て、左へほぼ真直ぐ十五分ほど歩くと、法輪寺にたどり着く。途中に最近できたのだろうか、一軒だけ落ち着いた雰囲気のお店があり、昼時だったのでここで休憩がてら腹ごしらえを済ませた。店を出ると、遠くに塔の相輪の丸い飾りと水煙が見えている。

道路の角の門を入ると、朱塗りの「三重塔」であった。寺の創建は、聖徳太子まで遡り、太子の病気平癒を祈り、息子達が推古三〇（六二二）年に建立した。諸説あるらしいが、聖徳太子ゆかりの地でもあるので、小生としてはそう記憶しておきたい。

平安時代の最盛期には、多くの堂宇が立ち並び、法隆寺の如く大寺院だったとのことだが、火災で焼失してしまう。その後再建されるも、昭和一九年に落雷で全ての御堂を失う。現在の三重塔は、昭和五〇（一九七五）年の再建とのことである。手掛けたのは、宮大工の西岡常一氏であった。法輪寺の三重塔を筆頭に、薬師寺の金堂・西塔・中門・回廊の再建に携わり、千年単位の偉業は次代へと受け継がれたのである。その技量の源は法隆寺の棟梁として君臨した祖父から、肝入りで叩きあげられたのである。法隆寺の解体修理を行いつつ、祖父の作業の一挙手一投足から学び、「木聖」とでも呼ぶべき根っからの 現代の宮大工だった（平成七（一九九五）年八十六歳で他界された）。法隆寺の棟梁を三代続けた西岡家の足跡と棟梁の本領は、『木のいのち木のこころ・天（草思社）』に自ら表している。

寺内には塔の再建に先駆け、講堂も昭和三五（一九六〇）年に蘇っていた。残念といってしまえば簡単なのだが、こちらは鉄筋コンクリート造りである。御本尊の薬師如来（飛鳥時代の唯一最大の如来とされ、樟材の結跏趺坐の像で、薬壺を持たない中国風の古い様式である）をはじめ、十一面観音（像高四メートルの巨大像で、杉材を用いた平安前期の作とされる）、虚空蔵菩薩（水瓶を持つ姿は観音菩薩の名のほうが妥当とされる、樟材で彫像され法隆寺の百済観音にそっくりで中国様式の流れをくむ）、弥勒菩薩（寺伝では聖観音菩薩で平安前期の作風で檜材を用いている）、地蔵菩薩（檜の一木造りで、顔の胡粉や着衣の朱から彩色がされていた跡が見られる）などの菩薩。さらには、吉祥天立像（杉の一木造りで彫りは浅く穏やかで四角い顔つきが印象に残る）、毘沙門天立像（珍しく米俵に乗る毘沙門天で七福神信仰の名残だとする説もある）、妙見菩薩立像（一面四臂の青龍に乗り日輪と月輪を持つ）、楊柳観音菩薩立像（平安時代の造像とされるが江戸時代の元文二年に一部を除き再像されたそうだ）などの天部や菩薩。聖徳太子のゆかりの寺とのことで、聖徳太子二歳像（二歳になって初めて「南無」と語ったとされる聖徳太子が袴姿で合掌しており、生まれてすぐに「天上天下唯我独尊」の言葉を放ったとされるお釈迦様と異なるが、可愛らしいお姿は親しみやすい）などが収蔵されている。

平安時代の仏像が多く、当時は隆盛を極めていたと思われる法輪寺、多くの仏像達が華やかし頃を物語っている。仏像を納める講堂は、ちょっと味気ない見栄えだが、中宮寺同様に防災面では安心で、寺や斑鳩の歴史を未来永劫に残してほしいものである。

23、法起寺

聖徳太子自らが創建し、法華経を講じた岡本宮を、亡くなる前に長男の山背大兄王に命じ寺にしたとされる。聖徳太子が建立された七大寺（法起寺・橘寺・法隆寺・中宮寺・広隆寺・葛木寺・四天王寺）の一つに数えられ、推古十四（六〇六）年に法起寺に改名された。一九九三年には、法隆寺と共に日本初の世界遺産「法隆寺地域の仏教建造物」に登録され、法起寺・法隆寺・法輪寺にある塔を総称して〝斑鳩の三塔〟と呼ばれている。法起寺の塔は、現存する三重塔として日本最古とのことであり国宝である。この塔の創建は、慶雲三（七〇六）年で、度重なる改修で現在の姿に成ったようである。

寺内には、講堂や聖天堂が現存し、池に映る塔の姿が素晴らしい。御本尊の十一面観音立像は像高三百五十センチの木造で、平安時代の作とされ、男性的な姿形は異彩を放つ。発掘調査によると、伽藍の配置や規模は法隆寺に劣らず整えられていた。唯一、金堂と東塔の位置が真逆で、法起寺は金堂が西・塔が東で異なるものの、法隆寺式伽藍配置は踏襲されていたようである。さらに調査結果によれば、法隆寺の前身である若草伽藍跡と、法起寺の前身とされる岡本宮の伽藍配置は、両者とも東西南北が二十度回転しているそうなのだ。離れた両伽藍が意識的に揃えられていたとは、両者の関係の深さを窺えることになるのだろう。

平安時代には寺は衰退し、一時期法隆寺の傘下に甘んじるが、明治時代に法相宗として独立するのだった。その後法隆寺が聖徳宗を名乗ると、法起寺も宗旨替えをし、現在は同じ宗派になっている。寺の歴史は様々な因果から紆余曲折を重ねて今日があるわけで、時代の流れに乗ることの難しさを物語っていると も感じるのである。

コラム：斑鳩に生きる

令和五年の春には、上皇ご夫妻（平成時代の天皇皇后両陛下）が、本堂修復の支援をされた中宮寺を訪れ、リニューアルされたお堂内で菩薩半跏像・国宝をご覧になられた。

中宮寺は寺の規模が小振りなので、大勢の人が一度に拝観できない。修学旅行では法隆寺の夢殿まで来たが、直ぐ隣なのにもかかわらず、門にも気付かなかったのか、寺の名前も全く記憶にない。法隆寺の門前で集合写真を撮ったこと、バスガイドによる建物の名前や構造の説明もあり、中でもカエルマタといわれる組み物の説明は何故か記憶に残る、親しみのある名だからだろうか。寺内に入って直ぐだと記憶しているので、金堂か五重塔の説明の時だったのかも知れない。

さらにガイドの説明に多く出て来たのが聖徳太子で、十人の話すことを一度に理解したとの説明があったのを覚えている。飛鳥の地の橘寺で生まれ、貴族と政治家の大役を務め、その功績は全国にもおよぶとされる。神道との繋がりが強固な天皇家に生れたにも拘らず、釈迦の教えを学び、自ら仏教に精通し広めた功績は大きいといえよう。仏教以外にも様々なことが未熟だった日本に、ユーラシア大陸で確立されていた政治制度などを導入し、律令国家の魁を形成していくのである。徳をわきまえない豪族の力を弱め、大化の改新で天皇中心の世を造り上げ、十七条の憲法などの制度を考案するのであった。ここ斑鳩の地が〝仏法興隆の地〟となるようにとの願いを込めて誕生したのが「法隆寺」であり、聖徳太子にちなんで「聖徳宗」と名付けられ、隣の中宮寺や近くの法起寺も同宗である。法隆寺や法起寺・法輪寺を含む斑鳩の地は「法隆寺地域の仏教建造物」として、日本初の世界遺産に登録された。

小生は愛知の友人、和田清志氏と二人で、JR法隆寺駅で下車し、法隆寺・中宮寺・法輪寺を巡り、最後に法紀寺を拝観し、JR大和小泉駅まで歩いた。世界遺産としての取り組みは成功したが、中宮寺の先の法輪寺や法起寺まで参詣に訪れる人は正直にいうならば極端に少なくなる。斑鳩の里はのどかな環境が保たれている反面、活気に欠ける気がするのである。せっかく世界遺産に登録もされ斑鳩の三塔の名が与えられているのだから、良い意味での賑わい（もっと多くの人に知ってもらう）を生み出すことも必要なのでは、と歩きながら感じた。例えば、自動運転車の導入などで、特定の径路を走らせ、利便性を高めるなど、斑鳩の地域が一丸となって、活性化の施策を展開できそうな気がする、今後に期待したいところである。

奈良⑤西の京（写経の薬師寺・鑑真の唐招提寺）

24、薬師寺

天武天皇時代に国家の公的な寺として、天武天皇九（六八〇）年に薬師寺は建立された。元はといえば、天武天皇が皇后の病気平癒を願っての発願であったが、天皇は完成を見ずに崩御されてしまう。後に皇后が持統天皇となり事業は引き継がれた。その後お堂は焼失・再建され変ってしまうが、創建当初の尊像は今日の薬師寺へと延々と受け継がれているのである。

我々は現在も、持統天皇が拝まれた同じ薬師三尊像と東塔を目の当たりにしているわけなのだ。他の寺が創建当時のほとんどを失っているのと違い、二つとはいえ引き継がれていることは貴重であり、拝観しそれらに触れることができるのは薬師寺の魅力ともいえる。そんな薬師寺でも、一時は廃寺寸前まで追い込まれ、堂宇は傾き信者も遠のき存続は困難を極めたそうである。

中学校の修学旅行で忘れられないのが薬師寺で、その時に衝撃を受けたのは、長椅子が並ぶ開けっぴろげの屋根の下で聞いた説法だった。内容までは覚えていないが、一人の僧がユーモアたっぷり話すのだ。椅子に座る者は誰もおらず、熱心に話す姿を見つめ、真剣に耳を傾けた。当時はどういう地位の僧侶か不明であったが、管主の橋本凝胤のもと、修学旅行生に説法を行っていたのが、高田好胤師だった。その後管主になられ、写経勧進で寺を救った話は有名で、現在の伽藍が整えられていったのである。修学旅行で薬師寺に行ったどこの誰もが、一様に口を揃えて話題にしているほどの有名人である。

二〇二二年一月の薬師寺まほろば塾オンライン月例法話（誰でも無料で聴講可能）で、同寺管主で塾長の加藤朝胤師が、吉祥天（絵画の吉祥天は全国の寺でも薬師寺だけ、他には熱海のＭＯＡ美術館が収蔵しているそうだ）に関する講義の中で、高田好胤師についても話された。修学旅行生を相手にしていた好胤師を、寺の誰もが「案内坊主」とののしり、「ジャリ＝修学旅行生、を相手にしても一銭にもならない」

と揶揄したそうだ。当時の好胤師も若かったそうだが、彼曰く「ジャリが大切なのだ、若者に種を蒔いておけば、大人になったら必ずや日本のためになる。参拝にも来てくれるだろうし、そうすれば寺のためにもなる」と。ある時、金堂の再建の話が湧き上がり、副住職だった好胤師は「写経で費用を集める」と言いだしたそうだ。その時は僧侶だけでなく、関係者は一人残らず「無謀で絶対無理だ」と言い猛反対したそうだ。しかし彼は信念を曲げなかった、「目標：写経勧進百万巻」を掲げ、自ら地方まで行脚し、一巻一〇〇〇円の写経を全国津々浦々に求め、広めていったとされる。勧進に寄せる民衆の思いは大きく、多くの賛同を集めることになっていったそうだ。多分、写経を奉納された多くの人々は、修学旅行当時の好胤師を思い出したに違いない。結果、計画よりも早く、計画よりも多くの資金が調達できたらしい、金堂は昭和五一（一九七六）年に見事復興された。

高田好胤師は蒔いた種があったから写経勧進の成功を、信念を持って確信していたのであろう。事実、二〇二二年八月二八日の東京ＭＸＴＶでの、薬師寺の執事である大谷徹奘師と多摩大学学長である寺島実郎氏の対談では、昭和二六（一九五一）年から始まった高田好胤師の話を聞いた修学旅行生は、何と三〇〇万人に及んだそうなのである。この二人の対談も、昭和十二年生まれの轍奘氏の母親が女学校の修学旅行で、寺島氏は高校時代に北海道からの修学旅行で、共に高田好胤師の説法を聞いていたからこそ実現したという妙な因果となったのである。さらには、寺の誰からも馬鹿にされていた好胤師が放った参拝に来れば寺の為になるどころではなく、参拝に来られない人々をも、写経という奥の手を使い、信者と寺にそれぞれにとっての利益、つまり「ごりやく」と「収入」をもたらせたのである。それ以来薬師寺は写経の寺との異名で全国に知られている。写経は今でも、これからも続くことになるだろうし、他の寺でも行われるようになってきた。

薬師寺の写経は主に般若心経だそうだが、その最後にある「喝諦・喝諦・波羅喝諦」を好胤師は「行こう・行こう・さあ行こう」とわかりやすく説法したらしい。更に、師の直筆の掛け軸（薬師寺所蔵）にもあるように、般若心経の「空の心」とは、「かたよらない心・こだわらない心・とらわれない心」で、心の持ちようも、「広く・広く・もっと広く」なければならないと言う。とにかく前向きで明るいのである。ちなみに、昭和四三（一九六八）年から始まった写経勧進は加藤朝胤師によると、令和四（二〇二二）年七月現在、八七〇万巻に達したそうだ。今では般若心経は一巻二〇〇〇円になっているから、〝案内坊主〟高田好胤師の功績はいわずもがなである。

大谷徹奘執事は高田好胤の愛弟子だそうで、十七歳から仏門に入り修業を積んでいる。現代人には様々なストレスが襲い掛かってきている、その度に心が激しく揺れ動く。悩んだ時に読み漁ったお経で出会ったのが「静思」という言葉だったそうで、静かに思うことが大切だと言うのだ。案内坊主ならぬ広報担当？執事は、高田好胤譲りなのだろうか、また何かしでかしそうな気配である、そう感じるのは小生だけなのだろうか。

再建となった金堂は見事で、薬師寺の中心的御堂として威厳を放ち佇んでいる。お堂は変わってしまったが、創建当時の天武天皇や持統天皇の思いが込められているのだ。中央には威厳を放って鎮座する御本尊の薬師如来と、悩ましいほどの魅力的なポーズで立ちすくむ日光&月光の両菩薩がおられる。炎の熱で金メッキが消え失せてしまったが、黒光りした肌や布からは、この寺の長い歴史を思い起こさせ、新たなお堂を一段と引きたたせている。造像当時は未開の国であった日本に、銅の精錬技術はなく、中国からはるばる運ばれた銅二十トンを用いて鋳造されたのである。現在の薬師三尊像は、天武天皇九（六八〇）年の薬師寺創建時に建立され、六九七年にめでたく開眼供養を迎えた。我々が拝観し手を合わせる薬師三尊像、残念ながら当時の金堂は失われてしまったが、まさしくその前で、持統天皇が開眼供養に臨まれ、手を合わせ完成を祝った仏像なのだ。

藤原京が平城京に移転した時、法興寺が元興寺となったように、他の寺々はことごとく改名されたが、薬師寺はそのままの名前が残された。如何に薬師如来が尊い存在であったかを、誰もが認めた証なのだろう。

東大寺の大仏や、他の寺の御本尊も、ほとんどは災難に遭遇し創建当初の姿は失われ、形も少なからず変わってしまったのだ。この三尊仏が誕生時のままで生き延びた意味は、計り知れないほどに貴重だといえそうだ。創建当時は、日光・月光両菩薩も、薬師如来と揃って金メッキがされていたというから、さぞ煌びやかなお姿だったことだろう。千三百年の時は鍍金を剥がしてしまったが、気品に満ち溢れる堂々とした三尊像の姿は、他の寺の仏達とは異なる独特の表情ともいえるのである。これから先、お堂と尊像は一体となって、未来永劫に生き抜くことを願わずにはいられない。

薬師寺の魅力は仏像や伽藍にとどまらず、文化芸術の面でも目が離せない。なかでも近代絵画の寺としての貢献は大きく、高田好胤和上の書「不東」（経典をインドから持ち帰るまでは東の国である中国には帰らない、との玄奘三蔵の強い意志が込められている）の文字の額が掲げられる玄奘三蔵伽藍では、平山郁夫が自らの足で歩き描いた、壮大な絵画を拝観できる。玄奘三蔵和尚が、中国からインドへ向う道すがら見たに違いないであろう場所を、画伯も歩き描いたのだ。和尚はインドから様々な経を持ち、再び同じ道を歩いたのであろうか。持ち帰って翻訳したお経の中で、我々にも馴染み深いのが般若心経であり、薬師寺の写経の代名詞にもなっている。場面が異なる七カ所の風景十三枚の障壁画は、雪山あり砂漠ありで迫力が感じられる。鎌倉在住の古谷卓さんの案内で、鶴岡八幡宮裏手傍の永福寺跡に行った時、近くにある氏のアトリエ前を歩いた。生前には、木々に囲まれ澄んだ空気と静かな環境で、作品と向かわれていたのである。仕上げに取り組まれている様子を、放映されたテレビで拝見したことが思い出される。

さらに、慈恩殿には二〇十九年に、元総理大臣の細川護熙氏が描いた壁画が奉納された。後にご縁があり、薬師寺まほろば塾で、リモートで氏の講義を拝聴した。その時は、寺島実郎氏と細川護熙氏が対談という形で、大谷徹奘師が司会を務め、これからは文化の時代であり、薬師寺が果たしてきた実績は貴重だとの内容だった。

寺の絵画というものは、襖・壁・天井・掛け軸などなど、どこの寺の、どれを見ても落ち着いた感じがする（同じ細川氏が描いた、落ち着いた感じの絵画は、京都の建仁寺や龍安寺にも奉納された）。しかし六年の歳月をかけて描かれたといわれる慈恩殿の絵は異彩を放つ。何と六六面、一五七メートルにもおよぶ長さの絵は、黄色をベースにした背景に、仏教等に帰依する世界中の民族が、その独特の衣装を纏い、楽器などを持って描かれ、先進的な御堂になっている。

法相宗の薬師寺自体、葬儀や墓とは無縁で、学びの寺のリーダー格ともいわれている。絵を見ていると、明るく楽しく親しみが湧いてくる。そこには未来に繋げようとする思いと、学びの寺に相応しい心が伝わって来るように思えるのだ。

細川家が代々受け継ぐ美術品は、東京の椿山荘の近くにある永青文庫に納まる。肥後・細川藩の江戸下屋敷が新江戸川公園として残される敷地内で威厳を放つ。護熙氏は総理会見の場で「ペンで指差す首相」との冷たい印象が強かった反面、政治家引退後は、神奈川県の湯河原の地で陶器の創作に没頭されるなど、芸術家としても活躍されておられる。教養と文化を重んじ、代々受け継がれている〝作品を集める側〟から、自ら芸術品を生み出し〝集められる側〟へ回ったことは驚きといえよう。これからも多くの傑作を生むものと思われ楽しみだ。

仏像や古美術品を収蔵する薬師寺は、長い歴史そのものを演じており、時代と共に生きた人間模様を感じ、多くの人々の思いが込められているのだ。現代の文化人ともいえる、玄奘三蔵伽藍の平山郁夫、慈恩殿の細川護熙、金堂・西塔・中門・回廊など多くの再建で腕を振るった宮大工の西岡常一（斑鳩の法輪寺の項でも記した）、その誰もが薬師寺を通しても、未来永劫に足跡と名を残すのであろう。

當麻寺のように、東西両塔が揃う寺は数も少なく、修学旅行の時は東塔だけであった。後に西塔が再建され、その後東塔は解体修理が行われ、解体時にそれらのパーツが並べられた作業場を訪れ見学した。芯柱の底面から水煙の先端までと、塔内に納められている仏像や多くの組み物なども見ることができ、伝統を守り引き継がれゆく様々な文化力に感動したのである。創建当時からの東塔は解体修理を終え復元された、コロナの関係で落慶法要は延びのびになっていたが、やっと二〇二三年四月に行なわれ、小生は遅れて五月に足を運んだが、東塔内部は見たものの慈恩殿の拝観は終了し叶わなかった。

一三〇〇年の時を止め、創建者天武天皇が皇后の病気平癒を願った時の心になって薬師寺に立ったとするならば、病気と感染症とでは全く異なるが、平癒を願う心は天皇も平民も一つの筈である。伽藍や尊像完成後、持統天皇がその前で祈りを捧げた東塔の存在は奇跡ともいえるのではないだろうか。アフターコロナの時代も、薬師寺は様々な思いを込めた多くの人々が、祈りの場として足を運ぶのであろう。東塔のリニューアルといった大仕事を終え、令和五（二〇二三）年に新たなスタートを切り二塔が見事に肩を並べている。苦難を乗り越えてきた薬師如来を祀る寺の存在は、我々にもこの世を生きる術を授けてくれるだろう、そのような意味からも薬師寺の果たすべく役割は大きいといえよう。

25、唐招提寺

鑑真は日本への渡航を決意してから、何回となく嵐に巻き込まれ、ある時は千キロ以上南に流されたそうだ。しかし苦節十二年、何と六回目にやっとの思いで来日を果たしたのである。天平勝宝五（七五三）年から五年間を東大寺で、残りの五年間を唐招提寺で布教や受戒に務められた。

一九一〇年頃に兵庫県への出張の次の日が、たまたま鑑真和上の六月六日の誕生日にあたり、拝観できることを現地のＴＶで知った。御影堂の前で並んだが、薄暗い仏壇に厨子が置かれ、中に座る師の姿を拝むことが出来感動した。その後、金堂の改修後にも訪れ、毎回御廟まで足を延ばし、静かな境内を散策するが、どの季節に訪れても期待を裏切ることがないのがこの寺の魅力だ。ある時は、崩れかかった築地塀の下に咲く、ツワブキの黄色い花が風情を誘った。傷んだ塀の姿からは長い歴史が偲ばれ、見方によっては趣さえ感じられる、そんな場所が唐招提寺なのだ。

天平の甍、あまりにも有名な井上靖の小説のキーマンは、鑑真和上とその高僧を連れ帰った唐への留学生達であるが、唐招提寺なくしては語れない。金堂は寺の中心的存在で、令和四から五（二〇二二～二〇二三）年の「行く年くる年」（ＮＨＫ・ＴＶ）の冒頭に登場したのが、唐招提寺の金堂であった。御簾が掛けられた優雅な姿が目に飛び込んできたのである。

南大門を入ると、屋根瓦が大きく左右に伸びるさまは、遠くからの方が見応えがある。元興寺の丸瓦は色も様々だが、ここ唐招提寺の瓦はいぶし銀一色で、御堂が大きく近くでは瓦の様子は見られないが、規則正しく流れるさまは重厚感もあり、堂々と並ぶ巨大仏に相応しい御堂だ。奈良時代に建立された金堂としては、唯一現存する貴重な存在なのである。

中央に鎮座する本尊の盧舎那仏（奈良時代：三メートル）は、千体（現存は八六二体）もの化仏を付けた五メートルを超える光背を持つ坐像で脱活乾漆造り、全体は漆箔仕上げなので金色に輝く。右に薬師如来（平安時代：三メートル）が立ち、修復時に左手に残された小銭から、平安時代初期の完成とのことで、木心乾漆造りで仕上げは漆に金箔押しで、お顔以外は剥落が多い。左に立つ千手観音菩薩（奈良時代：五メートル：四二本の大きな手を含め九五三本の手が現存するのは驚きだ）が、多くの手と合掌した手が印象に残り、この像も造りや仕上げは薬師如来と同じだ。

中学校の修学旅行以来、いつ訪れても変わらぬお姿で迎えてくれる。それはそうだろう、この三尊からしてみれば、昭和・平成・令和等は、天平時代からの時の流れからすれば、ほんの一瞬の出来事なのだから。お堂の大きさと相まって、実に見応えがあり、最初に出迎えてくれるので印象にも残るのである。

講堂は何とかつては平城京内に在った東朝集殿そのものだそうだ。平城京に鎮座していた御堂だとわかると、寺とは無関係な公の場で多くの人々が集まり談笑したのであろうか。平城京の大極殿と朱雀門は再建されたが、他の全てが再建された時に、これを元の場所に移築し仲間に加えたらさぞかし見事だろう。例えそれが無理だとしても、他の全てが消失してしまった今となっては、どこにあろうと唯一残った御堂こそ永遠に生き延びてほしいものである。

「行く年くる年」の終盤には、修復が完成したばかりの御影堂も登場した。周囲の扉が開け放たれ、御堂の内部がライトアップされた。青と緑を基調とした日本画、東山魁夷が渾身を込めて描きあげた襖絵が闇夜に浮かび上がったのである。魁夷氏の襖絵は、色彩といい、月や空や海と共に草木の一つ一つまで丹念な筆使いが気に入っている。

鑑真和上の誕生日には、御影堂内のその作品全てを見ることができた。広い御影堂中央奥の松の間は、和上の故郷、中国揚州の木々が墨で描かれ、柳の大木の枝が、右から吹く風になびくさまは見事である。その中の須弥壇の上に鑑真和上がお座りになっている。「揚州薫風」と名付けられた墨絵に囲われ、五月の爽やかな新緑の香りの中で静かに訪れる人々を迎えてくれる。薄暗い室内だったので確認できなかったが、厨子の内部には、中国から渡って来た時の風景であろうか、海・島・陸と共に満天の空に萬月と上弦の月が、中国伝来当初の古式豊かな大和絵で描かれていたはずだ。和上の姿を拝むことに全神経を費やしたので、周囲の状況までは記憶が薄いのである。

右の梅の間は、「桂林月宵」と題した墨絵で、霞たなびく中にとんがり帽子のような中国独特の形の山や木々がしっとりと描かれている。

松の間左、上段の間の右奥の角にある桜の間は、墨絵「黄山暁雲」で、こちらは岩山と木々の描写が素晴らしい。これら松・梅・桜の各間は、東山魁夷はあまり手掛けなかった墨絵で、鑑真和上に敬意を示したのだろうか、厨子以外は中国風の絵で和上を包んでいるのである。

残るは最も格式の高い床の間を配した上段の間および、御影堂の客間とでもいえる宸殿の間である。上段の間には「山雲」、宸殿の間には「濤声」と題し、魁夷氏が最も得意とする絵画で埋め尽くされている。

作者の言葉を借りれば、この二つの部屋の画は「群青と緑青の岩絵の具を渋めに焼いて使った」そうで、見る者の心の奥深くまで染み入るその青や緑は、落ち着いた雰囲気を醸し出している。片やしっとりとした雲や霞棚引く山中に、滝や木々を表した上段の間、他方の宸殿の間は、鑑真和上が波濤を超え、はるばる日本までやって来た岩や荒波を表現したそうだ。

上段の間は「精神的な深さ、幽玄な感じを表す為に、墨絵に近い渋めのモノトーンの色調にした」という。宸殿の間の色彩は「波を渋めの青緑色とし、波頭の白と二つの岩の黒で日本画の趣を出し、松の間の中国独特の墨絵との〝調和と対比〟を生み出した」そうなのだ。これらの絵はどれも素晴らしく、何回となく部屋を歩き回わり、離れ難かったのを思い出す。そんな貴重な体験は忘れることはなく、今でも鮮明に脳裏に焼きつき離れないのである。

コラム：西の京の二大名刹

この二寺はセット で訪れる人が大半ではないだろうか。薬師寺を拝観し、唐招提寺へ出向き拝観する、逆はあまり聞かない。

薬師寺へ行くには、近鉄西の京駅で降り、地下の改札を出ると、左階段を上がった先に薬師寺の入り口（與楽門＝北受付）があるので、そこから入るのも良い。しかしお勧めは少し戻った踏切を渡って（あるいは地下改札の右階段を上がって）、線路の近くを並行して通る道を直進し、踏切の見える信号を左折する。踏切を渡った先が入り口（南門＝南受付）で、手続きを済ませ中門から入ると「正面に金堂、右に東塔、左に西塔が出迎えてくれるので感動的」である。車では駐車場が南門近くだから、同じ中門から入ることになる。西の京に建つ両寺とも個性が強く、趣の異なるのも珍しい。

ホモサピエンスが誕生してから二〇万年が経つわけであるが、祖先を遡れば、全世界の全ての人は、アフリカ大陸で誕生した二人の異性に行き着くことになる。例え他の人種との交わり（ネアンデルタール人との交流など）があったとしても、そちらはそちらで始まりに行き着くわけなのだ。日本人のご先祖様は、アフリカの地から、ユーラシア大陸を経て、遥か遠い日本まで旅を続けた。おそらく日本人は、人類で最も長旅をした民族ではないだろうか。旅は出会いの場でもある、人もいれば、自らの興味の対象や、風景でもあるだろう。

旅先で出会った多くの人々、あえて絞れといわれれば、西の京では薬師寺の高田好胤師と鑑真和上である。中学時代の好胤氏が語られた内容は全く記憶に残っていないが、寺の歴史や薬師信仰に関するわかりやすいお話であったはずだ。人とのご縁で生活が成り立つように、神や仏とのご縁で信仰は始まる、自ら信ずる宗教とは別に、他の宗教の教えに学ぶこともあるだろう。薬師寺とのご縁も少なからずある、修学旅行もそうだし、たまたま訪れた時には東塔の解体修理が行われていた。芯柱をはじめとした全てのパーツを見て、構造や使用している材料、さらには塔内にお祀りする仏などを知ったのである。ある時には、玄奘三蔵院での平山郁夫のシルクロードの絵画で刺激を受けた。さらには慈隠殿の壁画の完成を祝っての、細川護熙氏と寺島実郎氏の対談を、その後は大谷徹奘師と寺島実郎氏の対談を、いずれもリモートで拝聴できた。細川護熙ご夫妻は、奥様の仕事のご縁で高田好胤師の仲人で結婚されたともその話の中で知ったのである。

唐招提寺も思い返せば似たようなものだ。大阪出張でたまたま朝のニュースで鑑真和上の誕生日に合わせた特別拝観を知った。こんなチャンスは滅多にないと思い、週末だったのでもう一泊し寄ることにしたのである。御影堂の前で並んだが、和上のお前立と御本尊の二体を目の当たりにすることができた。さらには、東山魁夷が渾身を込めて描いたとされる襖絵を余すところなく見ることも叶ったのである。

これからも、出会いとご縁を大切にし、歩けるかぎり旅を続けたい。新たな出会いは、感動と共に人生を豊かにしてくれるはずなのだ。

奈良⑥當麻・長谷・吉野（牡丹・石楠花・桜の古刹）

26、當麻寺

有名な中将姫と當麻曼陀羅を拝まずに、この寺は語れない。あめのふたかみ＝天の二上と呼ばれ、古の人々から崇められてきた、大小（五一七メートルの雄岳・四七四メートルの雌岳）二つのなだらかな峰が美しい二上山は、今でも地元で親しまれている。その西麓に用明天皇の皇子が、推古天皇二〇（六一二）年に創建した万法蔵院禅林寺を、天武天皇九（六八一）年に移設したのが當麻寺である。

小生が訪れたのは春の牡丹の頃で、当時は相当な数が植え込まれており、様々な色の花が満開の時だった。会社で新しい設備の導入が決まり、当時工場長だった加藤貞義さんと、開発部長だった藤原良夫さんの二人を設備メーカー平野金属（現ヒラノテクシード）に案内した時であった。當麻寺は、加藤さんの希望で急遽訪れたので、時間的余裕は多少みてはいたが、駆け足で一通り回ることができたものの、案の定約束の時間に遅れてしまった。電話もせず大いに謝ったが、後に社長になられた三浦日出男さんに「良い所へお参りされましたね」と言われ恐縮した、未だ携帯電話がなかったスローな時代の頃の話である。

中将姫の伝説は、二上山に極楽浄土を見た姫が諸仏に懇願し、蓮の葉を集め一晩で編みあげたのが當麻曼陀羅とされる。極楽浄土が見事に再現され、本堂の秘仏の御本尊として祀られているが、公開はされていない。見られるのは三種のレプリカで、本堂・宝物館・奥の院本堂で見ることができるそうだが、拝まずじまいのままである。本堂（曼陀羅堂）は、記録には残らないようだが、元々は奈良時代の創建だそうで、永暦二（一一六一）年の改築で現在の姿に成った国宝である。御本尊の織物で描かれた曼陀羅図は、須弥壇の上に置かれた国宝の高さ五メートルもの大きな厨子に安置されている。十一面観音立像、来迎阿陀如来立像、役行者三尊坐像、中将姫坐像、等も収蔵されているようである。金堂は　どこの寺でも、その寺の最も重要な御本尊がお祀りされる。當麻寺では、大麻曼荼羅が御本尊に該当し、本堂（曼陀羅堂）に祀られる。寿永三（一一八四）年の再建とされる金堂には、日本最古（白鳳時代）の塑像造り、像高約二二〇センチの本尊弥勒菩薩座像がお祀りされている。創建当初は御本尊だった塑像は、度重なる災難で被害を受け、両腕は木造にて修復されたとの記録が残り、その四方には菩薩を守る天部、持国天・増長天・広目天・多聞天が配されている。多聞天は損傷が大きかったので、鎌倉時代に木造で造り直されたそうだ。他三体は日本最古の乾漆像ではあるが、度重なる被害による傷が大きく、木材その他で各所が造り直されたそうなのである。いわば継ぎ接ぎだらけの像になったとの説明だが、さすが日本の仏師は優秀で、外見からはそんな大きな修復がされたとは微塵も感じられない素晴らしいお姿なのだ。

講堂は鎌倉時代の乾元二（一三〇三）年に再建された、堂内には丈六の本尊・阿弥陀如来坐像、もう一体の阿弥陀如来とされる坐像、妙幢菩薩立像、地蔵菩薩立像、他多くが収蔵される。東西の塔を持つ寺で有名なのは薬師寺であるが、東塔は創建当初から存在するも、焼けた西塔はしばらくの間不在だった。

ここ當麻寺では、奥の院から眺めると、西塔を手前に東西の両塔が、何と天平時代から変わらぬ姿で鎮座しているという。両塔は存在するものの、どうも仏教建築の常識を外れた塔であるらしい。塔の常識とは何かは知らなかったが、通常の塔の柱間は奇数なのだそうで、ここの東塔では全て偶数で成り立っているそうなのだ。幅が細くなる三層目を二間とする例は、法起寺にもあるらしいが、二層目を二間とするのは、唯一當麻寺のものだけだそうである。さらに、塔上部の金属部分も常識外れで、九輪塔とも呼ばれるように、上部の金具は通常九輪であるが、一つ欠ける八輪に、水煙はたなびいているのではなく、針状になっているなどが異色なのだという。高さは二四メートルの三重の「東塔」は国宝である。他方の西塔、こちらも東塔と同じく、三重塔ではあるが塔高は約二十五メートルと若干高く、国宝であることに変わりない。柱間は一層から三層まで三間とされ、こちらは常識内に納まっているようだ。しかし、相輪は八輪のままで、東塔と変わらずだが、水炎だけは一般的なものに変更されたそうだ。

ところが、使用している木材、これがまた異例なのだといわれる。一般的には杉や檜が使われるが、ここでは欅が使われた。確かに欅は真直ぐ伸び、大木にもなるで、長い丸太も得やすいだろうと素人でも思える。ただ針葉樹と落葉樹ではどのような差が出るのだろうか。寒冷地の針葉樹なら成長が遅く木目も細かく、それなりに強度も増すであろう。欅は仏像はともかくも、建築物にはどうなのか、狂いも大きいと聞くし、木目を楽しむテーブルではないのだから。狂いを防ぎ大伽藍に使ったのが、京都の大本山妙心寺の法堂で、高さ八メートル、周囲二メートルの柱は、欅の大木を四つ割りにし丸く成形され、狂いを防止しているそうだ。當麻寺の塔は、そのような裏の手を使っていないだろうから、素人目には心配だが、長い年月がその無事を証明しているのであろう。

東西両塔を見下ろす奥の院には、あまり知られていない国宝の倶利伽羅龍蒔絵経が存在する。三〇×二〇センチほどの漆面に彫刻し金銀粉を用い、経箱としては最も古く、平安時代の作である。さらに、脱活乾漆像では最古の持国天像（重要文化財）は異色である。大陸の極寒の地で戦闘をする着衣は、未婚の女性が着る振袖のようで、これで本当に戦えるのか余計な心配をしたくなる姿の持国天なのだ。寺の立地もさることながら、伽藍の様式・構造・材料、仏像の造像技術やその修復などを含め、説明と現物を対比し眺めてみると、古人の技の抜きん出ていたことにただただ感心するのである。

27、室生寺

五重塔が、台風の風による杉の倒木の被害で、大きな損傷を受けたことがあった。その後の改修が終わり、数年後に初めて訪れた。春先だったので、寺自慢の石楠花の花は数えるほどしか開花しておらず、参拝者も少なく、かえって落ち着いた雰囲気の中を散策できて良かった。

寺の建立は、役行者の小角とされ、天武天皇まで遡ることになる。後に桓武天皇の病気平癒や延寿を願う祈祷が、興福寺の高僧賢璟達により行われた。祈祷の成功もあって、勅命により平安遷都後に、賢璟の命で高弟の修圓や仲間の僧達が創建し、伽藍を整え真言密教の室生寺としたのである。後に高野山に対する女人高野の名で、女性にも開放されたのは有名だ。しかし女人高野とはいわれるが、女性が参詣できたのは、何と江戸時代まで待たねばならなかったそうだ。

石楠花が添えられた山門を抜け、鎧坂という寺には似合わぬ恐ろし気な名の長い石段を登り切ると、前方に金堂が聳え立つ。とはいっても、五から六メートルの高さであろうか、江戸時代に懸け造りの舞台を追加し、参詣者の礼拝の場所を設け、下の地面から柱が伸びているので、高く見えるのかも知れない。金堂は国宝に指定され、建立は平安前期である。高床式の舞台部分は、礼堂として増築された時のもので、寄棟造りの大屋根で覆われている。その中で異彩を放つ中尊は、国宝の釈迦如来立像で、黒光りする肌に、くすんだ朱に彩られた衣を纏う姿は他ではみかけない仏様だ。大きな光背に描かれている七仏も美しく配色され、創建時はさぞかし鮮やかだったろう。室生寺様式とでもいえるさまは、向って左端に立つ、十一面観音立像も同じで、胸の飾り物と、少女のようなふっくらとしたあどけない姿は女性を思わせ、女人高野に相応しいと感じるのである。釈迦如来の脇侍のように置かれているのが、文殊菩薩立像と薬師如来立像である。如来は悟りを開いているので、脇侍にはならないが、ここでは意味は持たせずに、ただ置かれているのも愛嬌があって頼もしい。さらには、十二神将（干支の十二支）のうち、半分の六体が置かれ（子丑午申戌亥）が独特の姿で、小振りな像ではあるが、全身で周囲を威嚇する、残る（寅卯辰巳羊酉）は宝物殿に移され、分けて置かれている。

弥勒堂は、興福寺の伝法院だったものを移設し、弥勒堂としたとある。その名のとおり、お堂のご本尊は弥勒菩薩立像で、左手に蓮の花と葉を持つ。化仏を配した宝冠を被り、光輪と一体となった光背は像の上部だけであるが、透かし彫りが素晴らしい。頭部が大きく感じられ、演劇に登場する子供のようでもある。

金堂と五重塔の中間にある本堂は、延慶元（一三〇八）年建立である。室生寺では最も重要な位置づけのお堂で、真言密教の大切な行事・灌頂はここで執り行われている。御本尊は如意輪観音菩薩坐像で、神呪寺（カンノンジ・西宮）、観心寺（大阪）と共に、日本三如意輪とされる。蓮の花の上で、右膝を立て、右掌を頬に当て肘を膝に置く姿は悩ましい。中宮寺や広隆寺の弥勒菩薩、泉涌寺の楊貴妃観音などとは異なるお色気で、その表情は神呪寺や観心寺のお姿と似ている。ここの像は、真円の光背が全体を引き締めており、印象的な観音様である。

何といっても室生寺の代名詞といえば五重塔であろう、小生のような信者とは異なる観光客のお目当ては、この塔ではないだろうか。石段の下から、満開の石楠花越しに塔を見上げると、極楽浄土に導かれるかのように感じ、一度見たら忘れない風景として心に残るはずである。格式ある寺の塔として、最小といわれるこの五重塔は、再建間もなく彩色も鮮やかだからか、美しく優雅な感じを受ける。奥の院の入り口から見下ろした姿も良い、森に溶け込むようで、他の寺の塔とは違った趣である。

「奥之院」までは行かず仕舞いだったが、山上には空海の開山に相応しい御影堂がある。全国の大師堂としては最古の御堂とのことで、機会をつくって是非登りたい。

28、長谷寺

牡丹の寺としてあまりにも有名なお寺で、お地蔵様のように錫杖を持つ長谷寺式観音様として知られている。正式には「豊山神楽院長谷寺」で、朱鳥元（六八六）年に道明上人が千仏多宝仏塔を、神亀四（七二七）年に徳道上人が十一面観音菩薩を祀ったのが始まりである。日本全国に三〇〇〇の末寺を従える、真言宗豊山派の総本山でもある。

神奈川県鎌倉の長谷寺には、金色の巨大な観音様があるが、東京西麻布の長谷寺では金箔こそ押されていないが、同じ様式の白木造りの観音様を拝むことができる。先代の観音様の洞内には、奈良の観音様と同材の分身が納められたと聞く。余談になるが、ここには仕事でお世話になったソニー創業者の一人、盛田昭夫さんのお墓が設けられ、愛知のお墓と瓜二つだそうで、何度かお参りさせていただいた。さらに東京では、奈良の長谷寺から牡丹を四百株移植したのが、東京の新宿区下落合にある瑠璃山薬王院で、別名〝東長谷寺〟とも呼ばれ、四月末頃の牡丹の時期は大勢の花見客で賑わう。それはともかく、長谷寺駅から、初瀬の門前街を見ながら、山門に到着した。

長谷寺は、古き良き都の貴族達もこぞって詣でた観音霊場で、西国八番でもある。国宝の銅板法華説相図は、この寺の古き宝で、道明上人が天武天皇の病気平癒を祈って奉納した。仁王門を入ると、本堂までは長い屋根付きの石段を上がることになる。三九九段といわれる登廊の左右には、様々な品種の牡丹が所狭しと植えられている。小生が訪れた時は、四月初旬とあって、七千株といわれるうち、たったの一株だけ開花していたのが、かえって印象的だった。一度右に折れ長かった登廊を登り切ると、左上に掛け造りの本堂が聳え立つ。

本堂は徳川家光公が、慶安三（一六五〇）年に再建したという国宝の建築物なのだ。春の特別拝観時期であったが、通常拝観で済ませてしまった。奉納金を積めば、その御足に触れることができたが、お顔と姿を拝観できればと思い、それはせずに済ませた。像高一〇メートル一八センチもの巨大な十一面観世音菩薩立像、木像であるが全身金色に輝き、穏やかな細長い目で注視してくれ、いかにも「どんな願いごとでも叶えてさしあげます」という感じがする観音様である。寺伝では、六世紀初期の洪水で、琵琶湖は山などから流された巨木が浮き、まるで貯木場と化してしまったそうだ。それを使い十一面観音を造る約束で徳道上人が譲り受け、天平元（七二九）年に完成したとある。本尊の頭上に十一の化物を置くのが十一面観音で、おでこの部分に三つの優しいお顔、左側に三つの怒ったお顔、右側に三つの牙を出したお顔、後には大笑いをしたお顔、頭上には仏の姿を置く、十一体の顔と姿なので十一面といわれる。

本堂のピカピカに磨き込まれ、黒光りした板敷きの床には、植木鉢の中から伸びた茎の先に、多くの牡丹が開花し、登廊を上がる時に花が見られなかった無念の思いを払拭してくれた。表へ出て舞台に回ると、軒下には綺麗な五色幕が張られ、ひんやりした春風がそよぐ新緑のさまは、花の御寺とはいえ花の少ないこの時期に、緑のグラデーションを添えている。

広い舞台からは初瀬の街並みが望めるが、この場所は太古から神が降臨する霊力のある聖地とされ、観音様の霊力やご利益を求め、多くの人が参詣したとされる。振り向くと右奥の山裾には五重塔が聳え立つ。京都の清水の舞台も景色は良いが、ここの眺めは、箱庭の中にすっぽり入ったような素晴らしさがあり格別である。寺内の様々な名所を訪ねながら、石楠花の咲く御堂に下った。

途中の五重塔は、昭和二十九（一九五四）年再建で、高さ二十七メートル檜皮葺で朱塗りで、一回り見上げたが感激が少なかったのか記憶は薄い。しかし、途中で行き交う僧侶達の歩き姿を見るにつけ、この寺の厳しい修業が伝わってきたのを鮮明に覚えている。

山懐に溶け込む堂宇も素晴らしかったが、僧侶達の凛とした姿は、何よりも活きた寺という印象として心に残った長谷寺だったのである。

29、金峯山寺（吉野山）

千本桜といえば吉野、三月末には下の千本から・中・上・奥の山へと咲き進むので、長い期間楽しめるのも特徴である。小生は上から奥へと咲き進む頃に初めてやってきたが、終盤にもかかわらず人も車も混雑しており、最も奥にある西行庵まで、駅から歩きに歩いた。下の千本は全く花がないのではなく、わずかに咲き遅れた花や赤みを帯びた花柄が迎えてくれた。

日本の桜は吉野でも、染井吉野という品種が中心に全国に広まっている。現在の東京都豊島区に位置した染井村の植木職人により、大島桜と江戸彼岸桜の交配種で江戸時代に誕生したのが染井吉野である。ここ吉野山の桜は、多種にわたるとのことであるが、山桜の内、白山桜を中心に植樹されたといわれている。その数は何と三万本というからすさまじい、寄進された方々や管理されている方々には頭があがらない。

人の視野からだろうか、一目千本というからには、それ相当な数の桜が咲かなければ満たされないだろう。中の千本あたりに建つ吉水神社近くには、一目千本との看板と共に、観月台ならぬ観楼台も設けられていた。金峯山寺を含めるあたり一帯が、中の千本桜とされているようだ。

山岳信仰は日本全国で開かれ、六根清浄を唱えながら白装束で行脚されていたのがその代表である。四国霊場巡りと同じく、いつ死んでも悔いはないと、死に装束姿での旅なのだ。吉野の地でも、古くは白鳳時代から山上ヶ岳を目指し、身分を問わず盛んだったといわれる。その途中にあるのがこの山懐のお寺で、修験道の根本道場として栄えたそうだ。言い伝えでは、行者・役小角の創建とされ、金峯山寺を拠点に、修験道を広めたとされる。特定の宗教はなく、いわば何でも扱う宗教のデパートだったのだろうか。やがては皇族や貴族も参詣・登拝するようになり、一般民衆も含め活気に満ちたそうである。

天生二十（一五九二）年に再建された蔵王堂は、木造の古い建築物としては東大寺大仏殿に次ぐ大きさで、山中をさらに登った花矢倉展望台から遠く眺める檜皮葺のお堂の屋根は、周囲の景色の中に溶け込み見事である。

御本尊は桜の時期に御開帳されるのだろうか、初めて見る三体の蔵王権現が異彩を放つ。真っ青に染め上げられたお顔が睨みをきかせ、その素晴らしいお姿を見上げるにつけ、霊験あらたかさを身をもって感じる。大きさだけでなく、色彩の鮮やかさ、彫りの素晴らしさにただただ感動するのであった。権現とは神仏が仮の姿で現れるときに使われ、東照大権現は大日如来になった徳川家康をいうが、ここの金剛蔵王大権現は、真ん中に置かれた釈迦如来と両脇が弥勒菩薩と観音菩薩それぞれの化身である。どれもが恐ろしいほどの忿怒相であるが、実は慈愛に満ちた御姿なのだそうだ。睨みを利かすその顔立ちは、大日如来の化身である不動明王と同じといえよう。人々を監視するかのような忿怒相を持って睨め付けている三体の蔵王権現、見上げて拝むと平伏したくなるように心が引き締まる、そんな思いになってお堂を後にした。

この辺りの道沿いには、時間が許せば見応えのあるスポットが、次から次へと現れるのも特徴といっても良いだろう。それ位多くの修験者達が押し掛け、様々な祈りに明け暮れしていたと思える。金峯山寺と吉水神社は世界文化遺産、蔵王堂と仁王門は国宝、銅の鳥居は重要文化財でもある。仁王門は令和五年五月現在修復中とのことで、像高五メートルの巨大な阿吽の仁王像は奈良の国立博物館に預けられており、思わぬ場所での久し振りの対面に感激した。その他にも妙法殿、聖徳太子創建の竹林院、東南院、熊沢蕃山の隠れ家だった喜蔵院など、僅かな時間ではあったが、全てに寄ってそれぞれの良さに浸らせてもらった。

慶長九（一六〇四）年に豊臣秀頼が再建した水の配分を司る神が吉野水分神社である。楼門を入ると、中央の庭を挟み、左に拝殿と右に本殿を配し、正面は幣殿で、相互が回廊でつながっている。特に素晴らしく感じたのが、本殿の春日造りだ。左右に流造の三殿が一体になっている建物で、このような様式は他には少なく、非対称なのも新鮮で印象深い。この辺りは、上の千本に当たる場所で、桜の花が満開を過ぎ終わりかけていたが、充分楽しめた。

標高七六五メートルに位置する金峰神社、山道はさらに高みへと伸びるが、桜見物の最高地点といっても過言ではない。この辺りまで来ると、桜は満開なのに人はまばらになってくる。ひたすら歩かないと到達できないからであろうか、健脚の面々が主体である。本殿は世界遺産に登録されており、横には義経の隠塔も立っている。金峰神社から、西行庵の道標に従い奥へ進むと、左側が谷を望む斜面で、登山道のような細道となり、谷に滑落しないように足元に注意しながら下っていくことになる。途中の山側には苔清水と呼ばれる湧水の場所があり、冷たい水で喉を潤すことも可能だ。

西行庵は直ぐ先の平らな広場のような場所に建っており、西行はこの湧水を使い過ごしたと思われる。小さな庵で三年間修行を積んだとは、相当な覚悟の末だったのだろう。「心なき身にもあわれは知られけり鴫立沢の秋の夕暮れ」：西行、湘南の大磯の地には、鴫立庵が設けられている。西行祭は何故か詠まれた内容とは異なる春に行われ、小生は別の頃に大磯に住む鯉沼博和氏の案内で、大学の友人達と訪れたことがある。多くの著書を残した白洲正子に『西行』があり、吉野や大磯の地にも触れている。奥の千本はどちらかといえば幼木に近く、花付きは見事とは思えないが、若い木らしく花の勢いが素晴らしいのが特徴だといえる。

西行がここに庵を設けた頃には、こんな山奥までは桜はなかったであろう。「願わくば花のしたにて春死なむそのきさらぎの望月のころ」：西行、若い頃に出家し、全国を行脚して七三年の生涯を送ったとされる。春の花の頃が西行には似合うのだろうか。ここの桜が成長し、多くの花を咲かせてこそ、西行の願いが叶えられるはずである。西行が愛した吉野の山に来るだけで、道沿いを歩きながら十カ所ほどの社寺にお参りできるので楽しみでもある。ここからは金峰神社に戻らず、回遊する明るい山道を登り、遠くの奥深い山々を望みつつ、平安の世を生き抜いた西行を偲びながら山を降りた。

コラム：吉野&長谷

この地域の寺や神社詣では、花や紅葉とのセットがお勧めだが、もちろんその他の季節でも、目的に応じて様々な発見があると思える。花ならば、長谷寺と當麻寺は牡丹、室生寺は石楠花、金峯山寺（多くの神社仏閣がある吉野山）は桜の頃が良いだろうが、混雑の覚悟はしておく必要がありそうだ。人工林よりも自然林が多いので、紅葉の頃は色とりどりに飾られ趣があるだろう。

吉野山は、神社仏閣はもとより、展望台も随所に設けられているので、スケッチ・写真・ブログなどの作品作りの題材にはこと欠かない。水分神社から先は、若干健脚向きにはなるが、奥の千本までは時期にもよるが、バスも通うようなので道は歩きやすい、ゆっくり歩けばほとんどの人は登れるはずである。金峰神社から西行庵までと、その先の周回路は無舗装の山道なので、革靴やハイヒールは好ましくないので注意が必要である。

時間の都合で寄らなかったのが、室生寺の奥の院と大野寺だが、大野寺の磨崖仏と糸枝垂れ桜はお勧めと聞く。最寄りの室生口大野駅のホームは緩いカーブで、撮り鉄には格好の撮影ポイントである。長谷寺方面行のホームからは見通し（特に対向の大阪方面）が良く、特急は停まらないがアングルは良いので撮影にはお勧めだ。

長谷寺は駅からは歩きだが、近くの駐車場に停めても、初瀬山に囲まれた門前町の散策は楽しい。商店街の突き当り右には、法起院があり、長谷寺に十一面観音様をお祀りした徳道上人の建立とされ、その最後は松の木の上で法起菩薩となったとの言い伝えもある。法起菩薩は寺の名前にも使われ、お堂には本人が刻んだ像も置かれている。

門前町を歩いていると、寄りたくなるのがお店で、草餅など土産物もいろいろ選べる。食事には、奈良名物柿の葉寿司、にゅうめん＝そうめん：トッピングが自慢、お茶には名物とされる草餅、などが楽しめるので想い出としても残せるはずだ。

「大神神社拝殿」

平城京跡・ライトアップの「第１次大極殿」

「薬師寺遠望」（左から：金堂・西塔・東塔）

摩訶般若波羅蜜多心經
觀自在菩薩行深般若波羅蜜多時照見五
蘊皆空度一切苦厄舍利子色不異空不
異色色即是空空即是色受想行識亦復如
是舍利子是諸法空相不生不滅不垢不浄
不増不減是故空中無色無受想行識無眼
耳鼻舌身意無色聲香味觸法無眼界乃至

般若心経　写経：著者の父親

無意識界無無明亦無無明盡乃至無老死
亦無老死盡無苦集滅道無智亦無得以無
所得故菩提薩埵依般若波羅蜜多故心無
罣礙無罣礙故無有恐怖遠離一切顛倒夢
想究竟涅槃三世諸佛依般若波羅蜜多故
得阿耨多羅三藐三菩提故知般若波羅蜜
多是大神咒是大明咒是無上咒是無等等

咒能除一切苦真實不虛故說般若波羅蜜
多咒即說咒曰
羯諦羯諦　波羅羯諦　波羅僧羯諦
菩提娑婆訶
般若心經
昭和六十一年四月
松原通二薰沐拜書

空

かたよらないこころ
こだわらないこころ
とらわれないこころ
ひろく　ひろく
もっと　ひろく
これが般若心経
空のこころなり

好胤

高田好胤師の直筆の掛け軸（薬師寺蔵）に似せて

版画、伊藤一磨作「仁和寺」

写真はすべて著者撮影（カメラ：ソニーα７II）

黄昏時の「八坂の塔」

私の古都【京都編】

京都での《社寺巡礼の収穫》

京都は奈良に比べると、広さに比例して神社仏閣の数も多い。さらに洛中・洛外などと呼び方も様々であるが、よそ者からすればその境界は全くというほどわからない。この本では、洛中と思われる場所を四カ所に分け、洛中以外は、洛南・洛北・洛西の他、嵯峨野・嵐山・周山街道&清滝川沿い・宇治・左大文字山周辺、などのいわばご近所毎に分けて記載した。これ等の呼び方に関しては、京都の方や拘りのある方には、お叱りを受けるかも知れないが、この本だけの呼び方とし、ご勘弁いただきたい。

京都①（洛西・嵯峨野界隈）

嵯峨野

30、野宮神社

天龍寺の脇を抜けると、鬱蒼とした竹藪の中へと道は続き、両側は細かな竹の穂を使った垣根へと変わり、中に植えられた孟宗竹の太い緑を引きたてている。やがて竹が森へと変わる頃、小道の先に暗い色の鳥居が現れる。

この鳥居は何と千年以上前に書かれた源氏物語にも「黒木の鳥居どもは、さすがに神々しゅう」との表現で登場する。黒い色に染めたのではなく、樹皮を剥がさず、森の中で育ったままの原木を使った材料のことを黒木というのだそうである。どんぐりが実り、樹液が出ればクワガタ虫やカブト虫が群れ遊ぶ、そんなクヌギの大木が使われている。表面は濃い灰色だが、深い凹凸がある樹皮に陽が当たっても、多くが陰になり黒く見えるので、そう呼ばれるのであろうか。

この地は、光源氏に嫌気をさした六条御息所が、伊勢へ下る前に潔斎のために過ごした場所としても知られている。また能の演目「野宮」にも、六条御息所が登場する。旅の僧が境内で拝んでいると、榊を持った女が現れ、源氏に逢った時の心の内を明かし「自分は六条御息所の亡霊だ」と言って立ち去る。その晩、僧の夢枕に立った女が言うには「賀茂川で行われた御禊を済ませ、一条大路を抜け柴野の齋院に入る一行に、源氏の君が加わると聞き、それを一目見ようと、多くの人々や位の高い女達も集まっていた。自分は早くから来て見やすい場所を探し車で待つが、後からやって来た葵上の従者の男達に車は壊され、挙句の末に良い場所を立ち退かされてしまった」とその時の屈辱が忘れられず、女はひとしきり語り、牛車に乗って立ち去り、夢は終わる。

悪い話はいつの世も早く伝わり広がるもので、光源氏はその日のうちに場所取り争いのことを知る。御息所の心の内を思うにつけ悲しむとともに、「車の中の若い正妻の葵上が、自分より七歳年上の御息所のように気を利かせていれば、事件は大きくならずに済んだのに」と、悔やんでも悔やみきれないのであった。源氏物語では、葵上は光源氏の男子を生むが、六条御息所の生霊に取り付かれ命を失い、思わぬ結末の時を迎える。

紫式部は光源氏を借り、多くの女性を登場させ、女の性を描いたに違いない。嫉妬深い御息所が登場する野宮神社、境内はこぢんまりするも、何かキリッと身の引き締まる思いになるのは、伊勢神宮の社を極端に小さくしたような社殿の姿だからだろうか。当時と変わらぬ趣を残しているとすれば、それこそ〝神々しゅう造形美〟で、見事としか言いようがない。

作者の紫式部は光源氏と同様に、牛車に乗って嵯峨野の地で荒れ野を揺られ、黒木の鳥居も見ているのだ。物語では、人間模様は言うにおよばず、情景描写も巧みである。「野に咲く花も消えた晩秋の夕暮れ時は、虫の音も途切れとぎれに弱々しく、松の葉を吹き抜ける風の音と聞き分けができない」とある。日は沈み遠くからは鐘の音も響いただろう、既に人々が家路についた野原を抜け、御息所を偲んでやって来る源氏の姿があった。その心の儚さを例えたのだろうか、寂しげな千年の昔の様子は、幻のように目の前に現れるのである。

黄昏時が似合っただろうこの地も、人々の往来が多くなった今では、人影がまばらな早朝に訪れるのが良いと感じる。鬱蒼とした竹の林や木立を抜ける夜明けの風は爽やかで、清々しさを体感できるのである。それだけでも身は清められそうだが、この小さな社に一人で佇んでいると、降り注いでくる神の霊気に包まれるようで、心が鎮まるのを覚える。

そんな厳かな場所だが、コロナ前の観光ブームの日中には、狭い境内は溢れんばかりの人でごった返すほどだった。光源氏や六条御息所がその光景を眺めたとしたら、どのような言葉を放つのであろか。それよりも何よりも、作者の紫式部は呆気にとられ、筆を投げ出すに違いない。

31、常寂光寺

嵯峨野の地域に建つ山寺では、嵐山に近い位置にあり、静まり返った小倉山二九六メートルの林の中に、ひっそりと佇んでいる。山門を入り少し上がると、草鞋がぶら下がった門が待ち構えるように立ち、運慶作とされる阿吽の呼吸が見事な仁王像が出迎えてくれる。さらに石段を一気に踏み上がり、小道を進むと本堂に辿り着く。

お寺の本堂とは思えない造りは、伏見の桃山城の客殿を移築したとされる建物で、鬼瓦だけが唯一お寺をイメージさせるかのように異彩を放つ。創建は慶長年間（一五九六〜一六一五）まで遡り、近くの清凉寺や大覚寺などのどっしりとした構えのお寺とは異なる景観である。緑豊かな林の中に、埋もれるように建つ本堂は、山寺の趣さえ感じさせ、雑木林が多い嵯峨野にして常寂光寺ありとの感がある。

寺域はほとんどが傾斜地で、祈りの場であることには間違いはないが、それでいて四季折々の雰囲気を楽しめるのもこの寺の魅力だといえよう。細い参道をさらに上がると、元和六（一六二〇）年に建立された多宝塔の横に出る。高さ十二メートルの檜皮葺の二重の塔で、一層目が三間の真四角で、二層目は円柱となっており、見た目には若干大きな庇が印象的だ。堂内一層目には来迎壁の前に須弥壇が置かれ、釈迦如来の周囲に多宝仏が置かれている。

多宝塔のさらに上、小倉山中腹近くまで足をのばせば、比叡の山々はもとより、低く横たわる双ヶ丘や東山三十六峰などの山塊が遠くまで見渡せる。向かって左手方向は鬱蒼とした緑だが、ＪＲ嵯峨野線を行き交う列車は、昼間からヘッドライトを点灯させて走るので、遠くから手に取るように見える。その線路の右側は、京都洛中に当たるのだろうか、家々やビルが所狭しと立ち並び、人々の営みが聞こえてきそうだ。そんな風景を眺めていると、特等席に座った京の都の番人になった感じがし、登って来た疲れは一気に消えうせるのであった。

32、落柿舎

常寂光寺の山門を出て少し下り、農地の手前を左折すると、右手の垣根の間に藁ぶき屋根が見えて来る。「ラクシシャ」何とも奇妙な名前だ。言い伝えでは、明日売る約束の柿の実が大風のため一晩で落ちてしまい、売り物にならなかったそうで、それが名の由来とか。

嵯峨野は、千年以上前に京都が都として賑わい始めた頃から、別荘が多かった所だと聞く。この館も向井去来の別荘であり、俳人松尾芭蕉も好んだらしく、何回か訪れている。芭蕉はなぜかここがお気に入りで、ある年の春に二週間ほど滞在し、嵯峨野を中心に散策されたようだ。

その模様は嵯峨日記に記され、詠まれた句が庭の石碑に刻まれている、「五月雨や色紙へぎたる壁の跡」。しかし同じ時期の雨でも「五月雨をあつめて早し最上川」、さらには「五月雨の降のこしてや光堂」とは全く異なる感じがする。二番目の句の山形県を流れる最上川は、静岡県の富士川、熊本県の球磨川の順で日本三大急流とされるので、芭蕉が詠んだ辺りも急流だったのであろう、いわばストレートな状況描写である。しかし、五月雨とは一見何の関係もなさそうな、落柿舎の部屋の様子を詠んだ意図は何なのだろうか。奥の細道で詠まれた三番目の句とは全く正反対と言っても良さそうな情景が目に浮かんでくる。

片や雨で朽ち果てた様子にも似た壁、他方はジメジメ降り続く雨にも、全く動じない（なぜかここだけは降られず朽ちることもない）金色の御堂、その両者が手に取るように比較できるのである。落柿舎らしいその光景は、向井去来の質素な生活の模様と彼の性格が滲み出ているようにも感じる。スッキリしない天候を借りて、ものの哀れを伝えるかのようでもあり、それはここを訪れた人のみが知るところだろう。

その他にも興味深い詩の数々が、思い思いの形をした石に刻まれている。

嵯峨天皇の皇女である有智子内親王は、文才に秀でていたとも言われ、それを讃えるかのような詩を見つけた。「加茂川の・はやせの波のうちこえし・ことばのしらべ世にひびきけり」‥昭憲皇太后。詠んだのは、明治天皇の皇后（皇太后とはいわれるが、母ではなく妻である）で、有智子内親王を褒めており、歌会の参列者を驚かせたと言われている。どのような経緯からかは調べもしないが、有智子内親王の陵墓は、宮内庁が落柿舎の隣に設け、一人静かに安眠されている。平屋建ての落柿舎、さほど広くはない向井去来ゆかりの庭には、その他にも詠まれた詩を記した多くの石碑が置かれている。

文化人が集まったであろうこの庭は、小ぢんまりはしているが、なぜか古の面影が感じられ、詠み手でなくも一句出そうな雰囲気が良いのである。小生は何回か訪れてはいるが、秋もたけなわになる頃の時、板張りの外壁に残された蝉の抜け殻が風情を誘った。「時雨去り 柿の実赤き 嵯峨の里」‥（おそまつ）

33、二尊院

釈迦と阿弥陀の二つの如来を祀るので、略してそう呼ばれている。正式には小倉山二尊教院華台寺である。亡骸を此岸のこの世から送り出す釈迦如来と、彼岸であるあの世へと迎え入れる阿弥陀如来が並び、同時に拝むことができる。

伏見城から移設されたと言われるどっしりとした総門、そこから一直線に伸びる緑豊かな参道、その奥には小倉山が波打った稜線を列ねている。脇の林からはモミジや桜の枝が参道まで覆いかぶさるかのように伸びている。緩い石段を登った先は突き当りで、そこを左に曲がると緑がさらに濃くなり、奥まった突き当りの手前右には急な石段がある。その上に建つ勅使門を見上げていると、屋根の庇が顔面間近に迫ってくる。かつてこの門は天皇家だけが使ったそうだが、現在は参詣者に解放されており、石の階段を上がるにつけ、気分が高揚するのを覚える。

上がりきるとその先には低く広がりのある本堂が小倉山を背にゆったりとした姿で佇む。どこか建仁寺の方丈に似ていると思ったら、やはり同じ建築様式との説明があった。永正十八（一五二一）年に三条西実隆による再建で、後奈良天皇自筆の「二尊院」の額が中央に掲げられている。小生が参拝した時には、たまたま冷泉家の歌会が行われており、許可を得て会の模様と二尊を、回廊から撮らせていただいた。

天皇家が京都から東京に遷都（京都の人は奠都だと言うが）する時に、五十六家あった公家の五十五家が実質的には京を離れた。その中で歌人・藤原定家の流れをくむ冷泉家は、現在も同志社大学今出川校に三方を守られるように、重厚な瓦屋根の門構えと白壁を携えて居を構えている。例え奠都の間とはいえ、天皇が留守の京に住むことで、歌道の務めを頑なに守り通そうとの強い意志が窺えるのだ。いわば京都御所の番人的役を仰せつかったとの如くである。伝統を重んじ、使命を第一に考え、未来へ脈々と受け継いでいく、その奥ゆかしさが感じ取れる最たる例ではなかろうか、寺に戻ろう。

鐘楼の手前、本堂横に見上げるような細く長い石段がある。木立の間の静かな石段は、陽も当たらないのか、なんとなく湿っており、幅が狭いので高さの割には長く感じる。登り切ると幾つかの廟らしき小さな社が建つ、左は行き止まりだが、右は先まで並ぶご廟が見渡せる。真正面に鎮座するのが湛空廟、二尊院で教えを広めた僧で、中国の石工によって彫られた石碑が祀られている。この場所も、常寂光寺の多宝塔と同じく、小倉山の上部にあたり、麓の嵯峨野の市街地一帯が望める。数十もの、寺にゆかりの人々の廟を通り過ぎ、山を下る道をしばらく歩き、平地に下ると本堂の広い庭に戻ることになる。

坂道を抜け切る所に、八社宮という変わった社があり、寺でありながら、伊勢神宮・松尾大社・愛宕神社・石清水八幡宮・熱田神宮・日吉神社・八坂神社・北野天満宮の八社が祀られている。湛空廟と八社宮は室町末期の建造とのことで、京都市の文化財に指定されている。さらに弁天堂と呼ばれる立派なお堂には、弁財天が祀られているのはもちろんのこと、大日如来・不動明王・毘沙門天なども安置されている。二尊もさることながら、多くの神社や、多くの尊仏も平等に祀るという二尊院、ここだけお参りすれば相当なご利益が得られるような良い気分で門を出たのであった。

34、祇王寺

野々宮が源氏であるのに対して、こちらは寂光院と共に平家ゆかりの尼寺である。清盛の寵愛を受けたが、仏御前に気を移され、嫌気をさして出家したのが、祇王である。母と妹も同時に入寺している。当の仏御前も後に出家し、こともあろうか祇王寺に入寺するのだ。

この寺は法然の弟子だった良鎮の創建で、何回かの荒廃を経て、現在は大覚寺の管理下に置かれている。苔生した寺内には、春の竹の子や新緑、秋にはモミジや木々の紅葉、四季折々の風情が楽しめる。小生は春夏秋冬と何回か来ているが、いつ訪れても期待を裏切らないのがこの寺である。差し込む光と影が虹色模様に煌き、庭の風情を室内からも楽しめる控えの間の丸窓は〝虹の窓〟とも言われ、訪れた皆を楽しませる。

瀬戸内寂聴の小説『女徳』では、実存した尼僧が描かれた。芸妓だった智照が出家し智照尼となり、荒廃していた寺の復興に情熱を注いだそうである。作者によると、明治二十九年四月に、裕福とはいえない家庭に生れ、奈良公園で鹿煎餅なども売りながら育ち、小学校を出る年頃には大阪の花街にデビューするのだ。しかし花街で生きるには、舞や・三味や・歌などは必須であるが、どうも苦手だったようなのである。当時は、まだまだ祈りの仏教が華々しい時代で「奈良の秋篠寺に詣でれば、何でも叶えてくれる仏様がいる」と幼い頃から先輩の話を耳にしていたらしいが、後にその言葉が功を奏するのである。芸に油が乗って来た頃、負けず心が育み、稽古で技を磨くと共に、芸事の頂点を目指す為に、自ら伎芸天の元へ何回となく足を運ぶ姿が見られたという。

一世を風靡した頃の話は、小説に譲るが、彼女ならどんな世界においても大成したに違いないと思うのである。昭和九年に出家し、祇王寺の智照尼になるまで、いや、もしかしたら平成六（一九九四）年に九十八歳で命を全うするまで「秋篠寺の伎芸天は守り本尊」として心の支えになっていたのかも知れない。生まれながら絶世の美女だったとされ、自分を写す鏡のようでもある美貌の伎芸天は、お互いが持ちつ持たれつの仲だったとさえ思えてくる。小生が最初に祇王寺に馳せ参じていた頃、ご健在だったことを思うと、お姿だけでも拝見できていたら、祇王寺の印象は異なっていたに違いない。

本堂には、御本尊の大日如来と、清盛の小振りの像が置かれ、ここで出家した四人の尼僧も寄り添うように並び、苦難の往時が偲ばれる。寺ゆかりの女性達、出家して尼僧になった思いは様々であろうが、波乱万丈な人生だったことには変わりないだろう。

嵯峨野の地に、寂庵という居を構えた瀬戸内寂聴さん（令和三（二〇二一）年十一月九日没）も例外ではなかったと思う。今東光氏に導かれ得度し、尼僧になられた末、岩手の地で荒廃していた天台寺を再建する為に晋山し、自前で見事復興を果たしたことは、智照尼の生きざまを再現するかのようだ。瀬戸内寂聴、彼女もまた嵯峨野をこよなく愛した作家であり、僧侶でもあったのではないだろうか。

35、化野（アダシノ）念仏寺

嵯峨野の道を奥に向かって歩くと、道路と平行に登り坂の参道が現れる、低い石碑に化野念仏寺の文字が読み取れるので、迷わずに到着できるだろう。その石碑の左には、京都市が設けた寺のいわれを毛筆で記した看板がある。「誰とても・とまるべきかはあだし野の・草の葉ごとに・すがる白露」‥西行。とあるように、化野の露に関しては、『徒然草』にある「あだし野の露消ゆる時なく」と題する兼好法師の鎌倉時代末期の随筆は有名で、教科書にも出てきたくらいだ。要約してみると「化野は一日たりとも死と向き合わない日はない、永遠に生き続けることになれば情緒もなく、四十位で死ぬのが見苦しくなく丁度良い。それを過ぎると、容姿も衰え、恥も外聞もなく欲望に執着するようになり、嘆かわしいことだ、云々。」とのことで、何だか今の世を予見していたのではないかと思える位である。

化野は古の頃から死と向き合い、露となって消えた屍を葬り、人は生まれ故郷へと旅立った。あの秀吉ですら「露と落ち露と消えにし我が身かな浪速のことも夢のまた夢」と辞世を残した。今の世は人生百年時代で、あわよくば秀吉六十二歳、信長四十七歳の二倍は命を長らえる。兼好法師の言葉の重みは、今だからこそ生かされなければならないのだ。

石畳を登った突き当りが境内で、所狭しとばかりに無造作に置かれた無縁仏の石の数々、何と八千体とも言われる。化野に葬られた亡骸には、石碑や石仏なら上等で、ただの石ころまでが添えられていたそうで、それらは一九〇〇年頃に野原から集められ、寺内に並べられたようだ。

寺伝では、弘仁年間（八一〇から八二四）に空海がこの地を曼荼羅図に例え、金剛界と胎蔵界に分けて描いたとされる。つまり、小倉山寄りを金剛界、曼荼羅山寄りを胎蔵界と考え、中心のこの地に真言密教の五智山如来寺を設けたのが始まりとされる。その後、法然上人の念仏道場に引き継がれ、真言宗から天台密教の浄土宗に改宗され、念仏寺となった。

藁ぶき屋根の本堂は、正徳二（一七一二）年の再建で、どこにでもあるような、農家の母屋のような佇まいが懐かしい。御本尊は小振りの阿弥陀如来で、母屋の障子は開け放たれ、誰もが縁側から須弥壇を拝むことができるのだ。ご本尊は、寺には似つかわしくない、母親のような優しさがこもった造りが何とも素朴で、心の底から何でも如来に打ち明けてしまえるほどの親しみさえ感じる。ご本尊の左右には別の阿弥陀仏が置かれ、趣の異なる三体を拝むことができ、自分の好みを選ぶのも良いだろう。

本堂前には八千体もの石碑が並び、その奥は石段を登るとレンガ造りの仏舎利塔で、中は納骨堂になっている。本堂に向って左奥の小道に分け入ると、こぢんまりした延命地蔵堂や水子地蔵堂を経て、その奥は竹藪になっている。小奇麗にしつらえられた竹藪の中の小道は、閑静に整えられており、左右に生え揃った見事な竹の林を登り切った先は墓地に行き着く。そこには六面体地蔵を刻んだ六角灯篭が置かれ、柄杓で水をかけ、六道のお地蔵様に願をかけるのも良いだろう。

その昔は命を果てた多くの名もなき人々の亡骸は、思い思いの祈りと共に、この辺りにも野ざらしにされ葬られたとされる。今でも静けさが残されている嵯峨野の地には、暗闇が訪れると共に、その霊の話し声が聞こえてきそうな丘が続くのである。

36、愛宕（オタギ）念仏寺

山中の神社へ向かう愛宕（アタゴ）街道は、やがてのどかな細道には不似合いな巨大な一の鳥居に行き着く。手前左が「つたや」で、鳥居の先が「平野屋」、苔むした藁ぶき屋根と、木組みの古民家のような佇まい、どこか懐かしさを感じさせる店を合せ持つ宿でもある。

三叉路を左へとると、檀林皇后の御陵があり、直進すると愛宕念仏寺を経て、登山道を行くと、巨大鳥居の主である山中の愛宕神社に行き着く。

檀林皇后は嵯峨天皇の皇后嘉智子で、木花開（咲）那姫（コノハナサクヤヒメ）や楊貴妃と競うほどの美しさで、美女の代表格だったそうだ。落柿舎の隣の有智子内親王の御陵と共に、愛した地である嵯峨野の土に眠っている、「夏草や嵯峨に美人の墓多し」正岡子規。多くの歌人が訪れたことは、葬送の場所という汚名を払拭できる魅力があったとしか思えない。遠い昔から、感性に訴える何かを求めて、人々はこの地に集まって来たのだ。

大きな提灯が吊るされた平野屋の軒先を左に見てしばらく進むと、広い道の脇に飛び出すが、その先で愛宕念仏寺に行き着く。苔生した千体以上の五百羅漢の石像群が並ぶ、嵯峨野では最も奥深い場所にあるのがこの寺である。仏師の西村公朝氏が得度し、僧侶にまでなられた末に、荒廃したこの寺を再建された。昭和五五（一九八〇）年のことで、東京芸大を卒業された仏師は、蓮華王院（三十三間堂）の千手観音像の修理などにも携われた。

境内の五百羅漢は一二〇〇体にもおよび、その作者は一般公募の素人だそうだ。晩年の公朝氏は、僧侶の傍ら羅漢造りの指導もされ、芸術家としても活躍されておられた。小生が最初に氏を知ったのは、NHKのテレビで放映された、仏像彫刻の連載番組であった。木材の使い方、彫り方など彫刻の技を教えると同時に、仏像や仏教界の基礎知識も折り込まれた番組だった。その中で、彼岸の地にあるといわれる須弥山の構成だとか、来迎に現れる阿弥陀様のお供の使者、あの世の表現方法や呼び方など、仏教界の基礎知識も学ばせていただき、知識を広めることができた。

そんな氏の最後が僧侶であったとは、当時は想像もできなかったことである。公朝師亡き後は仏教大学出身の次男公栄氏に引き継がれている。創建は天平神護二（七六六）年と古く、元々は市内鴨川の松原通りに建立されたが、洪水でこの地に移転、何度かの荒廃を経て現在があるとのことで、末永くの繁栄を祈りたい。

御本尊は千手観音であるが、右目は僅かに見開き、左目は伏し目がちにお顔の印象が左右で異なるのである。奈良は飛鳥の橘寺に、善と悪の両面を一つの石に刻んだ「二面石」があるが、お顔は二つなのだ。一つのお顔で「慈面悲面の千手観音」と言われるこの仏様は、左右に異なるお顔を持ち、あたかも一体で二つの心を持つようにも思える。この仏様と対峙していると、なぜか心が揺さ振られるのである、優しさと厳しさの両面を持って悟りを開くとされるその御顔は、何とも不思議だ。素直な心で生きることが難しくなっている昨今、様々な悩みに一緒に向き合ってくれる仏様がここにおられる。何事にも勇気を授けてくれそうな観音様との出会い旅、この奥まった嵯峨野の地に、出向く価値がある気がしてならないのは、なぜなのだろうか。

37、大覚寺

山裾の傾斜地に点在する古刹を後にして、のどかな広々とした平地に戻り、幾つかの寺々を回ることにしよう。ここ大覚寺は、時代劇の撮影場所として使われると聞くが、確かに寺域は広く、近くには高い建築物もなく、絶好の撮影環境である。これだけ造りが凝っていて、古く・大きく・広い場所は限られるだろう。

変な話題から入ってしまったが、ここは嵯峨天皇の離宮で、ご住職も代々天皇家ゆかりの方が就いたとされ、由緒正しい門跡寺院なのである。檀林皇后との結婚後の新居として建てられた離宮嵯峨院で嵯峨御所ともいわれる。東寺の項にも記したが、嵯峨天皇は弘法大師空海を重用し、高野山を与え、東寺の運営をも任せたのである。飢餓の時は、空海をここ嵯峨御所までわざわざ足を運ばせ、持仏堂で仏に祈願をさせた。嵯峨天皇は仏教にご熱心で、経をあげたり写経もされ、書かれた般若心経は、今も薬師如来と共に保存されているようだ。

貞観十八（八七〇）年に離宮を大覚寺と改め、山裾の寺には珍しく、多くの伽藍を有していたが、応仁の乱や火災で失われてしまったのである。だが天皇家や徳川家とも絆が強かったこともあり、寛永年間（一六二四〜四四）にはほとんどの伽藍を復興させた。宸殿は徳川秀忠の娘（後の後水尾天皇の皇后）の部屋を持ち、正寝殿には後宇田天皇が院政を執った部屋を有するなど由緒ある建物が並び往時が偲ばれる。

嵯峨天皇は、生け花の開祖でもあるとは知らなかった。唐の洞庭湖に倣って、御所内に大沢の池が造られた。その島（菊ヶ島）に咲く野菊を飾ったのが「いけばな嵯峨御流」の始まりだそうで、華道の元祖は嵯峨天皇だったのである。

京都市内からここまで来ると、嵯峨野に来たという感じがする。ここから奥の西側に広がる地域は、源氏物語に出てきそうな場所で、趣があって人の心を豊かにさせてくれる。嵯峨野の地は、洛中からは徒歩だと半日がかりの距離で、洛中は政治中心であり、嵯峨野はどちらかといえば、文化中心の存在だったのだろうか。千年もの昔から今に至るまで、人々に安らぎをもたらせた場所であるとも思える。そこへ誘い入れる大覚寺の役割は、当時も今も変わらないのではないだろうか。

重要な建物の宸殿・正寝殿は先に述べたが、石舞台を挟んで対峙するのが五大堂と呼ばれる本殿で、西に宸殿、南に勅使門、東は大沢の池に面して建ち、いわば嵯峨御所のビューポイントと言っても過言ではない。池には回廊を伸ばした濡れ縁が、脚下に水面を誘い入れ、湖面に向かって張り出している。この濡れ縁は観月台と称され、山から上る月は大きく見事なのだろうか、貴族達は船を出でて、鳴り物入りで鑑賞したに違いない。御堂の先からは池の畔の散策路が伸び、池から見る御所もまた異なる趣があって見飽きない。石舞台越しに勅使門を望む御影堂は、宸殿と五大堂の間に位置する御堂である。心経前殿と呼ばれ、北の心経殿への入り口なのでそう言われるようだ。大正十四（一九二五）年の建造で、弘法大師・後宇多法皇・恒寂入道親王の尊像をお祀りするため御影堂とも呼ばれる。同じく同年に再建された心経殿には、嵯峨天皇をはじめ、後光厳天皇・後花園天皇・後奈良天皇・正親町天皇・薬師如来像などが祀られている。法隆寺の夢殿や興福寺の南円・北円堂と同じ八角形を取り入れた小振りな御堂で、この建物は鉄筋コンクリート造りの銅葺きで、漆喰とは異なる白塗りが異彩を放つ。

大沢の池は一周可能で、梅林や竹林を有し、対岸からの堂宇の眺めは素晴らしく、奥には華道嵯峨御流の発祥となった小さな菊ヶ島が風情を誘うのである。

38、直指庵

大沢の池に沿って歩いた先は、林の中の山里の小道に入る。左に小倉山を見ながら、林の中の小道をしばらく進むと、直指庵の小さな道標が現れ、やがて住宅地に迷い込んだ、もう四十年以上も前のことである。近所の男性に、直指庵（チョクシアン）はどこですか？　と尋ねたら、直指庵（ジキシアン）への行き方を教えてくれた、道標を見て初めて知ったので読み方すら解らず恥ずかしい思いをした。

拝観料を払ったのかも忘れたが、小ぢんまりしてはいたが、寺域は広く本堂奥には開山堂があり、自然豊かな寺である。禅の教えの直指人心（じきしにんしん＝心の中にある仏性を掴む）・見性成仏（けんせいじょうぶつ＝心の中の仏性と自分を一体化させる）する場所であるから、直指庵とされたと寺の案内で知った。

創建は、隠元禅師の高弟だった独照性円禅師で、正保三（一六四六）年の草庵に始まり、現存のお堂は明治三十二（一八九九）年の再建である。堂内には、思うことを何でも記入できる「想い出草」というノートが置かれていた。小生は何も書かなったが、今思えば訪れた証に、名前だけでも良いから書けばよかったと悔やんでいる。幾つかの古い建物が離れて立っており、自然のままの庭に魅力を感じたが、仏画や仏像を見た記憶は不思議とないのである。

その後しばらくして、近くに瀬戸内寂聴の寂庵もできたそうだが直指庵とともに、それ以来訪れてはいない。晩年までお元気に全国を行脚されていた寂聴さん、このあたりをこよなく愛したと話されていた。時代の移り変わりは恐ろしいほど早く、お元気だった寂聴さんは、令和三（二〇二一）年の晩秋に惜しまれながらお亡くなりになってしまった。新緑や紅葉が映える、のどかだった山里にも住宅が立ち並び、さぞ様変わりしたことだろう。

39、清涼寺（嵯峨釈迦堂）

何回か訪れている寺、嵯峨天皇の皇子で、源氏物語の主人公の、源融の山荘だった所で、嵯峨野では大覚寺と共に大きな寺である。

清凉寺の釈迦如来は、日本三如来（他は、善光寺：阿弥陀如来、平等寺：薬師如来）とも言われる。三国（インド↓中国↓日本）伝来といわれるお釈迦様は、清凉寺様式との名もある位有名で、インド風のお顔と衣が異彩を放つ。つまり、インドからヒマラヤ山脈を越え、中国内（長安・南朝・隋・唐・北宋など）を転々とさ迷った末に渡来したわけありの仏様である。北宋で新たに同じ釈迦像を建立し、真仏の尊像として渡来したとされる。上半身の衣の襞の多さと整った体形、一度見たら忘れられない御姿である。特に頭の髪の毛が気になる、いわゆる螺髪ではなく、頭髪を渦巻き状に巻き上げており、インド伝来の姿なのだろうか。眼は黒く輝き、法衣は首から左右対称に紋様状に弧を描き、両足は膝の部分が木目の特徴を利用したかのような文様で、何を意図しているのか風変りである。胎内には絹製の五臓六腑が入れられていたことから、中国北宋で造られた像だと判明したそうだ。この造りや衣の特徴が日本の仏像にも影響を与えたそうで、同じような姿のお釈迦様が、全国で競うように模造され、その数は何と五十体を超えるとのことで驚く。その中で秀麗とされるのが奈良の西大寺の像で、西大寺中興の祖叡尊が仏師法橋善慶をここ清凉寺まで足を運ばせ摸刻させ、御本尊の特徴を写しとっている。清凉寺の像は、多くの化仏を従えた光背も立派で、光輪に当たる部分以外は、透かし彫りの裏から、光り輝くさまを金色で表しているのも変わっている。

御本尊の釈迦如来、像高百六十二センチ：国宝、を安置する本堂（釈迦堂）は火災で焼失後、一七〇一年に再建された。この場所は大覚寺を含む、嵯峨天皇の仙洞御所である嵯峨院があったとされ、広大な場所の一部だそうである。源氏物語の主人公光源氏こと源融が山荘として賜ったとされる所のようだが、開創時の本堂は寛永一四年に焼失してしまった。徳川五代将軍綱吉が修理復旧に努め、元禄一六（一七〇三）年に再建されたとある。堂内には母である桂昌院寄進の厨子が置かれる。正面上部の額には「栴檀瑞像」の文字の額がある。これを書いたのは、宇治の黄檗宗万福寺の開創者、中国渡来の隠元禅師で、禅寺には臨済・曹洞・黄檗の各宗派の流れがある。清凉寺は時代の変遷の中で、明治期に隠元の流れを離れ、浄土宗に改宗されたのである。

二層（二階建て）の門が仁王門で、幅三間の左右の一間に、阿吽の呼吸で睨みを利かす仁王様が納まり出迎えてくれる。他の古刹と異なり、門の幅は狭く二層目が重厚で背が高く、頭でっかちのような気がする。寺内には三重塔や五重塔がなく、その代わりとは言わないが、この高い門がその役割を担っているかのようにも思える。二層目は、御堂単体としても充分立派な造りで、中に十六羅漢像が安置されているそうだ。

本堂に向かい右手（東側）の阿弥陀堂は、源融の山荘を御堂にし、棲霞寺とされたと記されている。この時に造立されたのが、阿弥陀三尊像で、その後寺は衰退し清凉寺が面倒をみることになり、棲霞寺の名は消えるも機能は引き継がれた。

国宝の阿弥陀三尊像は、穏やかな顔ではあるが、肉付きも良いどっしりとした感じで、源融を模したといわれるが、源氏物語の主人公のイメージとは異なるような気がする。さらに異彩を放つのは、観音菩薩も、勢至菩薩も本尊の阿弥陀如来同様の坐像であることだろう。三千院の観音・勢至、両菩薩の座り方はといえば、同じ坐像ではあるが立ち上がろうとしている大和座りである。清凉寺の座り方は、本尊と同じ結跏趺坐なので他には例が少ないと聞く。現在は阿弥陀堂には置かれず、霊宝館に移されたそうだ。

源氏物語の主人公は、この山荘からどんな思いで嵯峨野の地を眺めていたのだろうか。今は市街地と嵯峨野の狭間に建つ清凉寺、広々とした境内に入ると、なぜか気持ちが落ちついてくる。嵯峨野の近辺は、昔ながらの細道が多く、混雑時は観光客で溢れかえる。そんな道の先で出会える仁王門、渡月橋から天龍寺の門前を通り真直ぐ歩いても、嵯峨野から落柿舎前を真直ぐ来て突き当りを左折でも辿り着けるので分かりやすい。たまたま降りしきる雪の冬に来たことがあるが、門の傍に立つ法然上人の薄化粧が印象的だった。

コラム：紫式部と歩く源氏物語の舞台・嵯峨野

京都で好きな場所を聞かれたら、小生の場合は嵯峨野界隈と答える。京都に住んだことがないので、四角四面に造られ整然とした洛中よりも、古の面影が残されている嵯峨野が京都らしく思えるのである。

源氏物語が書かれた頃、化野（アダシノ）は鳥辺野、連台野と並んで三大葬送の地だったそうだ。その昔、庶民の亡骸は丁重には扱われず、野辺や河原に置き去りにされたと聞く。化野念仏寺に行くと、野ざらしの亡骸を祀るために置かれた、石碑や小石などの〝魂の化身〟が数千体以上集められ置かれている。

現代では墓に入らず、本人の意思によるのだろうか、散骨が話題にされるようになってきた。海や山などの自分の好きな場所へ返してほしいという。つい最近では二〇二二年夏に、作家で政治家（国会議員や東京都知事も歴任）だった石原慎太郎氏の遺骨が四人の息子達により、東京湾に散骨された。弟の裕次郎氏の遺骨を、好きだった海に返したいと兄は考えたそうだが、その時は法が整備されておらず、諦めざるを得なかったようだ。散骨までとは言わずとも、木々や芝生の下など、墓石のない場所への埋葬も行われ〝墓終い〟に拍車をかけている。そう考えると千年前の習わしに従うかのようだ。例え目出度く墓石の下に埋葬されても、寺の住職が世襲できないことがあるとみえ、〝寺終い〟も起きるので、おいそれと墓の中での安眠も怪しくなってきた。

人の体の成分は海水に似ているとされ、そういう意味で考えると海は人類誕生の源なのである。彼岸への旅立ちは生れ故郷に帰ることでもあり、葬送の方法は窮屈な骨壺でなく、土や海に直接戻す方が生れ故郷に眠ることにもなり、自然であるのだろうか。かつて葬送の地であった嵯峨野は、魂の安息の場所でもあるような気がしてならないのだ。

嵯峨野への道のりは、ＪＲ・嵯峨嵐山駅から清涼寺経由で向かうか、嵐電・嵐山駅から天龍寺を通り、野宮神社や竹の小道を抜ける方法が一般的だろう。健脚向きには北野天満宮・金閣寺・龍安寺・仁和寺・大覚寺を回り嵯峨野へと抜ける、いわゆる、きぬかけの路（金閣寺・龍安寺・仁和寺間をいう）を歩く欲張った方法もある。事実小生も、雪のちらつく真冬に、寺や神社に寄りながら、同じ道を歩いた経験がある。歩くのが苦手な人には、京都駅からバスで大覚寺へ向かう方法が楽で良いかも知れない。最近は嵯峨野の山裾近くまで住宅が立ち並び、京都の奥座敷といった面影はなくなりつつあるようだが、街中の雑踏からは解放され、緑多き人里のイメージは今も感じられる。嵯峨天皇の檀林皇后や皇女の有智子内親王など、多くの人が愛し住まわれ、愛宕街道の奥や落柿舎の隣には、美女の墓も残され慕われている。

嵯峨野辺りを舞台にした物語も多い。古くは『源氏物語』や『とわずがたり』が有名だが、近年でも『鯉魚』や『女徳』といった作品まで多くが並ぶ。作者は、紫式部・二条・岡本かの子・瀬戸内寂聴、いずれも女流作家であり、その内容も恋物語なのが如何にも嵯峨野らしい。野山や池や草原、月や星、揺らめき燃える焚火や蝋燭の炎と共に、嵯峨野の地は淡く儚い人間模様を描くのには格好の場所なのだろうか。感性に訴える仕掛けの中で生まれた恋物語、千年の時を超えても変わらない、都会の喧騒から離れた静かな丘には、魂を安らげる何かがあるような気がする、嵯峨野はそんな舞台なのである。

京都②（渡月橋・嵐山界隈）

40、松尾大社

「神は松の尾」と室町時代から酒造りの神であった、そのような言葉を放ったのは清少納言だそうだが、小生などは率直に「酒は松の尾」とでも言いたいほど、酒の話題にこと欠かない神様である。本殿脇の回廊の下を潜り、松尾山に向かうと霊亀の滝の鳥居の手前に亀の井と名付けられた神泉があり、別名「よみがえりの水」とも言われている。このご神水は酒に混ぜると腐らないとされ、過去には使われたのであろうが、今は使われているか否かは科学的根拠も含め調べもしていない。

そんな霊泉が湧く松尾大社には、室町や江戸時代に創建された社殿や庭などが受け継がれ、神像館では二十一体のお酒の神様を拝むことができる。ふっくらとした容姿の女神〝いちきしまひめのみこと〟は、裕福な料亭の女将といった感じがする。平安時代の木彫りの坐像で、約八七センチと大きく、長い黒髪で衣装には所々に赤が残り、極彩色の衣を纏っていたであろうことがわかる。この女神は、酒もさることながら、弁財天・吉祥天・はては伎芸天と同様、様々なご利益も得られるとのことなので、人気の神様だ。

日本全国各地から酒に関係する人々が訪れる寺、そういう人々の体に染みついた酒の香、ここの参拝客の体には酒が血の如く巡っているのだろうか。如何にも一癖ありそうな顔立ちをした御人は杜氏か、キリッと派手な帯に体をゆだねている女性は綺麗どころかバーのママだろうか、参拝より飲むのが先といわんばかりに、昼間から足元がおぼつかない連中もいたりして、参拝者を見ていると人様々で面白い。そういう小生は、晩酌は一日たりとも欠かさない、それでいて今の所、尿酸値と血圧が高目な外は基準値以内だ。祈るのは「生涯お酒を飲み続けられますように」なのだが果たしてどうなることか。拝殿広場手前のお酒の資料館には、酒造りの工程や道具の紹介もある。酒はもちろんその肴も用意されており、お目当ての客が品定めに余念がない。

松尾大社詣は、商売繁盛にも健康維持にも欠かせないのである。初めて詣でたのは、商社マンの高野伸二さんと二人だった。勤務先のソニーケミカルの栃木県鹿沼工場では自家発電所を設置し、通商産業省(現：経済産業省)管轄の下で稼働させていた。発電機の動力は、燃料は異なるものの、航空機と同じジェットエンジンを使用していたのだ。資格を取り生産技術部に籍を置き、発電所所長を兼任していた小生は、兵庫県明石にある川崎重工の工場で、そのエンジンの検査に立ち合った。高野さんは宇都宮支店長兼営業マンとあって酒好きで、検査合格の夜は、明石の蛸と神戸牛を肴に祝杯をあげた。その時に彼から松尾大社の話が出て、酒の神様を祀る神社があることを知り、運転の安全祈願を兼ねて帰りにやってきたのである。

何度目かの詣での時にはお札を授かり、名古屋の酒処「天納」に寄ったこともあった。友人の和田清志氏が土地を三百坪も借り、家庭菜園に余念がない。その近くの土地を借りて、食材を自作しているのが天納の経営者だ。天納は令和五年で創業四〇年を迎え、名古屋の地に移転してから二〇年で、和田さんは東海市の店の時にご近所だったので、移転前からのお付き合いなのである。小生はここの「大将」（店主はそう呼ばれていた）とは一回会っただけで、今は天国に召されてしまったが、お手製の食材は無農薬の有機栽培で新鮮なのが取り得である。その精神は、今も奥様と娘さんに引き継がれ、味付けや調理の方法までもいちいち理屈が添えられている。

料理は「お母ん」（女将はそう呼ばれている）が担当だが、他には真似のできない手の込んだ品々が、カウンターの素晴らしい焼き物の大皿に盛られる。例えば、カツオの炙りには本物の薹を使い、何と食材よりも薹の方が値が張るらしいが、手を抜かないこだわりが舌を楽しませるのである。お母ん、は酒の鑑定の免許「日本酒品質鑑定士」の資格保持者で、ここに置かれる酒は彼女の好みだが、旨さは抜群だ。

お母んも娘のマホちゃんも、当たり前といえばそうなのだが、松尾詣ではとっくに果たしたと聞く。古民家を移したのが自慢のお店、その建物は立派であるのと、懐かしさの中に安らぎも感じ、料理の旨さを引き立たせる。愛知の造り酒屋とのコラボ商品も数十本限定で置かれ、お土産に持ち帰ったこともあった。

今日は渡月橋を渡ってきたし、今晩の酒は橋にかけて山口の五橋（五つのアーチ構造を持つ錦帯橋からの命名）にした、いつになく旨くついつい飲み過ぎ、ねぐらの東京まで気分は最高だった。五橋をはじめとした山口の酒も旨い、東洋美人・獺祭・貴・雁木・・・男勝りではないが好きな酒だ。新幹線の中で、そういえばマホちゃんは、いちきしまひめのみことに似ているなと思ったのは、酒の勢いだからなのだろうか。

41、鈴虫寺

鈴虫寺の入り口は、緩い登りの石段で、左の垣根の向こうは竹藪、特に京都の西山には竹の林が多いと聞く。石を綺麗に並べた階段は突き当り、すぐ右が山門である。本尊は大日如来だが、親しみを感じる地蔵菩薩が出迎えてくれる。というのは、いつでも我々の所へ駆けつけられるように、草鞋を履いたお姿は、一般的な裸足とは違って珍しい。

妙徳山華厳寺が正しい呼び名だが、この寺の佇まいは、小ぢんまりしているのが良い。庭の感じから、鈴虫は遠くに行かず、石や植え込みに隠れ、鳴き出したらお堂や塀に響きそうな造りである。

小生が学生の頃、母が趣味で鈴虫を飼育していた。秋の頃に数か月鳴き、冬は土の中で卵で過ごし、春と共に孵化し夏を過ぎると秋まで鳴くのだ。鰹節を毎日削り、キュウリやナスなどと共に、新鮮な餌として与えていたので、とびっきり良い声（羽を擦り合わせる音）で鳴くと言われていた。この寺の飼育方法は、本堂に入らなかったので詳細は不明だが、一年中鳴く状態で飼育しているようだ。季節に関わらず野菜等をハウス栽培する農家のように、環境を整えているのだろう。

かつては静かな寺とのイメージだったが、最近は説法好きの若い僧侶が人気のようで、多くの若者が訪れ聞き惚れているのが話題にされている。鈴虫の鳴き声は、この寺の庭にはお似合いだが、イケメンの若い坊さんの説教は、若者の心の奥底にまで響くのであろうか。

高台から眺めると、街並みが遠くまで続き、その先には山々も見えている。この寺の鈴虫の声や僧侶の説法は、その山々に行き着き、こだまの如く世に響き渡るのであろう。距離はあるが、石段を駆け降りた勢いで、渡月橋まで歩いてみよう。

42、法輪寺

奈良は斑鳩の地にも法輪寺があり、斑鳩の三塔といわれる三重塔を有するが、周囲には森はない。森に隠れるように佇む京都の法輪寺は、渡月橋の背景である嵐山の麓に、丸い多宝塔の顔を覗かせる山寺である。鈴虫寺の石段を駆け降りた勢いで、渡月橋まで歩いたが、手前に法輪寺の案内があったので寄ることにした。

京都の嵐山を代表すると言っても良い渡月橋だが、どうやらその昔は法輪寺橋と呼ばれていたようだ。寺歴によると、ここ嵐山一帯は葛の生い茂る原野だったのだろうか、古来より「葛野井宮」とよばれるお宮があったようだ。その後大陸から渡来した秦氏は太秦辺りを拠点に住みついたが、この嵐山一体にも勢力を伸ばしたようで、元来大陸で信仰していた虚空蔵尊と宗旨が似た葛野井宮を崇拝し、一族の発展を祈願するようになったそうである。その後奈良時代に入ってから、元明天皇勅願で、和銅六（七一三）年に葛井寺が建立され、弘法大師・明恵上人・日蓮上人などの祖師達が参籠し、霊験を受けられたとされる。桓武天皇の時代（七八〇年頃）に、葛野の地は栄え、産業の中心になっていくのである。延暦十三（七九四）年に、都を長岡から平安の地に遷都するに至る頃のことである。

その後、承和年間（八三四～八四七）には、弘法大師の高弟の道昌僧正という高僧が、大堰川一帯を改修し、その時に「法輪寺橋」を架設したそうだ。後の亀山上皇は、嵐山を行幸されたようであるが、たまたま月が出ていたのであろうか、その橋を見て「くまなき月の渡るに似たり」と言われ、法輪寺橋は「渡月橋」に改名されたのだ。

道昌僧正は橋のみならず、下流の地域に灌漑用水路を設け、土地を開墾し農産業の発展に取り組んだそうである。それは虚空蔵菩薩の霊のお告げによるものだとして、神護寺で弘法大師のもと、供養した像を葛井寺に祀った。葛井寺は清和天皇の時代、貞観十（八六八）年に法輪寺に改名されるのである。その後も寺の造営は続き、天慶年間（九三八～九四七年）には、空也上人が参籠し新たな堂塔を建立したとされる。その後紆余曲折が続くが、現在の姿になるまでには、明治十七（一八八四）年の本堂を手始めに、大正三（一九一四）年までかかったそうだ。大堰川の対岸から渡月橋を下に嵐山を眺めると、当時の姿を今も受け継ぐのだろうか、山の中腹の森にシンボルの多宝塔を従え佇むのが法輪寺なのである。

この寺で異彩を放つのは、何と言っても電電宮と電電塔の存在であろう。道昌僧都が求聞持法の百日修行を終えようとした日に、明星が輝き虚空蔵菩薩が来迎したのをきっかけに、明星社を建立し鎮守の一つに加えた。元治元（一八六四）年に、禁門の変で焼失した後は、昭和三十一（一九五六）年に電気電波関係者による新たな電電宮が誕生し、参道の石段を登った左に鎮座している。同じく石段の右には電電塔が祀られ、電気電波の創始者エジソンとヘルツのレリーフが掲げられ、関係者の霊を慰める場となっている。

大堰川の土手から渡月橋の先の嵐山を望む景色は見慣れてはいるが、その逆の法輪寺境内からの眺めは壮大である。比叡の山々を始め、東山三十六峰、街並みの中に双ヶ岡、びっしり立ち並ぶ京都の市街地、何といっても渡月橋を渡る人波。法輪寺の元祖である葛野井宮創建から、既に千三百年余りが過ぎている、この宮に関係し見守ってきた先達は、どんな思いで今の世を見下ろしているのだろうか。

43、天龍寺

本来は鈴虫寺側にあるのが嵐山で、左側に浮かぶ観光船を見ながら、ゆったりと流れる大堰川を渡月橋で渡った。渡った先の山が小倉山で、藤原定家の小倉山荘の時雨亭や、誰もがご存じ、天智天皇から順徳天皇時代の百人の歌人の和歌を載せた小倉百人一首は有名である。小倉山の裾野にあたるこの場所は、名前こそ嵐山と呼ばれるが、ここに来ると必ず立ち寄るのが天龍寺。渡月橋から嵐電駅前を抜けると、やがて天龍寺の大きな石塔が見えてくる。その先の門を一歩入ると、賑わうお土産屋の雑踏が嘘のようだ。広々とした二本の道の間に蓮池が、両脇には塔頭が立ち並ぶ。

何回も足を運んだ寺、ある時は昼食時に訪れ、献立を見て精進料理でもと思ったが、混雑し待ち時間が長いので諦めた。見た目から裕福そうな外人客、話し言葉からするとヨーロッパからの一行のようだが、二十人ほどが精進料理の入り口へと向かって行った。思えば高野山の遍照光院での精進料理が鮮やかに蘇る。愛知の和田清志さんという友人と二人で体験した宿坊泊、料理の内容は天龍寺のメニューの写真とは異なるが懐かしい。

塔頭が並ぶ先には、富士山のような壁面をした形の御堂が望める。白壁の木組を見ると四階建てと思わせる巨大さだ。庫裏と呼ばれるこのお堂は、台所の役割も持つらしく、屋根上には瓦を乗せた排気塔が乗っているのも印象的で忘れ難い。ねねの寺、高台寺の入り口右にある庫裏に似ているが、同じ白壁の御堂を数倍拡大したような印象でもある。寺歴では、御醍醐天皇の菩提を弔うために、足利尊氏と無窓疎石が歴王二（一三三九）年に開いた寺だそうだ。資金不足のため、長らく建築が途絶えていたが、天竜寺船で大陸との貿易が再開されてからは儲けが出、財源が確保できて造営が叶ったようだ。

康永四（一三四五）年に落慶し、当時は京都五山の筆頭に位し、重要な役割を果たしたらしい。その後、応仁の乱や十回以上の様々な災害に遭い、嵐山から亀山に至る広大な寺域や伽藍を失い、再建が危ぶまれた。現在の堂宇は明治から昭和にかけての再建で、創建当時に比べると規模は小さくも、やっと多くの伽藍が整えられてきたようだ。庫裏の入り口には、もと天龍寺菅長の平田精耕作氏の達磨の絵が掲げられ、その他様々な展示物を横目にみながら庭が見える廊下に出た。

無窓疎石の作庭と伝わり、世界遺産でもある曹源池庭園は、七百年の歴史を誇る回遊式庭園で、左の嵐山や背後の亀山を借景とした雄大な姿は見応えがある。パンフレットの解説を頼りに庭を眺めないと、構成がわからないが、印象的なのは龍門瀑の鯉の石である。普通は滝の下に泳ぐ姿で表現されるそうだが、ここでは滝を登りかけるかのように置かれている。鯉は既に龍に変身しかけている、その表現はいかにも天龍寺の名に相応しく解りやすい。さらには大方丈の縁側の足元には、出島と入江の砂浜が幾重にも重なり、対岸の岩の荒々しさと対照的な静けさが漂う。説明を頼りに目を凝らすと、対岸の龍門石の右には大石の釈迦如来、横石の文殊菩薩、小さな縦の普賢菩薩だとする石が見えている。これを三尊石というそうだが、如何にも禅寺らしい名付けである。廊下や庭の縁台に座り、気の赴くままに鑑賞するのが良いとみえ、見応えのある庭に向かって多くの人が膝を抱え、それぞれが思いに馳せていた。

庫裏に戻り、その先に足を進めると、屋根付きの登り廊が現れる、右に茶室（祥雲閣・甘雨亭）を見ながら登る。福井の永平寺にある登り廊や、奈良の長谷寺より小振りな造りだが、堂宇や広々とした庭園なども見ながら歩けるので、爽快な気分に浸れるのが良い。登り着くと多宝殿、その名から如何にも貴重な品を収蔵する建物の感がするが、正にその通りで、後醍醐天皇の菩提を弔う寺だけあって、その尊像他多くが祀られている。多宝殿は、かつて学問所を開設したとされる場所に、後醍醐天皇の寝殿を模して、昭和九（一九三四）年に建てられたそうだ。

その奥は、僧堂や庭園を経て北門に通じるが、修行の場所であり立ち入りは不可能だ。以前、竹の小道を早朝に歩いた時に、何人かの僧が人影もまばらなその門前を、竹箒で掃き清めていたことを思い出す。小倉山の山懐に建つ寺は、多くの観光客を受け入れる反面、厳しい修行の場所でもある。それが両立できるのは、自然の中に溶け込ませた環境があってのことだろう、そんな気がしてならない。

44、宝厳院

天龍寺の塔頭で、天龍寺と大堰川との間にあり、静寂を保った庭園が素晴らしい。団体客の喧騒を離れ、しっとりと根付いた苔や木々に囲まれた小道から見たさまは、どこを見ても実に見事である。ここを訪れるのは、個人客でも目的は同じなのだろうか、誰もがもの静かであり、歩き方まで優雅にみえる。それとは異種の存在の小生だが、郷に入っては郷に従えで他の人の動きや作法に合わせ、いつになくゆったりと歩を進め、心ゆくまで鑑賞をするのだった。他のほとんどの人と唯一異なるのは、気に入った対象にカメラを向けることだったが、シャッター音でさえ人々の鑑賞を妨げると思うくらい静寂が保たれているのである。

本堂に向かって左には藁ぶき屋根の館があり、有料だがお茶が振舞われている。その屋根越しに見える嵐山の稜線が綺麗だ、山肌の所々に咲くのは山桜だろうか、緑と白の対象が素晴らしい。歩くにつれ、苔むした獅子吼の庭には、白の石楠花や山吹の黄花も見え隠れしていて、単調になりがちな緑に、華を添えている。変化を生むためだろうか、竹で編んだ垣根のような飾り豊丸垣＝宝厳院垣が設けられ、それを境に樹木や岩で変化を表現し、異なる嗜好を生み出している。さらには天龍寺の塔頭とのことで、龍門瀑や三尊石の設えも配され、スケールは小振りながらも禅寺の趣が見事である。奥の小川沿いの獅子岩は、獅子の顔をした巨大な岩で、庭の名に相応しく見応えがある。入り口近くには足元のシャガの花と共に、枝垂れ桜が見頃を迎えていた。ゆったりと風になびく長いその枝を、下で迎えるシャガの花が、静けさを引き立てるかのようで印象に残るのであった。

門の外には、嵐山羅漢が並び、思い思いの姿形が表現されている。愛宕念仏寺の羅漢像は千二百体あるそうだが、ここの羅漢像は百体ほどと言われる。両者とも一般人の自作での奉納と聞くが、悟りの境地に誘ってくれ、境内ではないが宝厳院に寄り添うように置かれているのが何とも趣があってこの地に似合っている。

その反対側には嵯峨野という名の豆腐料理の店があり、店の敷地の隣には枯山水の庭が設けられ、魚雷観音という嵯峨野には似つかわしくない名の石像が立っている。かつての大戦で、人間魚雷・回天の特攻隊員の霊を弔う為に、店主が設けたそうである。店先には人力車が数台停まっていた。食事を終えた老夫婦がそれに乗り込み、観音様の横に咲くピンクの枝垂れ桜が満開の軒先を、ゆっくりと後にするのだった。

コラム：嵐山界隈の魅力

京都の嵐山といえば、誰でも思い出すのが渡月橋とその下を流れる大堰川であろう。橋のすぐ近くの上流には、低い堰があり上流に豊かな水を貯めている。嵐山の緑を引き立たせるように、ゆったりした流れにアクセントを付けているのが橋の下流のほんの小さな滝だ。わずか数十センチの高さだが川幅一杯に設けられ、白い一筋の水しぶきが流れに勢いをつける。

橋から上流に目を移せば、舟遊びに興じる人々の姿が、船と共にその風景に色を添えている。そのさまは、旧山陰本線だった線路を走るトロッコに乗ると、亀岡までの間は流れに沿って走るので、つぶさに確認できる。令和五年の三月には、残念ながら船の事故が起きてしまったが、上流での川下りはスリルがあり、天竜川ライン下りや、関東の長瀞や鬼怒川と相まって人気があるようだ。

嵐山の麓の川沿いには、寺でいえば法輪寺の奥の院的な場所に、リゾートで名を馳せている〝星のや京都〟が流れと森に囲まれ佇む。会社の先輩だった立川将勝さんと、軽井沢に鳥の写真を撮りに行ったが、その時知った老舗、旧星野屋旅館の経営である。軽井沢の野鳥の森入り口には、日本野鳥の会の創設者である中西悟堂師のレリーフが建っているが、その向かいにある橋を渡った場所が星野屋旅館創業の地で、いわば〝星のや本店〟なのだ。特に嵐山の裾野には昔と変わらぬ景観が保たれていると思われ、観光客の雑踏から一歩離れた立地は軽井沢と同じで、静かな環境が人気のようである。

話が脇道に逸れたが、渡月橋のすぐ上流にあたる畔に目を移すと、名だたる料亭や、遊覧船の乗り場などが点在し、優雅な景観が遊び心を誘う。海外に目を向けても、ドナウ河・ライン河・モルダウ河等で、流れに溶け込むように城や街並みが形成されている如くである。

嵐山の先少し離れた所、道でいうならば四条通の西の突き当りに、お酒の神様松尾大社が鎮座し、酒を生き甲斐にする多くの人達が祈りを捧げると知り訪れた。ボイラータービン主任技術者の免許を取得し、勤務先で三千キロワットの発電所所長を兼任していた小生は、発電機に使うジェットエンジンの検査に立ち会った帰りに、運転の安全祈願を目的に、松尾大社に参詣した。

鹿沼の帝国繊維の関連会社から役務契約で出向されていた特級ボイラー技士の山田隆康氏（令和四（二〇二二）年一月没）とタッグを組んで、工場のエネルギー供給の効率化を目指していた時である。取締役の亀田延雄さんと二人で、山田さんの労をねぎらう席を設け、語り合ったりもしていた。お二人は年齢が近いことや、過去に繊維会社に携われていた関係で、話題にこと欠かなかったようでもあった。当時、糸編が付く会社（糸編とは、繊維産業の呼び方の一種だそうだ）に勢いがなくなり、縮小の兆しが見え始め、事業内容の変更は言うにおよばず、社員も他方面に活路を求めたりしていた。先見の明を持ったお二人は、それぞれの新天地に落ち着いていたのである。偶然とは不思議なもので、何回か話していると、かつては配属先は異なるも、同じ繊維会社に在籍していたことが判明し、意気投合すると共に話題は尽きなかった。お二人とも酒好きで、飲むと話が止まらないのもよく似ていたが、松尾大社詣での有無は聞き逃した。

三〇年以上前、宇都宮の飲み屋街といえば泉町だった。いろいろなお店に通ったが、山田さんの好みに合った割烹料理店「しおの」が行きつけの店になっていた。時間が取れなかった社内での情報交換と、日頃のお礼も込め、一年に二回ではあったが、労いの席は契約満了まで続けていた。二人で行ったある時、本の話題だったと記憶するが、ポツリと「エイミは私の娘です」と言ったのだ。作家の山田詠美さんであることはピンときた、なぜならば、小生の娘が詠美さんのファンだったからだ。大いに驚くが、無理を承知で頼み込み、娘の手持ちの愛読書にサインまでお願いしたが、快く受け入れていただけたのが嬉しかった。

山田さんはお酒も好きだが、森進一の歌は天下一品で、宇都宮公演に訪れた森進一ご本人を前に歌い、喝采を浴びたと聞く。お酒の席の後は、潤った喉を活かし、歌を披露してもらえるのも楽しみであった。歌う時は「しおの」を出て、市内の有名なキャバレーでナンバーワンだった女性が営むパブ「女＝ひと」が舞台となった。ママを慕い、ゴルフや歌好きの面々が多く集まる店で、十八番の森進一が始まると静寂が保たれ、人気を独り占めにしていたのである。

山田さんは健脚で、一緒に行った尾瀬の山や木道も難なくこなし、疲れを癒すため、好きな温泉に浸りながらの話題も豊富で、聞く人を楽しませた。多趣味でもあり、特に囲碁は有段者で、亡くなられる直前まで囲碁クラブの椅子を温めておられたと聞く。勤務の関係で、石川県の大聖寺界隈にも住まわれたそうで、古き良き街を愛され、古都の京都や奈良にも興味を持たれておられた。実現するには至らなかったが、ここ嵯峨野や嵐山界隈の名庭園・多くの仏像・素晴らしい堂宇を一緒に訪ね、長閑な小路などを散策できれば、心を躍らせたに違いないと思うと、何とも残念としかい言いようがないのである。

京都③（洛西・西山：北西に当たる左大文字山裾界隈）

45、仁和寺

泉涌寺や大覚寺と共に皇室との深い関係を築いてきたともいえる寺、仁和寺を歩いていると、じんわりと高貴な気分を肌で感じられるのが何とも頼もしい。説明のパンフレットにも記載されてはいるが、創建当時から天皇との関りは続いているのである。

その名を冠しているとおり、仁和二年に創建された寺で、発願の第一世の光考天皇は完成を見ずに崩御されたそうだ。その意志は第二世の宇多天皇に引き継がれ、第三十世の純仁法親王まで、第十世を除き、御住職は皇室関係者がその任を継承する、天皇家とゆかりの深い真言宗寺院八百有余の総本山である。応仁の乱などによる火災で、御殿内や寺内の建物はその都度建て替えを余儀なくされた。その堂宇、時には御所の建て替えに合わせて移築されたり、新たに設計され新築されたりもしたようだ。

仁和寺の寺域は、大きく二つに分けられている。仁王門を経て拝観手続きを済ませ、真直ぐ行くと中門内へと進むことになる、東門と西門はあるが出入りは不可能のようだ。その中が一般的寺域であるが、仁王門を入って左の本坊表門を入ると御殿の区域になり、寝殿他の建物が並び、関係者の生活領域になっていると思われる。創建後から、実に数奇な運命を辿り、廃寺になってもおかしくないほどの危機に見舞われ続けたそうである。だがその都度復活を遂げてきたのは、奇跡的と言ってもよいであろう。

現在はどこの企業でも万一の事態を想定し、ＢＣＰ（ビジネス・コンティニュイティー・プラン＝事業継続への対応）が取り入れられ、防災等の訓練が実施されている。非常時には、社員の安全確保と避難および非常持ち出し品が決められ、役割分担に応じて搬出されるわけだ。驚くことに、仁和寺ではこのシステムが五百年以上前に確立されていて、勃発した応仁の乱で効力を発揮されていたのである。襲い掛かってきた西軍の焼き討ち時に、寺の重要物品（仏像や絵画や書類など）が、僧侶などによって運び出され、避難先等に無事に納まったのだ。創建当時から引き継がれている品々が現存しているのがその証と言ってよいだろう。手段はどうあれ「仁和寺を未来永劫に発展させよう」という関係者の強い思い入れが感じられる事実なのではないだろうか。

では実際はどうだったのか、当時は寺の周囲に院家（インゲ）と呼ばれる、今でいう塔頭や信者達がおり、寺の活動を支えていたらしいのだ。寺内に居た僧侶達とそれらの関係者が協力しあい、地理的にも近かった双ヶ岡の真光院に諸物を運び、一時避難したとされる。仁和寺では「寺域全体が焼け野原同然だった」との記録もあるほどのダメージであった。しかし何と再建までの間、この双ヶ岡に一五〇年以上に渡り、仮の本坊を置くことになるのである。双ヶ岡から金閣寺一帯は、応仁の乱での被害はほとんどなかったようだが、仁和寺は東軍の本陣だったとのことなので、壊滅的打撃を受けたようだ。今までの同寺の勢いからすれば、僅かな被害なら短期間の再建は可能だったろう。しかし、白紙の状態からの再建は実に一七〇年の歳月を要している。その間、宝物品や古文書の多くは、真光院等に疎開していたということになる。後に真光院は廃寺となり、現存しないのが残念だが、仁和寺の再建劇は実に涙ぐましいことの連続であったわけだ。どんな苦労に遭遇せよ夢と希望、さらには確固たる志と信念を持って臨めば、必ずや思いは成就できるということが証明されたと言ってもよい事例である。そんな仁和寺を歩くと、多くの人々の思いが伝わってくる。木立や堂宇を吹き抜ける風が爽やかなのは、そのような人々の息吹だからなのかもしれない。

そんな堂宇はゆったりとした配置なのが良い。金堂は、京都御所からの移築で、宮殿と寺院の特徴を合せ持つ異色の存在である。移築時には屋根を本瓦（以前は檜皮）葺きに、室内は内陣と外陣に改築され、寝殿建築と寺院建築を取り入れた仏道様式となっている。創建当初から鎮座するご本尊の阿弥陀如来は、木造漆箔の坐像で、像高約九〇センチ、脇侍は観音菩薩（約一二三センチ）と勢至菩薩（約一二四センチ）で、ご本尊と同じく蓮の花の台座の上に置かれている。変わったところでは、両脇侍は金銅製の宝冠を被り、御本尊の螺髪と対比させて鑑賞すると味わい深いものがある。中尊と両菩薩共に丸顔で、上の瞼は水平に、下の瞼は緩やかに湾曲している。柔和で平安調の作風が現れており、全体的に優雅な感じがする。その高貴ともいえる姿は、仁和寺にしてこのご本尊あり、というに相応しいお姿なのだと思う。一般的には、四天王が四隅をお守りするが、残念ながらここでは増長天と多聞天の二体だけである。両像とも一一〇センチほどの立像で、平安時代の作で、踏み潰す邪鬼を含め、一本の木材からの彫像だそうで、彩色を施している。火炎の輪光背が光り輝き、それぞれの片手に戟を携え、目を吊り上げ睨め付ける顔はすさまじい。持国天と広目天が欠けているのが残念だが、仁和寺の禍の歴史を物語っているのかもしれない、いつの日にかの再登場を期待したい。

弘法大師空海をお祀りするのが御影堂で、寛永年間に祖師のお住いの佇まいを持たせ再建されたとされ、沓掛不動尊の横に、塀を廻し独立させている。屋根は瓦葺ではなく、五重塔近くにある九所明神の左右両殿と同じ檜皮葺の様相を呈している、こぢんまりするものの、美しい姿である。

五重塔は東寺の塔と同じく、密教に習って、胎蔵（界）曼荼羅の諸仏が並ぶ。正面の扉の先に、無量寿如来の脇侍を従えた大日如来をお祀りしている。塔内の柱・壁・天井・梁等のあらゆる場所には諸仏が描かれ、密教の世界そのものと言った聖地となっている。塔そのものは、五つの屋根の大きさに変化が少なく、寸胴に近いので優雅とは言えないが、どっしりした存在感がある。

本坊の白書院から眺める御殿内の建物、南庭に桜と橘を配した宸殿。目を右に移すと勅使門が眺められ、気品のある姿の佇まいは見事だ。さらに進む宸殿からの眺め、南庭の白の石から北庭の池の水へと移りゆくさまは、心に潤いをもたらせてくれる。御殿内の屋根付きの廊下を辿ると、最も奥まった場所に霊明殿はある。黒書院から北庭を仰ぎ見ると、左端にちょこんと建っている。御本尊は像高約十一センチというから実に小さな造りで、台座や輪光背を含めても、御身体の三倍には至らないであろう。第一世のご本尊は火災で失われた。現存の国宝の薬師如来坐像は第二世で、康和五（一一〇三）年に再現された。台座から輪光背まで、白檀の一刀彫とのことである。輪光背には七仏薬師、台座には十二神将、それぞれが浮き彫りにされている。脇侍が見当たらないと思っら、何と真四角に近い光背を背負い、その左右に浮き彫りにされた日光菩薩と月光菩薩を従えている。小さいことに加え、細密な彫刻であるので、隅々まで鑑賞するには、それなりの双眼鏡が必要と思われる。室内の宝物を一通り拝見し、黒書院の縁側に腰を落とし、古からの歴史を思い起こすのは、ここでしか得られない至福の時ともいえる。

「御室桜なくして仁和寺とは言えず」とまで言えるのが、ここでしか見られない背の低い遅咲きの桜だ。ソメイヨシノが終わる頃に、地面すれすれから四方八方に伸びる枝の低い場所から咲き、肩車をすれば上からも花を眺められる、そんな感じの桜が御室桜と言われる桜なのだ。何本かある桜のトンネルを歩き、五重塔を見上げながら鑑賞する素晴らしさはここだけの楽しみともいえよう。

先にも記したが、仁和寺を支え重要な役割を果たした真光院は、神仏分離や廃仏毀釈といった制度も禍したのであろうか、廃寺になり忘れ去られた。生き延びた規模の大きな寺には、多くの塔頭が存在する、形はどうあれ重要な役割を果たした真光院が残らなかったのは無念としか言いようがないのである。

百七十年の歳月を経て蘇った庭は、見事な佇まいを後世に伝えている。その姿は、先生の版画にある通りと言っても過言では無いであろう。濡れ縁と軒先を通して眺めた、清々しい白砂の庭を隔てる木の技が織りなす和の組み物。松の枝の先に、御殿の屋根が姿を覗かせる落ち着いた雰囲気。その一つひとつのどれもが、仁和寺という高貴なお寺に相応しく気品に溢れている。この寺で過ごされた多くの人々、その誰もが間近にしていたであろう空気感。観光目線からは一線を隔し、一一〇〇年を超える営みが身に迫る。

古くからある日本の仏教は、最澄の天台密教と、空海の真言密教から新たな時代を迎えた。「一隅を照らす、則ちこれ国宝なり」：最澄、という有名な言葉がある。創建当時の仁和寺は最澄率いる天台宗から始まった。その最澄の下、比叡山で修業を積んだ多くの僧は、自らの行く末を信じ比叡山を降り、様々な宗派を生んだ。法然の浄土宗、親鸞の浄土真宗、日蓮の日蓮宗、一偏の時宗、道元の曹洞宗、栄西の臨済宗・・・多くに分かれていくことになる。

他方の空海は、時の嵯峨天皇のご加護を受け、東寺を授かり、寺内に設けた私立大学綜藝種智院で広く庶民に教育を施し、与えられた高野山に真言密教の一大宗教都市を築いていた。仁和寺は宇多天皇の出家を期に、最澄から百八十度転換し、空海が開祖の真言密教に宗旨替えをし現在に至るのである。

「一隅を照らす」という名言は、宗派を問わず用いても良いだろう。意味は全く異なるものの、その言葉を思い起こさせるかの如き伊藤先生の版画、主題は御殿であろうが、隅々まで行き届いた清楚さを表現した見事な作品である。

46、龍安寺

石庭で名の知れた寺は、山門を入ると左右が竹垣になっており、この垣根は「龍安寺垣」と呼ばれるそうだ。中間の竹を斜め格子状に組み込み、上下を長く通した竹で支えている。下部は質素に、上部は多くの竹を使い、絶妙に編み込んだ芸術品である。蹴上がりが低く、踏面が適度に長い、歩きやすい石段を登り詰めると、玄関の庫裏に辿り着く。幾つかの建物が屋根付き廊下で繋がり、中にいると、あたかも一つの建物のように感じる。

廊下から石庭を望む建物が方丈で、障子が解放された座敷は、襖絵が並ぶ。縁側に腰掛けて石庭を眺める人が十数人いた。中には他国から観光で来たと思われる金髪の女性が二人、身動きもせず石庭と対峙している。その向うは築地塀で、七十五坪といわれるあまり広くない細長い場所に、様々な形の岩を配し、その周囲は白い砂で、熊手を使ってであろうか、多くのすじ状の文様が施されている。長さが二五メートル、幅が一〇メートルの長方形というから、全国の小中学校のプールと長さは同じだ。五・二・三・二・三の五つの塊で合計一五個の三種の岩で構成される石庭で、何回か来てはいるが、いつも廊下を歩きながらの見学で、落ち着いて座っての鑑賞は未だに皆無なので、いつかはゆったりと腰を落ち着け瞑想にふけってみたい。

縁側の角を曲がると景色は一変する、思索の庭から鑑賞の庭へと趣が変わるのである。さらに方丈の北（裏）側へ回ると、庭園の手前に「つくばい」があり、釈迦のお教え「吾唯足知＝われただたることをしる」の文字が読み取れる。中心の「口」の形をした水を貯める場所を共通に、上に「吾」、下に「足」、右に「唯」、左に「知」の口以外の部分が、幅広のつくばいの淵に描かれている。寄進は水戸黄門、考え尽された逸品は「如何にも悟りを開いたお方の成せる業」そう思うと自然と頭が下がる。

寺は、宝徳二（一四五〇）年の創建であるが、その後に方丈が一四九九年に建立されるも、応仁の乱や火災等で焼失を重ね、現在の建物は塔頭の西源院からの移築だそうである。龍安寺は妙心寺の塔頭であり、本尊は釈迦如来をお祀りする。元総理の細川護熙氏が雲竜図を奉納しており、令和四から五年に公開されている。

入山まで左に見えている鏡容池は寺域の大半を占めるほどの広大さで、拝観後は石庭の壁伝いに西側へ回り、池を一回りし入り口に戻ることになる。木立の中の散策路は心地良く、木々の下は苔生しており、いかにも古刹の庭らしく爽やかだ。池の対岸から方丈の建つ方向の眺めは、寺の背後の山々が借景となり素晴らしい。

とんでもない余談を許されるならば、私的には石庭背後の築地塀の土の色がベージュなのがいただけない。砂の白と石の対比から考えると、暗い色が奥行きを生み出し、瞑想も広がるような気がする。世界中を見回しても、高貴な色は紫で、西洋のフェニキア人が好んで使ったフェニキアの紫は有名だ。令和四（二〇二二）年九月に九六歳で亡くなられたイギリスのエリザベス女王は、明るい薄紫が好みだったとか。ロイヤルブルーという英国皇室の色は、紫がかった濃いブルーである。ユーラシア大陸を経て日本にも伝来した紫色。聖徳太子による、冠位十二階では、最上位の大徳を濃紫とし用いた。仏教でも宗派によるが、黒や紫は上位の階級に用いられる。この庭の壁が黒では重過ぎるが、濃い紫に染替えたら、さぞかし夢も広がるのではないかと、いつも思うのだが果たして如何に。

47、妙心寺

正法山妙心寺は京都きっての大寺院で、塔頭は四十六、末寺は全世界を含めると何と三千四百寺にもおよぶとされ、臨済宗妙心寺派の大本山である。双ヶ岡の南東の地、花園に鎮座するこの寺は、かつては花園法皇の離宮だったそうである。九十五代の花園法皇が、建武四（一三三七）年に自らの志で禅寺に改め、後に妙心寺と名付けられたのが創建で、現在に至るのである。

開基の花園法皇は、報恩謝徳を聖旨とされ、お釈迦様を尊崇し、禅道場としての仏法興隆を実践しているようだ。近隣には塔頭がひしめくほどと言って良い位に立ち並び、塀に囲まれた伽藍を見ながら歩くと、雰囲気だけでも寺々の歴史と存在感に浸ることができる。拝観可能な寺院もあるので、立ち寄れば多くを学び取ることも可能であろう。花園法皇は若干十二歳で第九五代の天皇に就かれ、当時の慣例に従い十年一期（一三〇八～一三一八）で退位され、禅の普及に努められた。法皇は大徳寺開山の師である宗峰妙超禅師の教えを得て、弟子の位を認められた。師亡き後は同じく師の弟子であった関山慧玄を法皇が推挙し、誕生したのが妙心寺で、命名は宗峰妙超禅師とのことが寺の資料に示されている。

ＪＲ花園駅を降り十分も歩かない所から、一番奥は嵐電の妙心寺駅傍までの広大な寺域に、多くの塔頭が立ち並ぶ。三門は慶長四（一五九九）年の建立だが、楼上は非公開である。観世音菩薩と十六羅漢が祀られ、極彩色鮮やかな飛天・鳳凰・龍が描かれている。境内唯一の朱塗りで、禅の境地である空・無相・無作という、解脱の意味が込められているとされる。

江戸時代の文政一〇（一八二七）年の建立の仏殿も非公開であるが、このお堂は妙心寺の本堂も兼ねている。正面に「祈祷」の額が掲げられ、本尊の釈迦如来が祀られ、毎朝勤行が執り行われる中心的お堂なのだ。鏡天井に、加納探幽の雲竜図が描かれているのが法堂で、明暦三（一六五七）年に建立された。御堂内部を構成する、高さ八メートル・周囲二メートルの柱は、富士山麓の欅で、狂いや割れを防ぐ為に四つ割りにし丸く整えられているそうだ。

厚く重厚な屋根は、大方丈の建屋を守り、神々しい見事な姿を見せている。その門であろうか、総受付の看板隣に、「百萬人写経道場」の看板が掲げられている。写経の寺として有名なのは、奈良の薬師寺だが、令和四年には延べ八百万巻以上を達成しているそうだ。人数のほどは分からないが、妙心寺の数倍だろうか、薬師寺は百万巻で金堂を再建しているそうだ。白壁が印象的な隣の庫裏は規模が大きく、寺の台所として欠かせなく、僧侶の食事以外、座禅会のような大人数にも対応可能で、伽藍の廊下までゴザが敷かれ即席の食卓が設けられるようだ。

立ち並ぶ塔頭はほとんどが「見学謝絶」の看板を掲げているが、嗜好を凝らした庭園を持つ数か所は公開している。小生は嵐電の妙心寺駅で降り、北門から広大な寺内を見て回り、南門から出て花園駅に向かった。お庭の中までは入らなかったが、幾つかの塔頭は寺の中を公開している。桂春院は、苔とツツジで十五夜の満月を表した〝真如の庭〟、枯山水の滝で心身の清浄を保つ表現を表した〝清浄の庭〟、茶室へ人々を誘う〝侘の庭〟、十六羅漢を石で表現し座禅の行で穏やかな心を保つ〝思惟の庭〟の四つの庭を持ち、人気があるという。他には大心院の〝阿吽の庭〟が見応えがあるとされ、杉苔の庭は白砂と石組みで表現された枯山水で、霧島ツツジが咲く頃は、真っ赤に燃える花と白砂の共演が素晴らしいと言われる。赤い三門の隣には、退蔵院があり公開されていたので寄ってきた。開創は、今から六百年ほど前になる室町時代の応永年間で、洛中に住む波多野出雲守重道だそうで、妙心寺第三世の無因宗因禅師を開山の師としたとされる。その後、足利義満の弾圧に苦しみ、高僧の無因宗因禅師は大徳寺からの誘いも断り、逃避してしまう。無因宗因禅師の隠棲という思わぬ事態となり、退蔵院は消える運命にあった。同禅師は捨てる神ではなかったが、拾う神として妙心寺の亀年禅師が名乗りを挙げ、退蔵院の再建に乗り出し、見事復活したのである。聞き慣れない「退蔵」という名の由来であるが、その言葉に込められているのは、陰徳（人に知られないように良い行ないをする）を重ね、内に秘めながら布教する、ということらしい。布教に限らず、価値あるものをしまっておく、前面に押し出すのではなく、求められるのは臨機応変にことを進める生き方なのだろうか。

退蔵院の見所は、絵画などを観賞できる僧坊もさることながら、何と言っても変化に富んだ二つの庭園にある。枯山水・池・奇岩・花や木々の植栽、塔頭の中でも広く、様々な嗜好をこらしている。見所の一つ目、「元信の庭」は室町時代の画聖・狩野元信の作で、その名の通り絵画的な美の趣を、独自の立体表現で具現化した枯山水の庭園である。背景には趣の異なる数種の常緑樹を配し、年間を通して変化のない〝不変の美をひたすら求めた〟とされる。空海が東寺で具現化した、立体曼荼羅的考え方を、心に据えてのことだったのだろうか。狩野元信の晩年七〇歳頃の築庭とされる枯山水、絵師として立体表現の境地に至ったようで興味深い。

鶏が先か、卵が先かは議論が尽きない。絵師は現実を透視することで、作品を生み出すものだとばかり思っていた。ところが、自ら思いのままに一旦絵という作品に仕上げ、それを手本に庭造りに挑んだのだ。画聖と言われるほどの人の作品には、凡人には想像もできないほどの、奥ゆかしさが画のなかにも秘められていると、この庭から知ることになったのである。二つ目は昭和の名園と称される庭である。昭和三八（一九六三）年に着工し、何と三年がかりで作庭されたそうだ。その名は「余香苑」、造園家・中根金作の設計で造られた。伝統的造園手法に加え、奥行と広がりを同時に出せているのが特徴の一つだといわれている。「元信の庭」が一年を通じて不変というテーマを追ったのに対し、「余香苑」は全く真逆で、〝ひたすら変化を追求している〟のだ。変化を創出する手法として、この庭も植物が使われている。常緑樹での不変を生んだ元信の庭に対し、余香苑は花や紅葉での変化なのだ。紅枝垂れ桜・藤・さつき・蓮・金木犀、花ではないが楓、四季折々の変化を生み出し、時期をずらせば異なる趣に浸れるのである。そんな両方を対比して見比べるのも退蔵院での楽しみともいえよう。

48、広隆寺

推古天皇十一（六〇三）年に、聖徳太子の命で、秦河勝が創建したとされ、京都最古の寺院でもある。奈良斑鳩の尼寺・中宮寺と並び、弥勒菩薩を祀る寺である。仏教や様々な技術（酒や繊維産業等）を、朝鮮から新興国だった日本に導入したのが秦氏で、京都の太秦の地に帰化人として住み付き、氏寺を築いたのであった。一説によれば、聖徳太子が尊像を祀る者を募った時に、手を挙げたのが秦氏だったそうだ。その尊像が何と弥勒菩薩であり、祀られた寺が広隆寺であったと言われる。

ここ太秦の地は、撮影を始め映画に関する産業で有名だが、嵐電と並行して走る通りに面した楼門を構えるのが広隆寺である。阿吽の仁王像が睨みをきかす山門を入ると、右側に講堂・本堂と続き、突き当りを右に曲がった先の左に霊宝殿が鎮座する。始めて来たのが中学の修学旅行で、他の寺で見る大柄な像に比べると、小奇麗かつ小さな姿がかえって印象に残ったが、泣き弥勒があったかどうかは記憶にない。

二尊の弥勒菩薩「宝冠弥勒」と「泣き弥勒」を祀り、二体とも国宝であるが、前者は第一号に指定されている。奈良中宮寺の像は寺伝では如意輪観音と呼ばれるが、弥勒菩薩の可能性が高いとのことだ。これ等の弥勒菩薩は他の仏像とは異色のお顔をしている。その理由は韓国にあるようだ、同地には容姿がそっくりな像が存在しているからそう考えられている。例え造像地が韓国でなくても、仏像に長けた渡来人が、日本の地で制作したことにはほぼ間違いないとされる。後者の泣き弥勒の方はというと、韓国に存在する国宝の像に酷似しているらしい。どう見ても沈痛な面持ちで、今にも泣き出しそうなお顔から泣き弥勒の名が付けられたようだ。

弥勒菩薩と相対する場所には、日光菩薩と増長天・月光菩薩と広目天が置かれ、その間に国宝の十二神将が六体づつ並んでいる。定朝の弟子長勢作とされる十二神将は、奈良の新薬師寺の像に次いで古いとされる。振り返ると、観音菩薩が三体、左から不空羂索観音立像・千手観音立像・千手観音坐像で、先の二体の立像は国宝であり、このお堂は国宝と重要文化財の宝庫でもある。二尊の弥勒菩薩の他、寺の主な仏像を収め、いわゆる宝物館的御堂となっているのが新霊宝殿だ。部屋の壁の周囲を取り囲むように、前に連続した須弥壇が置かれていると思えばよいだろう。ガラス等の仕切りもなく、正面からだけだが、各像をつぶさに拝観できる配慮がされているのが嬉しい。

山門を入って直ぐの講堂には、国宝の阿弥陀如来座像が鎮座する。その右には地蔵菩薩坐像、左には虚空蔵菩薩坐像が祀られ、若干暗いが外から拝観可能である。

桂宮院本堂は八角円堂で、聖徳太子像を祀り、寺内では最も古い建造物だが、非公開なのと散策不可能な場所にあり、近寄れないので詳細は不明で、奈良の興福寺の北円堂に比べどの程度のお堂か是非見てみたい思いがある。

49、金閣寺

修学旅行以来、久し振りに訪れたのは、京都駅近くにある金型メーカーの品質監査の帰りだった。一五時を回っていたが、まだ間に合うというので車で送ってもらった。最終入場時間ぎりぎりだったのか、寺内の観光客は思ったよりもまばらで、舎利殿を写す鏡のような池や築山の庭園を、ゆっくり門限まで拝観することができた。金閣寺にはいわゆる三門ではないが、三つの門がある。先ずは寺域への入り口となる黒門、次が伽藍の入り口にある総門、さらにその先が方丈入り口の唐門である。

この寺は、元々は藤原公経の別荘で、足利義満が譲り受け、彼の没後に妻の御所を経て、妻の死後は舎利殿以外は解体されたそうである。その後、第一二世の住職が、明治二七（一八九四）年に一般公開することにしたのである。その美しさから人気が高まり、国内外を問わず話題になり、多くの観光客が訪れ楽しまれることになり、世界遺産にも登録されている。葦原島と呼ばれる島を有する鏡湖池は、その面積が二千坪あるとされる。特に入り口近くの池の対岸から見る舎利殿の優雅な姿は筆舌に尽くし難く、この世のものとは思えないので、何度見ても飽きることがないのである。

宸殿づくり・武家づくり・禅宗仏殿づくりの異なる建築様式を積み重ね三層に仕立てている。一層目には釈迦三尊像、二層目は観音像、三層目には仏舎利が納められている。二層および三層が漆押箔仕様になっており、金箔で覆われているので金閣の名が付けられた。柿葺きの屋根は上層ほど反りが大きく、頂点の鳳凰が飛ぶ姿を想像させるかのようでもある。金閣寺は、足利義満の山荘を遺言により禅寺とし、義満の法号である鹿苑院殿より命名され、寺の正式名称は鹿苑寺で、銀閣寺と共に、相国寺の塔頭である。

コラム：きぬかけの道を歩き名庭園を楽しむ

世の中には、正式な名称が使われないことが何と多いことか。略されたり、肩書で呼ばれたりするのだ。星のや京都代表の星野佳路氏は、創業百年を超える軽井沢の旅館のあととりで、いつも〃四代目〃と紹介されていたらしい、名前があるにもかかわらずだ。

金閣寺は足利義満の法号の鹿苑院殿からの二文字を使い、「鹿苑寺」が正式な名称ではあるが、舎利殿の金閣が有名なので、一般名として金閣寺と呼ばれるようになった。「東山慈照寺」が銀閣寺と呼ばれるのも、江戸時代に金閣に対する銀閣として親しまれたからで、人々が勝手にそう呼んだのだろう。金閣・銀閣のどちらも相国寺の山外塔頭であることを知る人は少ないが、そういう相国寺も正式名称は「萬年山相國承天禅寺」であり、こちらも長いので相国寺と呼ばれるようだ。

民衆は昔も今も思いは同じで、衣料品のユニクロも、創業時の正式名称は、「ユニーク・クロージング・ウエアーハウス」だったが、こちらは名前が長いので、顧客が勝手に〃ユニクロ〃にしてしまったそうだ、柳井正社長は〃のらくろ〃のようなものだと笑っている。今はファースト・リテイリングに変わったが、ユニクロはそのままだ、人々は覚えやすい呼び方に変えたり選んだりするのが常のようだ。

小生は歩くのが好きで、家々が立ち並ぶ街並みを抜け、金閣寺まで来ると、季節毎に変化する木々の彩が出迎えてくれる。小雪のちらつく冬に訪れ、人もまばらな舎利殿を堪能し、龍安寺・仁和寺・大覚寺・清凉寺へと歩いたことがあった、かれこれ三五年は経つだろうか。欧米人は見かけはしたが、東南アジアから人々が大挙して押しかける前であったのと、冬だったので静けさの中での庭園鑑賞は、特に印象に残っている。主に山懐を歩いたので、妙心寺や広隆寺には寄らなかったが、メイン通りの〝きぬかけの道〟や閑静な裏道を抜けたりしながら歩いた。

石庭で思案し裏に回ると〝つくばい〟が鑑賞できる龍安寺、広い庭と堂宇や宸殿が楽しめ、春には御室桜が咲く仁和寺、御殿の中を堪能できる大覚寺、そして嵯峨野の清涼寺へと古都の小路を歩いていると安らぎを覚える。雪の池も変化に富んでいて良いものである。龍安寺の鏡容池、対岸が降りしきる雪で霞んで見えなかった広沢の池、月夜が素晴らしいと言われる大覚寺の大沢の池、どこも白く舞い降りた雪は一様に水面へと吸い込まれ消えていく。金閣寺では舎利殿の屋根に雪は積もらなかったが、清涼寺に辿り着く頃には冷えてきて、寺内に置かれた法然上人の像がうっすら雪化粧し、念仏を唱える声までは聞こえてはこなかったが、身を清められる思いがしたのは、雪のしわざであったのだろうか。

寒い冬が過ぎ、春ともなればこの辺りも桜が見事である。特に仁和寺の御室桜は、地面すれすれから枝を分け、枝先は背丈の倍程度なので、目線の先が満開の花なので素晴らしい。この桜は遅咲きなので、少し前の染井吉野の頃は、嵐電に乗ると車内から花が楽しめる。仁和寺駅から嵐山行の嵐電は、次の宇多野駅を出ると、運転台の先には左右に満開の桜の木が見えており、通称〝嵐電桜のトンネル〟を通るので、鳴滝駅までのこの間は車窓からの桜見物が楽しみである。静かだった車内は、ここに差し掛かると、歓喜の声に変わるので、誰もが特等席を共有しているかのようなのだ。この辺りは街中と異なり木々も多く、新緑・桜のお花見・紅葉、いつ歩いても期待を裏切らないのが良いのである。

京都④（清滝川沿い・周山街道の山寺）

50、神護寺

かつて神護寺は高雄山寺と呼ばれ、和気清麻呂が建てた自前の寺（氏寺）であった。清麻呂は最澄を重用し、その意志は子供達に受け継がれ、最澄に寺を管理させるために、寺内に彼専用の宿房を設けるまでになる。奈良の寺々を批判していた最澄だったが、時の桓武天皇および子の平城天皇も、官僧として唐に渡り、いち早く密教伝来を果たした第一人者として最澄を評価していた。

一方空海は、後に嵯峨天皇から東寺を与えられ運営も任されており、平城京および平安京に栄えた寺々からの信頼は大きかった。遣唐使としての実績は最澄以上であり、空海への期待は高まるばかり。特に南都（奈良）の寺々としては、最澄のふるまいを嫌い、彼を説得の末に神護寺から追い出してしまう。したたかな最澄は、百歩譲るも、空海が恵果から伝授された密教に目を付けていたのである。何とかしてそれを手に入れ、官僧のプライドと、第一人者の立場を守る為に、空海のもとへ馳せ参じたのだった。その模様は『空海の風景』で司馬遼太郎がつぶさに語っている。

最澄は官僧（朝廷の命で得度）として国の費用で唐に渡るが、空海は私度僧（個人の意志で得度）の身、いわば私費で唐に渡ったわけで、自らの心の底から湧き上がる〝強い志〟で行動したとしか思えない。しかも空海は唐の青龍寺で、恵果の弟子達を飛び越して、密教の教えを余すところなく授かるという、思いもよらぬ特別待遇を受けることになる。そのような厚遇に至ったのは、単なる偶然ではなく、必然と言っても過言ではないだろう。恵果は日本から訪れた頭脳明晰な若僧空海こそが、国内外を問わず、この世で密教を未来永劫に引き継ぐ男、と確信したに違いない。日本のみならず世界の仏教界にとっても、宿命とでも言える出来事だったのだろう。遣唐使としての最澄の成果もそれなりに大きかったはずだが、訪ねた先や持ち帰った経典の質や量からみても、当然空海に軍配が上がる結果になったのである。

神護寺で解読が進むにつれ、最澄は自分に勝ち目がないと悟り、身分や年上というハンディを顧みず、丁重に借用を申し出ていた。最初の頃は快く応じた空海であったが、経典の核心部である「理趣経」におよぶと貸与をためらい、仲違いになり、最澄は山を降りたとされる。神護寺の門から突き当り手前まで行くと、前方の左角に二人を中心に、僧侶達が競って学んだとされる大師堂が建っている。右奥の石段を登ると金堂に行き着く場所である。学び舎としてはかなり大きく、多くの同胞が一同に会し、切磋琢磨したに違いない。

司馬遼太郎の言葉を借りるまでもなく、ここ神護寺で唐から持ち帰った様々な経典をもとに、我が国の仏教の体形づけが始まったのである。密教は、この地で空海と最澄の二人を中心に学ばれ、我が国に根付く魁になったと言えるのではないだろうか。日本の仏教の原点は、天台密教の比叡山と、真言密教の高野山にあるとされる。しかし、それは最澄と空海の思想の源ではあるが、仏教の基礎が築かれた拠点は、この山中だったのであろう。そう考えると、〟原点は神護寺にあり〟と言っても良いのではないだろうか。

左右に北山杉の林を望む周山街道から分かれて登る山中、春は青葉の緑一色に染まり、秋になれば様々な色彩をもたらす紅葉の真っ只中に鎮座する、それが神護寺の伽藍である。和気清麻呂が創建した二寺を合併した寺で、長い山道のような石畳の坂を登り、東向きに建つ楼門に辿り着く。僅かな空間の地から見上げる山門は、山寺としては立派だ。

中に足を踏み入れると、山中とは言え広大な寺域は幾つかに整地され、様々な伽藍が並ぶ。西に向かう境内の参道、北側には書院や明王堂が並び、その間に鐘楼も見えている。やがて十字路に行き着くが、左角に先に述べた大師堂、手前右角にはかつての金堂だった毘沙門堂が立っている。その北側の石段下には五大堂があり、毘沙門堂に隠れるように、そのお堂の方向の南に表を向けている。そこから広く長い石段を登りつめると高台の広場に行き着く。

その先の石段を一登りすると、大きな金堂が威厳を放っている。中央に行くに従い間合いを持たせた七間の造り、中三間が開扉され左右の四間は格子窓が漆喰で囲われている。軒下には左右に通しの白壁と木組みが二段に分かれ、漆喰の白と木製の構造物の配置が美しく印象的である。金堂の裏には多宝塔や地蔵院が木々の緑に囲われるように置かれている。

金堂はいつ訪れても拝観できる御堂で、御本尊は国宝の薬師如来で厨子に納まる。平安神宮近く、黒谷にある金戒光明寺の五劫思惟阿弥陀如来とまではいかないものの、螺髪が立派に感じられるのが印象的で、大きさは我々と同じ位、約一七〇センチの立像である。薬師如来にしては、ちょっと睨め付けるような顔をしており、怖い感じが特徴だろうか。鋭く光り輝く目や、如来とはほど遠いがっちりした体つきは、牙は露にしないものの不動明王のようでもある。従属は日光・月光菩薩で、両像とも頭上の金冠が輝いており、暗いお堂に映えている。さらに十二神将と四天王が周囲を守り、そうそうたるメンバーが一堂に揃っており、見応えのあるお堂だ。称徳天皇が、皇族以外である僧侶の道鏡を皇位に付けようとしたのを阻止したのが和気清麻呂であった。薬師如来を一心に崇拝した愚直な和気清麻呂、道鏡の野望を退け、光仁天皇の即位が実現することになる。称徳天皇の後ろ盾を失い、道鏡は失脚に追い込まれた、それを実現できたのは、怖い顔の薬師如来の力によるものだったのかも知れない。

多宝塔には、五大虚空蔵菩薩が安置され、春と秋に御開帳されている。本尊の薬師如来と同時期、平安時代の造像とされ、元々は薬師如来の前後左右を取り囲むように配置されていたとのことで、金堂から多宝塔に移されたようだ。その他の堂宇として、和気清麻呂を祀る和気公霊廟、毘沙門天立像を納める毘沙門堂（旧金堂）がある。地蔵院の場所からは崖下に向け〝かわらけ投げ〟が興味をそそり、小生も投げてみたが、面白いように飛ぶ。投げ下ろした皿はどうなるのだろうか、余計な心配が頭を過った。

51、高山寺

神護寺・西明寺・高山寺の傍を抜け、国道は日本海の小浜へと向う、峠を下る前の高雄の山中に佇むのが高山寺で、そこは四季を通じて心も癒され、特に秋の紅葉は有名である。さらに「♪京都～栂尾～高山寺～♪」は大覚寺や三千院と共に歌でも有名になり、人気スポットになっている。

かつて四〇年位前、高山寺は名が知れている割には、手入がさほど行き届かない林の中に、御堂がぽつりぽつりと置かれており、杉の落ち葉も放置されており、歩くのにも苦労したくらいだった。信仰の面では盛んではないのか、人々は石水院だけを拝観し戻ってしまうようにも見受けられたのである。針葉樹の中に建つお堂が歴史を物語るのだが、御本尊の釈迦如来を祀る金堂は、石段を上がった最も奥まった場所に鎮座していて、仁和寺から移築されたとある。明恵上人ゆかりの開山堂と御廟は傍に配置され、どの御堂よりも高い場所に御廟は設けられ、常に上人が寺全体を見下ろし、その行く末を見届けているかのようでもある。

この寺は、明恵上人なくしては語れない。高山寺の開創は宝亀五（七七四）年だが、名も知れぬ寺から神護寺の別院を経て現在にいたる。廃寺寸前だった時期に、後鳥羽上皇から譲られ、建永元（一二〇六）年に高山寺を開山したのが明恵上人であった。信仰の対象は多岐に渡るとされ、様々な遺構が確認されている。明恵上人は法然の唱える念仏三昧では救われないとの考えだったが、意に介せず法然との交流は生涯続けていたのである。さらには、臨済宗の開祖栄西からお茶の栽培を学び、この地に茶畑を営み、日本最古の茶園をも開き、歴代に渡り受け継がれ現在に至っている。昭和六年（一九三一）に建立されたのが茶室遺香庵で、十一月には新茶を明恵上人に献上する行事が行われるとのことだ。

この寺で大人気なのが「鳥獣人物戯画」で、高山寺の代名詞と言っても過言ではなさそうで、教科書にも出てくるので見れば誰でも思い出すに違いない。建保四（一二一六）年に建立された石水院は、鎌倉時代からある唯一の建造物とされる。そこに置かれた、長いガラスケースにレプリカが収まり、誰もが腰を折り、身をかがめて見入っている。

南面は、足元から開け放たれた蔀戸（しとみど）と呼ばれる跳ね上げ式の雨戸が軒に吊るされ、開放的な堂内から濡れ縁に出ると、目と鼻の先に迫る木々から、遠く眼下にまで見渡せ、秋の紅葉時期にはさぞ見事な景観だろうと想像できる。西面は、板敷きの庇の間で、腰まで格子模様の板が囲い、その上の蔀戸は開かれ、こちらも目線の先、下界との境界は柱だけである。「石水院」と書かれた額を見上げるこの部屋には、歩く姿の善財童子がちょこんと置かれ、愛嬌をふるまっているのが微笑ましい。この像は明恵上人のお気に入りだったそうで、遠くを見つめ明恵を偲ぶかのようで目が潤む。外の濡れ縁は角を曲がると南面へと繋がり、歩くことができるのでそこからも景色が楽しめる。

紅葉の美しさは寺の案内パンフレットで確認できる。石灯籠を配した表参道は、四角の飛び石を斜に敷き詰めた石畳で、紅葉に包まれ見事である。この奥まった場所に建つ寺は、神護寺方面から徒歩で来ると、周山街道を日本海側に少し下った場所にある。幾つかの旅籠をやり過ごし、街道左に現れる参道に向かう石段を上がると、この石畳の場所に出る。日本は古来より各地で山岳信仰が盛んだった、ここ高雄にも、人々が祈りの場所とした寺が幾つか存在し、高山寺もその一つだったのである。

コラム：北山杉の里と小説「古都」

この地域では、西明寺・神護寺・高山寺の三寺ワンセットと考えて参詣されるのが良いが、小生の場合は時間の都合で西明寺を訪ねなかったのが悔やまれる。真言宗大覚寺派の西明寺、運慶作の釈迦如来立像を祀る。変わったところでは、倍返りお守りが授かれる、使ったお金が倍になって返ってくるありがたいお守りだ。神護寺の帰りに橋を渡った先だったが、機会をつくり行きたい。

国道一六二号線は山間を抜け、日本海の港町小浜へと向かう。その昔から日本海で水揚げされた鯖を塩漬けにし、徒歩で京の都まで運び、着く頃には絶妙な塩加減で喜ばれ、〝鯖街道〟の名としても知られる道の一つである。さらにライダーともなれば、周山街道の名は有名で、道路のカーブのみならず美山茅葺の里等の山間の集落も人気らしい。

京都駅で乗ったバスが山道にさしかかると、車窓から山の斜面に、枝払いがゆきとどいた杉の木が何本も並んで見えてくる。〝北山杉〟の産地は、高雄の山を越えた日本海側と思っていたが、山の手前側でも植林されているようだ。もう四十年位前の話だが、当時は枝払いロボットなどはなかっただろうから、樵(きこり)が登ったに違いない。天辺に僅かな葉を残し、天を突くかの如く真直ぐ伸びる樹形は、見事としか言いようがない。今頃はどこかの邸宅の床の間を飾っているのだろうか、伐採した跡には次世代の幼木が植えられていることを願わざるを得ない。

川端康成の小説に『古都』がある。由緒ある暖簾の呉服屋は、子宝に恵まれず悩んでいたのだろうか。祇園祭りの夜、ひょんな出来心から、八坂神社の境内に置かれていた赤ちゃんをさらって、千重子と名付け育てていた。実は置かれた子は、捨て子だったのである。その子の生れは北山杉の里で、父は枝うちの時に木から落ち亡くなったのだ。そんな林業を営む家に生まれた子は、双子の姉妹で、二人の子供を育てることも叶わない貧乏所帯だったのだろうか。

大人になった千重子は、友人と北山杉を見に行ったが、運命が訪れたのは、とある工場で働く様子を見学した時だった。友人が、千重子そっくりの女性を見つけ、不思議に思い耳打ちしたのである。その年の夏、運命は追いかけるように祇園祭で現実のものとなっていく。千重子は御輿の御旅所で、七度参りをしている見覚えのある娘を見つけ、不思議な力に引かれるように、二人は運命の気配を感じあったのだ。作家の川端康成は、神の霊力を信じ二人を引き合わせたに違いない。時は過ぎ去る中で、様々な思いがさざ波のように二人に押し寄せ引き返すことになっていく。

運命とは、時には儚いものであり、ある時は気丈なものでもあるのだろうか。杉の里の苗子は、千重子と一晩を共にし、生い立ちと行く末の一部始終を語り合った。妹の幸せを見届け続けてきた姉の苗子は、お互いの強い絆は確認するも、自分の可能性を捨て世間体を重んじるのである。運命のいたずらや思いの全てを心に秘め、降りしきる雪の中をただひとり、北山杉の里へ帰っていくのだ。

小生は北山杉の里までは行かなかったが、時代とともに林業は変わっているのであろうか。願わくは、紅葉と林業の両立、豊かな海の幸と古都の文化との融合、京都ならではの演出の継承に期待したいと思うのである。

京都⑤（洛中：1 名刹の地・祇園さんの奥座敷）

52、知恩院

除夜の鐘の頃になり、紅白歌合戦が終わると、行く年くる年という番組が楽しみだ。全国各地の習わしが実況中継され、その地方独特の様子が手に取るように感じ取れるからである。紅白歌合戦も、一年の世相を歌で表現するが、行く年くる年はもっと身近で、各地の知らない習わしを伝えてくれる。

除夜の鐘の代表は、なんといっても知恩院の巨大な鐘だ、毎年とはいかないが、これを聞かずに新年を迎えるのはなんとなく寂しい。東山三十六峰の華頂山の裾野に寄り添うように伽藍が並ぶのが知恩院である。時の法然上人が草庵を構えた場所に、没後になってから建立された寺である。

八坂神社から円山公園を抜けると巨大な三門に行き着く。山門でなく三門（仏道修行で悟りを開くまでに通過しなければならない三つの門＝空門・無相門・無作門）を抜けなければならないそうだ。二階部分は内陣と称する仏殿で、中央に釈迦牟尼仏の坐像を配し、周囲には十六羅漢像が守りを固める。壁画や天井画も描かれ、極彩色豊かなお堂になっている。外には縁と呼ばれる、現代風に呼べばベランダが設けられ、歌舞伎の〝絶景かな〟で有名な南禅寺の三門と中も外も変わらない様式である。異なるのはその先で、見上げるような石段が待ち構えている。登り切ると広い境内だが、振り返ると三門の先には市中に続く参道が瓦越しに見え、その先の市街地が望めるので、かなりの高さまで登ってきたことがわかる。

法然上人をお祭りするのが御影堂で、寛永十六（一六三九）年に徳川家光により建造された、幅四十五メートル、奥行き三十五メートルもの大伽藍で、総称も大殿と呼ばれる。須弥壇の上に設けられた宮殿（クウデン）と呼ばれる厨子の中に、法然上人の坐像を中心に堂内の仏具が並ぶ。このお堂の軒には、知恩院の七不思議の一つにも数えられる〝忘れ傘〟を見ることができる。寺が仕組んだ仕掛け、と言ったら罰があたるだろうか。修学旅行以来この歳になるまで、この寺の重要な歴史的事項は全てと言えるほど忘れ去ってしまったが、なぜか忘れ傘のことは忘れずに記憶に残っていたのである。果たして大工は屋根上で傘を差しながら仕事をするだろうか、それとも別な考えで傍に置いたのだろうか、などの疑問が頭に焼き付いていたからなのだろう。御影堂から方丈に向う廊下は鶯張りの仕掛けもある、二条城にも同じ廊下があるが、監視カメラやセンサーがなかった時代は音が警報で、現在よりも対応が素早かったようで、時代の裏返しなのだろうか。

大鐘楼は、延宝六（一六七八）年の造営で、高さ三三〇センチ、直径二八〇センチ、重さ七〇トンで、〃東大寺〃や〃方広寺〃と共に、日本三大名鐘である。あまりにも大きいので、鐘を衝くというより太い衝き棒を親綱一人、周囲に子綱の十六人で引き寄せ鐘に当てる大仕事なのだ。衝かれるのは、法然上人の命日と除夜の鐘の年二回で、ＮＨＫの行く年くる年で知恩院の鐘の音が響くと、新たな気持ちが湧き上がるのも不思議だ。豊臣秀吉が、奈良の大仏と同じ大きさの仏像を京都に造立し、残念ながら後に失われてしまったのが方広寺である。知恩院と方広寺の鐘は、ほぼ同じ大きさとのことだが、方広寺の鐘には金塊も溶かし込まれているので、重さは十トン重いそうで、いかにも秀吉らしい発想である。

知恩院の方丈は大方丈と小方丈の二棟があり、狩野派の襖絵が設けられているが非公開で、方丈庭園から建物の外観のみが見られる。奥には権現堂があり、東照大権殿の名の徳川家康公他、徳川歴代将軍の位牌が納められている。

庭続きになっている友禅庭園の庭は、友禅染の始祖・宮崎友禅誕生三百年の昭和二十九（一九五四）年に造園され、たまたまライトアップの庭を散策した時がある。茶室では和装の女性陣が茶道の流儀に基づき茶会に興じていたが、遅い時間の駆け込み入場だったので、後片付けをしているのを観るだけだった。照明で見る庭園も良い所取りとまではいかないまでも、お勧めの場所に集中的に照明が当てられるので、見逃すこともなく効率的で、初めて訪れた小生にはありがたい想い出となったのである。

53、青蓮院

皇室ゆかりの寺で、延暦四（七八五）年に最澄が僧坊を置いたのが始まりである。その後、鳥羽法皇が息子を入寺させてから、皇室との深い関係が今も続く。青不動が有名な寺で、日本三不動画（青不動：青蓮院、赤不動：高野山、黄不動：三井寺）の一つで「絹本着色青不動明王二童子像」と呼ばれ、濃い茶褐色の画絹に描かれている。飛鳥寺で活躍した絵仏師の玄朝が決めた不動画の十九の様式〝不動十九観〟を忠実に再現しているそうだ。優れた技法と独自の表現力、高い芸術性を備えた華やかで優美な絵画は国宝に指定され、見る者を魅了させてくれる。残念ながら、制作事情や作者は不詳とされているものの、最高レベルの絵仏師であったことには間違いはなさそうである。

皇室や摂関家によって受け継がれてきた寺は、門跡寺院と呼ばれている。青蓮院は門跡寺院としての格式が高く、比叡山延暦寺の三門跡（青蓮院・三千院・妙法院）および、京都五箇室門跡（青蓮院・妙法院・三千院・曼殊院・毘沙門堂）にも挙げられている。最澄は延暦寺にいくつもの僧坊を築くが、その一つの僧坊青蓮坊が青蓮院の起源で、慈覚大師の円仁などの名だたる高僧も寝泊まりし、修行を積んでいた。青蓮坊十二代目の行玄大僧正は、ここ京の地に殿舎を造営し青蓮院となづけ、初代の門主に就任したのが門跡寺院青蓮院のスタートであった。

最も隆盛を極めたのが平安末期から鎌倉時代で、特に三代門主「慈圓」（藤原兼実の弟）の時とされる。伝教大師最澄が開いた天台密教の延暦寺からは、今時の言葉で言うならば、〝ベンチャー教団〟が数多く飛び立った。法然の浄土宗、親鸞の浄土真宗、日蓮の日蓮宗、道元の曹洞宗、栄西の臨済宗・・・等である。

青蓮院の三代門主慈圓は、天台座主を四度も務めるほどの高僧で、〃ベンチャーは時代の流れ〃と理解を示し、比叡山の抑圧からも彼らを庇護する考えを持っていたようだ。延暦寺の抑圧からの庇護や得度の支援などを行なうことは、立場上本来はあり得ない。しかし天台座主の経験者である青蓮院の慈圓は違っていた。天台密教の根本は一つであり、宗派の違いなどは微々たるものと考えたに違いない。浄土真宗と青蓮院の関係はさらに深まるのであった。

「親鸞」は、青蓮院の慈圓の下で〃得度〃し、浄土真宗を開き、浄土真宗の本願寺を率いていた。その時剃髪された毛が植髪堂に納まっている。親鸞の生きざまは、五木寛之が独自の発想で、『親鸞』三部作を書き表している。親鸞は「守・破・離」の言葉の如く、法然の浄土宗の思想を受け継ぎ、より親しみやすい教え真宗に変え、浄土真宗を揺ぎないものにし離れていく。しかし残念ながら、代が変るにつれ真宗は衰退の一途を辿ることになってしまう。本願寺は信者が減り、寺の経営も成り立たなくなってしまったのだ。しかしこともあろうか、またもや苦境本願寺の救世主となったのは、これも何と青蓮院だったのだ。本願寺を末寺に従え、様々な援助が行なわれたようである。そんな時期に、流星のように登場するのが本願寺中興の祖「蓮如」であった。親鸞をかけがえのない師と仰ぐ蓮如だが、親鸞の足跡を辿ったのであろうか、彼も青蓮院の前身、比叡山延暦寺の青蓮坊で〃得度〃したのである。

さらに青蓮院は皇室との関係が深かったのは前述したが、天明八（一七八八）年の大火で京の町は火の海と化し、京都御所も炎上してしまう。時の後桜町天皇は、被害を免れた青蓮院を仮御所として避難、邸内の「好文亭」を学問所としていたとされる。

三十六歌仙と呼ばれるものがある、藤原公任が選んだ、平安時代の和歌の名人三十六人の詩だが、現存する最古の写本は、西本願寺所蔵の歌集だとされるものだ。「華頂殿」と呼ばれる客殿には、平安時代の和歌の名人本人の姿と歌が書き込まれた三十六の額が掲げられている。このうち二十五人は百人一首にも登場するのでご存じの方もおられるだろう。隣の部屋には、平成時代の天皇皇后両陛下が、平成一四年五月二七日に青蓮院に行幸され、その時のお写真が掲げられていた。その下の襖には、大きな蓮の葉や花がデフォルメされ、落ち着いた雰囲気の部屋になっている。

右近の橘・左近の桜を配する宸殿には、関係した天皇と歴代門主の位牌が並んでおり、皇室との関係の深いことがわかる。親鸞は養和元（一一八一）年に、青蓮院の慈鎮和尚のもと、この場所で得度されたのである、幼い九歳の時のことであった。

本堂に続く小御所は、後桜町上皇の旧仮御所だけあって、床の間の松の絵を中心に、襖や壁に様々な絵が描かれている。「浜松図」などの絵画は、狩野派の絵師達による名作とされている。板戸に描かれた、花車に乗る花瓶には、菊の大輪や紫陽花が入れられ、板の美しい木目と相まって風情を誘う。元三慈恵・良源と慈鎮和尚・慈圓の厨子入りの像や、天皇が使われた菊の御紋付きの板籠等の貴重な品々が鑑賞でき、往時の皇族達や気位の高い僧侶の優雅な生活がしのばれる。「一隅を照らす」が掲げられた廊下を歩いたが、なぜか不動堂には行き着かず、青不動のレプリカは、外に出て庭から見上げて拝観することになってしまい、近くで見られなかったのがくやまれる。

外に出て、池泉回遊式庭園を散策したが、実に見応えがある。霧島ツツジが植栽された庭は、開花時期には真っ赤に燃える花が見られるという。松やモミジを囲うように、剪定され配されたツツジは、花がなくとも庭を引きたてる。苔を配した先には、灯篭が立ち、その先に好文亭が枝の合間から屋根をのぞかせている。雨戸が閉められていたのが残念であったが、江戸時代中期の本格的数寄屋造りが再現され、屋根瓦は他のお堂とは異なり、ゆるい傾斜が印象に残る。

この先、散策路は高台へと誘うが、ここは竹藪になっており、孟宗竹が空を突き破るかのように天に向かって伸びている。孟宗竹は、曹洞宗開祖の道元が、中国宋の杭州から持ち帰り、京都から全国に広まったとされる太い竹である。道は突き当り、一番高い所に慈圓大僧正が信仰し勧請した十禅社である日吉社が置かれ、その神は天台宗の守護神でもある。ここは東国へ向かう者にとって、旅の安全を祈る場所でもあった。当時の旅は今生との別れともいわれ、死を覚悟で向ったとされ、旅人にとって欠かせない社だったのだろう。

この場所からの庭園や伽藍の展望は素晴らしく、どっしりとした瓦と木々の緑は、お互いが溶け合うように融合し見応えがある。山を下ると本堂脇に出るが、ここで青不動のレプリカとコンガラドウジとセイタカドウジに守られた不動明王坐像を拝むことができた。本堂正面では、御本尊の熾盛光如来（シジョウコウニョライ）のお前立も拝める。

親鸞は九歳で得度されたが、その時の像が散策路の脇に建立され「童形像」と称し置かれていた。桜の花びらを配した石碑には、今日得度したいとの切なる思いを詩にした「明日あると・思う心のあだ桜・夜半に嵐の吹かぬものかは」：親鸞。明日のわが身はどうなるかわからない、今この時を大切に生きなければばならないのだ、との決意だろうか、親鸞の前向きな生きざまを感じる。

この寺の歴史を振り返ると、恩恵を授かった多くの人々の思いがよぎる。天皇、名だたる僧侶、絵師、建築や造園の名手、それに多くの信者達である。階級や人種を問わない「慈悲深さが滲み出るような寺・青蓮院」は脳裏に深く刻まれたのであった。

54、平安神宮

瓦の色はそんなに多くはないと思えるが、ここの屋根はグリーンで、三州瓦の深緑よりも明るい碧瓦（ヘキガワラ：緑釉瓦）が使われ、鮮やかさと厳かさを醸し出しており、気品にあふれている。青は白に映えるが、緑は赤にお似合いだ。朱の堂宇に緑の屋根、やはり緑がふさわしい、黒ではなんとなく重過ぎて映えないし、他の色でも落ち着かない。

平安神宮再建の由来は、平安遷都千百年記念行事の一環として、明治二十八年に桓武天皇を祭神とし建られた時まで遡る。東京遷都後の京都は、見るに見兼ねるほどの荒廃ぶりであったらしい。天皇家御用達の人々はもとより、五六家あった公家も、冷泉家を除き五五家が東京に向った。庶民になじみの深い企業、例えば室町時代に京都で創業し、皇室御用達だった和菓子の〝虎屋〟も、東京遷都に伴い本社を京都から東京に移したくらいだ。現代は象徴天皇であり、当時の天皇の影響力は計り知れないものがあったのであろう。遷都による人々の心の傷は深く、何とかかつての煌びやかな京都に戻そうとの思い入れで市民は立ち上がったそうだ。そのシンボルとして再建され、素晴らしい文化を蘇らせるきっかけとなったのが、平安神宮であったと言えるだろう。

奈良の平城京では規模が小さく、日本の中心とは言い難く、山城の長岡を経て、当時は最も相応しいと思われた現在の京都の中心近くに平安京を造営したのである。この地で、内政はもとより、外交にも目を向けると共に、教育文化の華も開かせ、日本の基礎を築いていくのである。

かつての都だった奈良や京都は、現在でも民衆の教育や文化力も高いといわれ、文化庁が令和五年に京都に移されている。特に京都では、大学教育環境は全国にも類を見ず、教育レベルの高い人々は、様々な企業を生み、世界をリードする産業へと発展させている。そういう基盤を支えてきたのが、平安神宮の復興事業とも受けてとれるのではないだろうか。

社殿（平安京の正庁・朝堂院を模す）は本殿・内拝殿・大極殿（外拝殿）・応天門（弘法大師空海が應天門の〝應〟の字を間違え〝弘法も筆の誤り〟は有名）・蒼龍楼・白虎楼・龍尾壇等の主要な建物で構成される。明治二十八（一八九五）年の創建で、何とスケールは八分の五と縮小されての再現なのが残念だが、諸事情あってのことだったのだろう。火災で失った本殿および内拝殿は昭和五四年に再建されている。

庭園は、その趣毎に四つに分かれ、八重の紅枝垂れ桜が見応えのある南神苑に始まる。西神苑にある白虎池では、２００種２０００株と言われる菖蒲が盛りをむかえていた。中神苑の蒼龍池には飛び石のように置かれた臥龍橋があるが、この石は秀吉がかけた三條と五條大橋の橋脚だそうで、その周囲には赤紫と白の水連が咲いており、水面に浮かぶ丸い葉が見事であった。東神苑の栖鳳池にかかる太平閣（屋根付きの橋）周辺は桜の時期が良いといわれ、尚美館と呼ばれる京都御所にあった貴賓館と共に、枝垂れ桜は見応えがあるとのことだ。苑内をグルリと一周し、異なる風情を楽しむことで、人々に安らぎや勇気を与え続けていることは、平安神宮復興のもう一つの意義として浮かび上がってくるのであった。

55、南禅寺

絶景かな！　絶景かな！　はここの三門から京をながめた五右衛門が発した言葉だが、確かに門の二階部分の外に設けられた縁に登ると、そう叫びたくもなるのだ。正応四（一二九一）年に亀山法皇の発願で、大明国師を招聘し開創した臨済宗の寺である。

小生がここに来る径路は、一つ目が八坂神社から円山公園・知恩院・青蓮院を抜け、疎水の堀伝い。二つ目が蹴上駅からトンネルを抜け金地院前を抜ける道。三つめが哲学の道から永観堂の前を通りやって来るかのいずれかである。時間がなくここだけ寄るなら蹴上駅が便利だ。哲学の道方向から来ると、裏から入り三門に出る逆回りとなる。

三門は、寛永五（一六二八）年に藤堂高虎が再建したもので、横五間、六本の丸柱計二十四本で支える壮大な門で、中三間に扉が設けられた二層構造である。二階部分の楼上には左右の山廊の階段から登ることが可能で、内陣には多くの仏達が納められている。楼上の外には三百六十度が展望できる回廊がある、この上で「絶景かな！　絶景かな！」と叫んだとされる石川五右衛門の歌舞伎は有名だ。

内陣は、壁から天井まで極彩色に彩られ、夢の世界に迷い込んだかのようで、南禅寺博物館の如くである。秀吉亡き後には家康に急接近し、大坂の陣では大活躍した高虎は、戦場で多くの死者を目の当たりにする度に、亡骸を弔うことに目覚めたそうだ。それだからとは言えないだろうが、南禅寺に三門の寄進を思いついたと言われる。内陣は天井をはじめ、壁や建物の組子にまで、絵画や彩色が施され、極楽浄土が再現されている。中央に鎮座する宝冠釈迦如来坐像は異色である、如来は本来装飾品は身に付けないが、ここでは宝冠をかぶり、首にはネックレスをさげ、定印を結んでいる。慈悲深さというより、如来とは思えないクールな表情は、戦いを鎮める高虎の意思を表しているのだろうか。暗く圧迫感さえある内陣に、十六羅漢や家康・高虎の像がビッシリと並ぶ、金色に輝くお盆のような光背から放たれた光は、宝冠釈迦如来を浮き彫りにし、見る者を異次元の世界へと誘うのである。

明治四二（一九〇九）年に再建されたのが法堂で、創建時の御堂は応仁の乱、再建された御堂も明治の火災で焼失している。僧侶が一同に会し、寺の諸行事や法要が行われる重要なお堂とされる。本尊の釈迦如来を中央に、左右に普賢菩薩と文殊菩薩が脇侍として置かれ、天井には龍が描かれている。

法堂の背後、少し高くなった場所に連なるのが、方丈や庫裏といったいわば寺の本坊である。方丈は大方丈の裏に小方丈が連なり、こけら葺きの国宝である。大方丈は京都御所の遺構で、天平年間（一五七三～九二年）の建立とされ、慶長十六（一六一一）年に譲渡された。小方丈は、伏見城の遺構で、寛永年間（一六二四～四四年）の建立で、その後の譲渡で移築時に大方丈と合体されたとある。

多くの部屋を仕切る襖や壁には、様々な絵画が描かれた。傷みの多い直筆の襖等は収蔵庫に保管され、デジタル処理の画像で三分の二ほどが復元されているそうだ。それらを交え全て公開されているとのことで、素晴らしいの一言である。小方丈の方は、庭も含め寅づくしであるのも珍しく、特に寅の絵画は迫力に満ちている。

南禅寺の発祥は「南禅院」であり、琵琶湖疎水が流れるレンガ造りの水路閣をくぐり、小高い場所にひっそりと佇み、この場所こそが南禅寺発祥の地なのである。元禄十六（一七〇三）年に再建された南禅院の方丈は、桂昌院（徳川綱吉の母）により寄進された。総檜造りでこけら葺きの御殿は、女性的で背が低く広々としている。内陣中央に亀山法皇の像が置かれ、それを囲む水墨画の襖絵が落ち着いた雰囲気を醸し出している。

同法皇の遺言による、分骨された御廟が庭内に望めるのも、この離宮で天皇が出家し、法皇になられた遺構であるからなのだろうか。その庭内の夢窓疎石が手掛けた庭は、周囲に散策用の小道を設え、池を中心に岩や木々を配している。これは池泉回遊式庭園と呼ばれ、実際に歩きながら観賞することで、ひと所から眺めるのとは異なる趣が感じられるそうだ。こけら葺きの御殿を引きたてている自然豊かな庭は必見と言えよう。

56、金地院

南禅寺の塔頭であるが、家康の念持仏や遺髪を納める東照宮を祀るのと、何と言っても家康の側近で、黒衣の宰相といわれた以心崇伝が小堀遠州に依頼し作庭した、枯山水の庭園〝鶴亀の庭〟が人気を博す。

東照宮を拝観して、木立の間の寺内を散策し、枯山水の庭へと誘う変化に趣があるとされるからだ。暗い木立に目が慣らされた後に、急に飛び出る明るい広々とした庭は、同じ寺かと疑うほどの様変わりを体験できるのが魅力である。白砂や岩を配した背後に、思い思いの形に整えられた木々がバランスよく配置されているのが素晴らしい。

なんといってもこの庭は、文字通り右の鶴島と左の亀島が中心である。その間を取り持つのが、おめでたいとされる蓬莱石群と、座すことができる平らな礼拝石で、そこに座り奥に隠れた東照宮を拝むのであろうか。亀島の方はよく見ると、亀の頭の石と体の右側にあたる前後の足、その色からして同じ種類の石で組まれ、今にも動き出しそうなリアル感が伴う。背中に乗った盆栽風の植栽も興味をひく。他方の鶴島、横長の首を地面に這うように、その頭を亀の方に向け、あたかもお互いが語り合うが如く仕組まれたさまは、いかにもこの庭園のテーマらしい。猫背のようにこんもりと盛り上がった背中はまさしく鶴である。中央の礼拝石、色と言い広さと言い、ここで何が起きるのだろうと想像するだけでも面白い。

この庭園をゆっくり鑑賞するには、方丈の縁側が特等席である。さらには明智光秀が、母の菩提を弔うために大徳寺に建立した明智門、明治時代にここ金地院に移設されたとのことで見逃せない。この寺の庭園は、格式の高さと見応えの両方を持っていて、さすがに徳川家康の息の掛かった出来だ、と感じつつ満足した気分で寺を後にしたのである。

57、禅林寺

永観律師の名から京都では永観堂で親しまれているのが禅林寺である。正しくは、聖衆来迎山無量寿院禅林寺で、創建は貞観五（八六三）年に弘法大師空海の弟子真紹僧都で、真言密教の寺院であった。みかえり阿弥陀の本尊が異彩を放つのと、モミジの永観堂として親しまれ、紅葉の名所でもある。

親戚で写真好きの永見勇さんご夫妻は、モミジの頃に京都を訪れるが、必ず立ち寄るのがこの寺である。同じモミジの木でも、年によりその色合いは異なり、毎年新たな心で楽しめるのが気に入っているという。禅林寺よりも、永観堂（エイカンドウ）の方がピンと来る人の方が多いかも知れない。

寺の伝説によると、東大寺開創供養に奉げられた阿弥陀如来が、東大寺の宝蔵に秘蔵されていた。この尊像を拝んだ永観は、しまっておくのはもったいないと嘆いたが、これを耳にした白河法皇の許可で、永観が供養することになったそうである。永観は、阿弥陀如来を自分の背中に背負って、奈良から京都まで運んだとされる。永保二（一〇八二）年、永観五十歳の頃だといわれる。

真言密教寺院としてスタートした寺であったが、法然の選択本願念仏を嫌っていた静遍僧都は、自分の間違いに気づき、法然上人を住職に招き、浄土宗に宗旨替えしたのが千百七十七年であった。その後は、浄土宗西山禅林寺派の根本道場として現在の禅林寺がある。千載集に詠まれた「みな人を渡さんと思う心こそ極楽にゆくしるべなりけれ」：永観律師。永観堂の別名の方が有名なのは十二世紀頃の住職・永観（ヨウカン）の名に由来するからだろう。ある時、永観が寺内を歩いていたら、何と阿弥陀様が追い越して先を歩いたそうで、驚いた永観が歩みを止めると、振り向きざまに「永観遅し」と言った。この時の様子を仏像にしたのが〝みかえり阿弥陀〟なのだそうである。像高七十七センチ、平安後期から鎌倉初期に、京都の仏師の傑作とされる。飛天の仏が彫られた大きな光背に守られるように振り向く姿は、前から見ても横から見ても不思議な像で、小さな口元から永観遅しの声が聞こえてきそうな姿である。

元々は学びの場であったのを、熱心な永観が寺にしたとされる。寺内の多宝塔の上、最も高い所には展望台があり、市内を一望できる。紅葉の頃に訪れて、モミジ越しに眺める京の都はさぞかし素晴らしいことであろう。

58、金戒光明寺

京都ではその場所柄、「黒谷さん」と親しみを込めて呼ばれ、地域に根付いた寺である。寺でありながら、江戸幕府が京都防衛に利用し、会津藩に守護職を与え、松平吉保がその任を全うするために陣を張り、今でいう防衛庁的な役も担ったようだ。門前に白地の大きな看板があり、どう見ても寺には不向きで何か異様な感じもしたが、よく読むと重要な役割を果たしたことが記載されており、当時の様子を理解できたのがありがたい。開祖の法然上人が承安五（一一七五）年に草庵を結んだのがこの地だったそうだ。浄土宗の元祖ともいう紫雲山・黒谷金戒光明寺、西方浄土ではないが、貴い御所を西に望む小高い丘に建ち、一万基にもおよぶ墓碑が整然と並ぶのは圧巻である。

その中でも異彩を放つのが、お墓の場所に置かれた、五劫思惟阿弥陀仏石像である。「五劫思惟阿弥陀如来」のいわれでもある、一劫（コウ）とは百年に一度天女が地上に舞い降り、大きな石の上で衣を脱ぎ、水浴をして天に戻る時に、衣が石に触れて石を削り、石がなくなるまでの時をいうのだそうである。布が石を削るなど、全くないとはいえないが、あったとしても無限に近い時間だろう、誰が考えたのだろうか。その五倍の間、思案を重ねた阿弥陀如来、その髪は恐ろしいほど伸びてしまったのだ。そのさまを表しているのが、五劫思惟阿弥陀仏なのである。落語の寿限無に出てくる、〝五劫の擦り切れ〟そのものであり、岩が擦り減ってなくなるまでの膨大な時間なのだ。東京世田谷の九品仏浄真寺のご住職によると、この像は浄真寺や金戒光明寺を含めても、全国で十体ほどしかなく、非常に珍しい仏様だそうだ。

億劫（オックウ）という言葉もある、あまりにも自分の思いと掛け離れて、気が進まない時に使われる。億まではいかないまでも、五劫とは計り知れないほどに我々の日常からかけ離れている、謎めいた宇宙にも通じる言葉ともいえる。

仏教には、五劫の他にも途轍もない考えがある。釈迦入滅から五十六億七千万年後に登場し、人々を救うのが弥勒如来（ミロクニョライ）だそうだ。釈迦入滅はＢＣ（紀元前）四百八十六年とされるので、現在は未だ二千五百年を過ぎたばかりである。よって弥勒は修行の真っ最中の〝菩薩〟で、これからも億を数えるほどの長期間修行し、やっと〝如来〟の資格を得るわけだ。仏教の開祖は天文学に詳しかったのだろうか、阿弥陀如来はその長き道のりを歩み終えたのである。弥勒菩薩が弥勒如来になるまでの間に、我々は何回の生まれ変わりが必要なのだろうか、いやはや思うだけでも気が遠くなりそうだ。

さらに付け加えるならば、数ある浄土の中で、極楽浄土は阿弥陀如来の世界だとされる。この世からは「西へ十万億の仏の国を過ぎた所にある、超越的で清浄な世だ」と法然院ご住職梶田真章氏は言う。そう考えると、仏教の開祖の如く、天文学的考え方に頭を切り替える必要がありそうだ。ただでさえ難解な仏教の道は、さらに奥深いと思わざるを得ない。

桃太郎伝説に登場する〝きびだんご〟は、ご存じの岡山名物である。その吉備地方の豪族だった吉備真備（キビノマキビ）は、留学と遣唐使の役で二度の大陸生活で学問や仏教をもたらした。最後の帰国後には、持ち帰った栴檀香木で観音像を造立、刻んだ主は行基菩薩とされるのが千手観音である。元々は聖武天皇の祈願所でもあった吉田寺という安産祈願と開運祈願の寺に祀られていた。廃寺と共に江戸幕府の命で、寛文八（一六六八）年に金戒光明寺に移された、吉備真備ゆかりの観音様は親しみを込めてだろうか、「吉備観音」とも呼ばれている。我々の背丈を越える半丈六（二六〇センチ）の立像で、京都七観音と洛陽三十三観音霊場に指定される、重要文化財である。

開祖の法然上人七五歳の坐像を納めたお堂が御影堂で、昭和一九（一九四四）年に再建された。山門を上がった広場の先に翼を広げるような御堂は見事である。一人の僧が、御影堂の欄干の端に立ち、大声でお経を唱えており、この寺の修行の一環なのだろうか、そのような光景に遭遇したのは初めてで、強烈な印象として心に焼き付いた。近年、三重塔に納められていた文殊菩薩が移され、広々としたお堂に祀られ、修行の場に相応しい御堂に新たな息が吹き込まれたようだ。

後小松天皇直筆の額を掲げた山門は〝浄土真宗最初門〟とあり、念仏発想の地として公に認められた証でもある。金戒光明寺は法然上人が宗祖であり開祖でもあったことがわかる。門は蔓延元（一八六〇）年に落慶、初代は応永年間（一三九八〜一四二五）の建立だが応仁の乱で失い、三五〇年後の再建となった。二階には回廊である縁が回され、内陣には等身大の釈迦如来座像が祀られ、文殊菩薩と普賢菩薩が脇侍を務め、さらに十六羅漢が周囲を固めていると門前に書かれていた。石段を御影堂まで上がると、山門の屋根の様子も確認でき、その先には市内が一望できる。

寛永一〇（一六三三）年に建立されたのが三重塔で、文殊菩薩を祀るためだったので〝文殊塔〟と呼ばれている。運慶作と伝えられる獅子に騎乗する本尊文殊菩薩、等身大の四人の従者を従えた菩薩は二メートル八〇センチにもなる堂々とした姿である。寺伝では、奈良・桜井の安倍文殊院、京都・天橋立の知恩寺と共に、本朝三文殊とされる。京都市の文化財指定を期に修復され、平成二四（二〇一二）年に開眼法要がされた。現在は御影堂に移され祀られている。黒谷の高台に鎮座する金戒光明寺、寺本来の役割とは異なる負担を強いられた過去と、仏教が持つ気の遠くなるような思想を垣間見ることができたのであった。

59、真如堂

金戒光明寺の御影堂に向って左側の墓地を出て、閑静な小道を右方向に向かう。右に回り込み寺の門へと歩みを進めると、寺内は桜が植栽された石畳の参道となる。少し先には、桜の枝越しに見えていた高さ三十メートルの三重塔が美しい姿で出迎えてくれる。ここが女性を救う阿弥陀如来を祀る真如堂である。

中央と左右に置かれた石灯籠の先に見える本堂には真如堂の文字を書き込んだ大きなペアの提灯を従えているのが如何にも女性的で、荘厳な寺のイメージを和らげている。羽ばたくかのように羽を広げ、なだらかなカーブを描く美しい瓦屋根を持つ本堂は、入母屋造りで、前面に障子を配し、境内の広さに相応しいお堂の遠望は見事である。享保二（一七一七）年の再建で、内部は、外陣・内陣・内内陣に分かれ、内内陣に設けられた須弥壇には、ご本尊の阿弥陀如来が祀られている。正式には「鈴聲山真正極楽寺」（レイショウザンシンシンショウゴクラクジ）で、比叡山延暦寺を本山とする真如堂は、比叡の山を降りた法然や親鸞の教えを伝える天台宗を名乗るお寺である。

九品来迎印の像としては最も古いとされる本尊の阿弥陀如来は、元は延暦寺の「常行堂」に祀られていたが、最澄の弟子円仁が「京に降りて、女性をお救い下さい」と頼んだところ、〃三度うなずいた〃とされる。その後、時の戒算上人の夢枕に立った如来は「円仁が言うように自分は京の都に降り、女性をお救いします」と言われたとされる。円仁は、望み通りに、東三条院（藤原詮子）の離宮に遷座させ、真如堂の開山を機に「本尊・（うなずきの）阿弥陀如来」として祀られている。京の真如堂に〃女性を救う為に降りたとされるうなずきの阿弥陀〃は、この地で女性に大人気となり、女性を救うとされる真如堂の名に相応しい仏様として知られることになったのである。

寺には見応えのある庭が幾つかあり、涅槃の庭は、釈迦の入滅を悲しむ僧達を石で、インドの地を流れるインダス川を白砂で表現し、お釈迦様を中心に設えられている、これも女性的で優しい感じとして受け取れる。

女性に好まれる寺は幾つか知るが、女人高野として知れ渡っているのが、奈良にある室生寺である。ここ真如堂は、京の都にほど近い黒谷の丘に、美しい姿で羽を広げるシラサギのようでもあり、隅々までが「女人比叡」とでも呼ぶに相応しい佇まいの真如堂なのである。

60、熊野若王子神社（哲学の道）

永観堂と呼ばれる禅林寺側から哲学の道へ進むと、流れに沿った道の入り口横に神社が現れる。後白河法皇が永暦元（一一六〇）年に建立したのが、熊野若王子神社である。元々は禅林寺の守護神として、若一王子を設けたとされ、神仏習合時代の名残で、神社なのだが本持仏は十一面観音である。

立地するのは風光明媚な場所で、春夏秋冬の季節を問わず多くの人々が訪れている。御神木の梛の木の葉を使ったお守りは、縁が切れない（葉脈が一方向なので葉が切れ難い）や、梛（災難をなぎ倒す意味に読ませ）の力を信じることで人気があるとされ、熊野はもとより、奈良の春日大社にも植えられている。

かつて、熊野詣は今では考えられないほどの人気で、西は四国沿いに紀伊からの参詣、東は伊勢をぬけ海沿いからの参詣、健脚達は修験者の如く山道を駆けぬけ、我先にと争うように出かけたのである。

明治生まれの小生の祖母などは、道成寺と那智大社を同時に詣でていた。東京から紀伊の山中までは遠方なので、観光地を回りながらの旅だったと思うが、何回も通っていたと記憶する。祖母に習い、両寺社に一度は参詣をしたいと思っている小生だが、いまだに果たせずにいる。

神社建立の祖である後白河法皇は、一説には伊勢路を通り、何と三十四回も参詣しており、その信仰の深さには頭がさがる。若王子神社には、那智大社（那智の滝）を模した滝も設けられ、後白河法皇はこの滝で身を清めた後に、熊野詣に向かわれたとされる、いわば京の都では神聖な場所でもあるのだ。那智が無理ならば、後白河法皇にあやかり、熊野と一体化された若王子神社、ここでご利益を授かるのも一考かも知れない。

61、法然院

哲学の道沿いにある静かなお寺で、喧騒から離れ一歩奥へ入れば、そこは山寺の趣さえ感じられるほどである。哲学の道から小川に架けられた橋を渡り、川と並行の道には百年は経つと思われる椿が、見上げるほどに育ち、道の山側に並ぶように植栽されている。その道に面して寺の石柱が建っているので、そこを少し入ると参道へ、左に向かうと山門が見えている。

ある時、協栄プリント技研という、二度目の就職先の社員旅行で京都を訪れた。南禅寺を拝観し、哲学の道から銀閣寺へ向かって歩いていたが、どうしても法然院に寄りたくなったのである。歩く速さには自信があったので、途中で列を離れ、駆け足で寄って参拝したこともあった。このように何回か来てはいるが、別の時には、山門の屋根が葺替えられていた。以前の苔生した藁葺き屋根は一変され、見事に切整えられた藁の端面は、大小様々な茎の輪を成し、古刹に新たな息吹を与えていた。

古刹と言ったが、創建は鎌倉時代で、京の寺としては新参者に当たるのだろう。法然上人は比叡山での修行時代に、南無阿弥陀仏を唱えれば救われるという専修念仏を持って山を降り、浄土宗の草庵を幾つか築いたとされ、それぞれに弟子を抱えたらしい。

ここは法然上人が開祖とされる寺であるが、後鳥羽上皇に仕えた女房二人が、法然の弟子二人を慕って出家し入門したが、それが問題となってしまう。上皇の逆鱗に触れ、責任を問われた法然と、問題の四人は、寺を去らざるを得なくなり、法然院は廃墟となり荒廃してしまったのだ。法然は知恩院の地にも草庵を築いたようだが、そこの弟子（知恩院三十八世の萬無とその弟子忍澂）が荒廃した草庵を再建したとされている。その後に浄土宗を離れ、現在の法然院となったそうである。

最後に参詣した時には、数人の庭師が参道に石やガラス工芸品を並べていた。聞くところによると、一月程度の日数をかけて仕上げるのだそうである。参道の周囲は鬱蒼とした林で、それはそれで静けさを生み、鳥達がさえずり合っている。参道脇に創作されている小庭ができれば、椿とはまた異なる、法然院のシンボルとも言える門前に、新たな景観として花を咲かせるのだろう。このような作品は、数年経たないと趣が湧いてこない、今度来るのはいつになるのだろうか、楽しみである。

62、銀閣寺

銀沙灘の中に浮かぶ向月台は、どこから見ても富士山のような、円錐形の砂山である。「わが庵は月待山の麓にて傾く空の影をしぞ思う」：義政。ここ東山慈照寺・銀閣は、室町幕府八代将軍足利義政が晩年の文明十四（一四八二）年に、月を見るために築いた山荘東山殿である。その証拠というか建物を見渡してみても、申し訳ないが寺とはほど遠い佇まいである。延徳二（一四九〇）年に義政が亡くなり、彼の法号である慈照院にちなんで慈照寺の名の寺院にした。銀沙灘近くの二階建ての観音殿には洞中観音菩薩像を祀り、方丈には本尊の釈迦牟尼仏が祀られており、確かに寺なのだが雰囲気からはやはり別荘か山荘に見えるのだ。寺域にある建物で唯一寺らしき姿なのが、この観音殿である。慈照寺銀閣は、鹿苑寺金閣と肩を並べられるが、金閣は足利義満が西園寺家から譲り受けて寺にした。義政の東山殿の銀閣に対し、義満の北山殿が金閣、双方共に相国寺の塔頭となっている。観月台は高台寺や大覚寺にもあるが、どれもしっかりした建造物である。

月といえば平山郁夫画伯が、シルクロードを旅して描いた絵がある、ラクダに乗った隊商だろうか、黄昏時の月の砂漠を行く幻想的な絵を思い出す。薬師寺の玄奘三蔵院でその一部を拝観することは可能であるが、月が描かれていた記憶はない。さらには、月の砂漠（沙漠）という歌があり、千葉県の御宿海岸には石像も置かれ、ラクダに乗った王子と姫の姿を見ることができる。「♪月の砂漠を遥々と・旅のラクダが行きました…金の鞍には銀の瓶・銀の鞍には金の瓶…♪」。ベージュ色で美しい砂の海岸から見る月、広い太平洋から上るその大きな姿は実に見事なのだ。この歌に登場するラクダに乗った王子と姫は、金と銀の鞍や瓶と伴に、平山郁夫の絵の如く、月を見ながら旅をしているのだ。

浜の傍に居を構え、生粋の浜子で漁師でもあった遠い親戚の津守さんが、夏の間だけ宿を営み、文化放送の夏季保養所〝海の家〟になっていた。学生の頃に寺島実郎さんや和田清志さん（他の寺の項に登場する）と一緒に泊りに行ったこともあったが、いつも賑やかだったのを思い出す。明け方二時頃漁に出、午前中に父親が持ち帰る新鮮な海の幸を、当の父と母と娘の千恵子さんが料理する、魚やアワビやサザエなど海の幸の珍味が忘れられないのである。

話がいささか脱線したが、金と銀はいつの世でも憧れの的なのだろう、義政や義満は、銀閣や金閣をそれぞれ愛し、月を観て楽しんだに違いない。ここ銀閣では、京都特産の白川砂を積み上げた姿は、美しく見事であることに異論はない。しかし、人が登れば崩れるような仕掛けにはどんな意図が隠されているのだろうか、ここに月見団子やススキの穂などを置き、その背後から観月したのだろうか。〝侘び〟や〝さび〟と言った東山文化をひたすら愛し、情緒の豊かさでは右に出る者はいなかったとされる。政治から身を引いた後の義政、感性豊かなその心は、様々な形で芸術や文化を先導していたのだ。現代風に言えば、放送局顔負けの文化情報発信者とも言えるだろう、一体その本心は何だったのか、世の多くの人々は未だ理解に苦しんでいるのである。

コラム：哲学の道界隈

この地域の寺社は、京都駅から祇園辺りまでの、いわゆる花街に代表される繁華街を離れ、東山三十六峰が連なる華頂山北側の裾野に寄り添うように立ち並ぶ。平安神宮・金戒光明寺・真如堂は若干山麓からは離れるものの、町の賑やかさからは一線を画す住宅街とでも言える場所である。熊野若王子神社から法然院を抜け銀閣寺までは、いわゆる哲学の道沿いになる。祇園に近い知恩院や哲学の道の中間にある法然院は、専修念仏を唱えた法然ゆかりの寺院で、紆余曲折はあったが、法然を師と仰ぐ弟子たちが庵や堂宇を築き現在の姿になった。青蓮院は知恩院に寄り添い、南禅寺は金地院を始めとした多くの塔頭を従えている。禅林寺は近くの熊野若王子神社に置かれた禅林寺の守護神：十一面観音に守られるように建っている。

知恩院から哲学の道方面の寺社で特筆すべきは青蓮院で、天台宗でありながら、浄土真宗の危機をも救ったのである。現代では、ベンチャー企業と違って、スタートアップ企業は成長可能な新たなビジネスモデルを持つかどうかで決まるとされる。仏教界においても、専修念仏や立正安国論など、先進的な考えで次々と志のある僧侶が比叡山を降りた、今までとは一線を画したわけで、今で言えばスタートアップ教団と言っても良いと思われる。親鸞もそうであったので、青蓮院は得度もさせたし、苦境の時には救いの手を差し伸べたのであろう。青蓮院の三代門主慈圓は、宗派が異なる者への比叡山の抑圧から守ったのは、人を育てる使命をわきまえた天台座主の意地でもあったのだろうか。

永観堂の名で通る禅林寺の見返り阿弥陀は、言い伝へとともにその特異な姿が目をひく。正面と横から、二度拝むことになるのも異様である。いっそのこと、御本尊を回転させ、顔を正面に向かせた方が、〝永観遅し〟の睨みが利くような気もするくらいだ。かつて熊野詣は競うように出掛けたとされ、ありし日の後白河法皇は、何と三十四回も参詣しており、熊野若王子神社建立の祖にも成ったのである。今では考えられないほどの人気だった神聖なる那智の滝、身分を問わず我先にと争うように出かけたそうだ。法皇は、この神社で禊を行い旅立ったとされ、滝をあしらった神聖な境内は、訪れる人が絶えないようである。神社の先が哲学の道になり、法然院や西田幾多郎の碑を見ながら、慈照寺銀閣まで散策できる。法然院は、哲学の道の一本山側の道に山門入り口の石塔があり、案内に従って橋を渡り、参道を経て山門を入ることになる。山門からは白砂壇が石段下に望め、季節により、砂の上の模様を変化させているようで、訪れる度に変わっている。本堂には、阿弥陀如来坐像と法然上人立像が祀られ、いつも公開日を外すので拝見したことはない。墓地には谷崎潤一郎の墓もあり、ファンが訪れるようである。哲学の道には有名な碑「人は人・我はわれ也・とにかくに・我行く道を・我は行くなり」‥西田幾多郎、があり道沿いには琵琶湖疏水の分水が流れ、夏は涼を添えている。

平安神宮は馬鹿でかい鳥居の割りには、スケールの縮小で再建されたのが残念だ。神宮の見事な庭園を後にし、黒谷さんと親しみを込めて呼ばれ、地域に根付いた寺、金戒光明寺までは歩いても知れた距離である。寺でありながら、会津藩に守護職を与え、松平吉保がその任を全うするために陣を張り、江戸幕府が京都防衛の要として利用したことは異色である。そのご近所にあるのが、真如堂で、うなずきの阿弥陀様を祀る女性を救う寺とも言われている。最澄の弟子円仁は、延暦寺の「常行堂」に祀られていた阿弥如来を、東三条院（藤原詮子）の離宮に遷座させ、真如堂の開山を機に本尊として祀った。つまりこの阿弥陀様は女性の為に生を受け、三度うなずき山を降りたとされる。いわば比叡に登れなかった女性達を迎える宿命を持つわけで、小生に言わせればここは「女人比叡の真如堂」なのである。そんな真如堂のある高台を御堂の裏側へ下り、川を越えて山の方に向かうと、哲学の道に行き着くことになる。街の雑踏をよそに、いつ来ても静かな佇まいが待っている、のどかと言っても良いくらいの小路が心地良い。

京都⑥（洛中：2 名刹の地・祇園さんの前庭）

63、建仁寺

八坂神社を後にし、ベンガラ色と黒の塀を廻す「万亭」（赤穂浪士の大石良雄も通い、超有名になった料亭「一力」は歌舞伎でも有名である）の角を左折し、その入り口を横目でやり過ごす。一見さんお断りだから、小生等は生涯暖簾をくぐることはないだろう。花見小路をさらに先へ進むと、祇園甲部歌舞練場前を通り、建仁寺の北門に突き当たる。

御本尊もさることながら、この寺で有名なのが、俵屋宗達筆の国宝の風神雷神図屏風である。現在寺内にはなく、京都国立博物館に収蔵されており、宗達の直筆はここでは見られない。しかし、撮像素子の発達のおかげで、高精細映像のデジタル複製された屏風が誕生し展示され、素人の目では本物同等なのが嬉しい。寺はその名のとおり、建仁二（一二〇二）年の創建で、小堀泰巖管長が言うように、必要最低限の簡素な生きざまが最大の贅沢と教える。「簡素に生きる。これがいちばんの贅沢だと思います。なかなかできないかもしれませんが、やってみると一番の贅沢だということがわかると思います。満足の上限をおさえれば、心穏やかでいられます」：小堀泰巖、と言う。日本の禅寺は大きく三つに分けられ、栄西の臨済宗・道元の曹洞宗・隠元の黄檗宗である。建仁寺は栄西が開山した臨済宗の寺で、京都では最も古いそうだ。

寺の創建に尽力された栄西禅師は、六十二歳で建仁寺を創建し、七十五歳で同じく建仁寺に没した、根っからこの寺の立役者であったのだ。最近では、令和になって元内閣総理大臣の細川護熙氏による、襖絵二十四面も寄進されている。あの俵屋宗達の風神雷神と肩を並べ一世を風靡されることを期待したい。建仁寺は、お茶屋や食事処にも近いわりには、一歩門を入ると静まり返った素晴らしい環境で、心が落ち着く場所の一つでもある。南座から鴨川沿いに歩き左の脇道の西門から入るのも良し、前記の繁華街を抜け花見小路から北門を入るのも良し、京都駅から旧五條大橋（現・松原橋＝牛若丸と弁慶の伝説が語られる橋）を渡り塔頭の禅居庵の横にある勅使門脇の小門からでも良い、小生はそのどれをも体験し、特に西門へ至る小路が、京都の下町的佇まいなので好みだ。どこから入っても、いつ来ても周囲の喧騒をかき消し静寂を保つ、不思議な魅力を持つ寺とも言えよう。

御本尊の十一面観音坐像が安置されるのが方丈で、先にも記したが、徳川秀忠公の娘、東福門院が寄進した寺の宝として大切に守られている。白砂を敷き詰めた庭に南と西の面に廊下を設けた平屋建ての御堂で、慶長四（一五九九）年に安芸の国の安国寺から移築され、反り返りの大きいこけら葺きの屋根が素晴らしく、その優雅な姿は忘れ難い。桃山から江戸の時代に海北友松の水墨画が全ての襖に描かれ、その数は五十におよぶ。濡れ縁と室内を隔てる障子、細い桟に張られた真っ白な和紙、その上の漆喰の壁、下から上へと明るさが増していく。御堂の軒下は押並べて薄暗く重苦しいが、ここでは白砂に照り返された陽の光が、さらに障子と白壁に反射して軒下を際立たせている。そこまで考えて造られているから、機能美に木の温もりが加わり美しく感じるのだろう。

その方丈を引き立てるのが方丈庭園で、三つのテーマの庭があると言われる。〝大雄苑〟は庭園の門を背景に法堂伽藍を望む枯山水の庭。〝潮音庭〟は三尊石と座禅石を配した草木で囲われた庭。〝○△□の庭〟は、禅宗の四大思想の、地・水・火・風、と宇宙の根源的形態の○△□とを重ね合わせ、□＝地・△＝火・○＝水を具現化して配しているのが新鮮な庭である。金沢在住の友人、岩瀬哲夫さんに、市内にある鈴木大拙館を案内してもらったことがある。そこでは裏手に造られた〝路地の庭〟に、○の石の上に、□の形を設け、その上の上面に△の窪みを彫り水を貯めてある。そんなつくばいが置かれていた、これも禅の心を表すのであろうか。鈴木大拙は、英文の著書『禅』で、その思想を世界に広めたことで有名だ。金沢生まれで、京都の哲学の道にある碑で有名な西田幾多郎とは金沢の同胞でもある。仏教学者でもあった大拙の亡骸は、鎌倉の東慶寺と金沢の野田山に分骨され眠る。東慶寺隣にある松ヶ丘文庫には、遺品の数々が収蔵されているそうだが、非公開なのが残念だ。話が横道に逸れたが、高廊を渡り法堂に進もう。

法堂には中尊の釈迦如来坐像が須弥壇上に安置されている。右手上に定印を結び、結跏趺坐する。江戸時代の慈本参頭の東山雑話によると、建仁寺仏殿の本尊はもと越前国（福井県）弘祥寺の像で、永源庵主で細川元常の三男である玉蜂永宋（一五四二～八二）が求め安置したとあり、この三尊像は十六世紀後半に越前からもたらされたことになる。両脇に安置されるのは、阿難・迦葉像である。共に釈迦十大弟子の僧で、釈迦入滅後の教団統率者となった。左脇で合掌する若相の阿難は多聞（智慧）第一、右脇の合掌した手の指を組む老相の迦葉は頭陀（ずだ＝衣食住にわたる貪欲をはらう行）第一と称された。二人は釈尊入滅後の王舎城での第一回仏典結集の中心となった。中尊釈迦如来坐像とともに十六世紀に、前出の越前弘祥寺から移され安置されたと伝えられる。御堂は幅五間、奥行き四間の裳階付きで二階建てのようにも見えるが平屋で、本坊とは高廊で繋がれ、庭の通路はその下をくぐる形である。平成十四（二〇〇二）年に創建八百年記念として、天井に小泉淳作画伯が双龍を奉納した。

知恩院や南禅寺と比べると大分小振りの三門であるが、静岡の安寧寺から移築された。内陣と称する二層部分には、釈迦十大弟子の迦葉・阿難が中央の釈迦如来をお守りし、周囲には十六羅漢像が祀られており、知恩院と変わらない御仏が並ぶ。勅使門から池まで歩くと、三門（彼岸との結界の三解脱門にちなんだ門）に行き着く。現在は門の下を通ることが出来ず、迂回しないと法堂へ行けないのが残念だ。高層建築がなかった昔は、二層目の欄干から京都御所が望めたのだろうか、望闍楼と名付けられている。寺内にあるので、十二本の丸柱には扉はないが、左右の建物の花頭窓が綺麗で印象的である。

どこの寺でも勅使門の扉は閉まっているが、ここの門は扉が開いたままで（柵が置かれ通れないが）、夜は閉じられるのだろうか。鎌倉後期の建立だそうで、方丈は銅板からこけら葺きに変更されたが、ここは表に面しているので、屋根はそれなりの銅葺仕様のままなのかも知れない。応仁の乱等の傷跡か、柱や扉には多くの矢の跡が残る「矢の根門・矢立門」の異名もある。一説には、平重盛か教盛の館の門を移築したともされ、寺の資料にもそう記されている。

さらに、寺内方丈の庭には、有名な茶室が置かれている。豊臣秀吉が醍醐寺で花見を開催したのを知る人は多いが、北野大茶湯を知る人は少ないであろう。それは、天正十五（一五八七）年に北野天満宮で、秀吉が開催した茶会で、その時使われた茶室〝東陽坊〟が残されている。名の由来である僧の東陽坊長盛は真如堂の塔頭住職で、利休が見立てた名作七茶碗の一つ、黒茶碗・東陽坊と茶釜を利休の高弟だった東陽坊に献じたとされる。建仁寺を開山した栄西は、宋に渡り禅宗のみならず、お茶も学び『喫茶養生記』を著すに至るのである。喫茶というと、お茶を楽しむことかと思いきや、養生の方に重点が置かれ、内容は何と「医学書」なのだ。それによると「お茶は、人間の内臓を鍛え、寿命を延ばす」とのことで、薬なのだと書かれているらしい。小生等は、お茶に含まれるカテキンの効用を聞いていて、毎日緑茶を飲んでいる。抗酸化・コレステロール低下・抗菌・体脂肪低下・血糖値上昇抑制・・・などなどがあるとされ、栄西は八百年以上前に、既にその効用をわきまえた上で、緑茶を嗜んでいたのである。楽しむばかりではなく、明恵上人にお茶の栽培を教え、高山寺に日本最古の茶園を開き、宇治の地へと茶の栽培を発展させていく。建仁寺開創の栄西は、臨済座禅の僧侶だけでなく、お茶を日本の文化に根付かせた「天才文化人」でもあったのである。

64、禅居庵

建仁寺は何回目かの拝観だが、今回はちょっと趣を異にしている。日本には摩利支天尊をお祀りするお寺は多い、京都で言えば、絵を見に行って知ったのだが、長谷川等伯の涅槃図で有名な本法寺にも、摩利支天尊を祀る御堂があった。順位ではなく、なぜか三大摩利支天といわれる寺があるので、興味本位で回ってみた。

一つ目は、東京は上野の隣、ＪＲ御徒町駅の線路際に建つ「徳大寺」である。別名下谷摩利支天と言われている。こんな賑やかな場所の、猫の額のような所に小奇麗にたたずむお寺だ。

二つ目は、金沢の卯辰山中腹にある「宝泉寺」で、高野山真言宗系の寺である。大学時代からの友人に、岩瀬哲夫さんという親切かつ気の利く友人がいる。小生がその寺を訪ねたいと言ったら、わざわざ下見をしてくれ、当日は降りしきる雨の中を案内してくれたのだ。一月には本山から僧侶が来て祈祷が行われるそうだが、「ここは観光寺ではない」と出てきた僧侶に言われ、二人は早々に堂内から退出した。訪れた誰にもそのような対応をするからか、雨のためか、参詣客の姿を見ることはなかった。岩瀬さんには午前中から夕方まで、小生の希望により、雨の金沢をわざわざ徒歩で案内してもらった。

三つ目が建仁寺塔頭の「禅居庵」、建仁寺の南西の角にあるお寺だ。建仁寺の勅使門と並ぶ南に位置する山門から入り、のぼり旗が掲げられた石畳を進むと、左右に猪の石像が出迎えてくれた。突き当りには一メートル以上はあると思われる猪の石像が置かれ、回りには参詣客が奉納したのか、小さな猪が所狭しと置かれている。右奥の拝殿で祈願を済ませた。四十代くらいの女性が一人、熱心に祈りを捧げていたが、一七時近くだったので他の参拝客には会わなかった。小生は亥の年の昭和二二（一九四七）年生れであり、干支にちなんで三大摩利支天を回った最後が京都だった。名刹の塔頭だからというわけではないのだろうが、京都は祈り慣れした場所柄からなのか、参道は掃き清められ、奉げ物や旗一つとっても管理が行き届いているかに見受けられ、気持ちも晴れ晴れするのであった。

65、高台寺

ねねの道から石段をしばらく上ると、右手に鐘楼が現れその左が寺の入り口になっている。受付を済ませ、庫裏との間を進むと庭園に辿り着く。部分的に屋根付きの回廊が設けられ、観月台と称する屋根の高い、あずまや風の場所では月見が行われたのだろうか、その先回廊は開山堂へと続く。子を授からなかったねねだが、秀吉の菩提を弔う為に、慶長十一（一六〇六）年に創建した。庭園は小堀遠州の作であるが、伏見城からの移築で、秀吉とねねの思い出深い門や茶室や堂宇を形成し、二人を偲んでいる所が気に入った。開山堂の天井には、秀吉の御座船やねねの御所車の懐かしい品々も設え、龍の図は加納山楽の作だそうだ。お堂全体が美術館の様相を呈し、豊臣家の煌びやかな時代が偲ばれる。

「霊屋」はその名の通り、ここはねねの里そのものである。この床下にはねねの御霊が眠る霊廟でもあり、高台寺きっての中心的館と言って良いだろう。江戸時代の建築で、秀吉とねねの像が並び、室内の障壁画もねね好みなのであろうか素晴らしく、蒔絵をあしらった多くの工芸品も並び見応えがある。

紅葉の季節に訪れるなら、夜のライトアップは必見である。方丈と勅使門の間を取り持つ枯山水は昼も良いが、ここ波心庭のライトアップの演出は近代的で、様々な色や形が白砂に投影され、現れた模様は煌びやかで近代的である。場所は変わり臥竜池の対岸から見た開山堂と臥竜廊のライトアップは、一転して幻想的である。手前のモミジの赤と、開山堂の漆喰の白が水面に映り、右の臥竜廊へと続くさまは、別世界の如くなのだ。水面に映った、この世のものとは思えない景色に身も心も吸い込まれるほどである。上半分の現実の世界よりも、下半分の池に映り込んだ虚像の方が、透明感があり夢のようで魅力的だ。その先の小道を上がった夜の竹林はさらに幻想的で、風が吹くとサラサラという音と共に、幽玄の世界に迷い込んだ如くで、それを堪能できるのは、ここだけのような気がするほどである。

庭園の散策なら昼間が良いだろう、開山堂から臥竜廊を抜け、霊屋から二つの茶室へと歩みを進めてみると、ねねの世界独特の雰囲気なのだろうか、ここも他では味わえない世界である。高台にある茶室（傘亭・時雨亭）は開山堂と共に、桃山時代からの遺品である。伏見城から移築された二つの茶室は、丸木組の平屋の傘亭と、二階が茶室の方は時雨亭と呼ばれている。桃山時代の建築はこのようなものだったのか、と興味をそそる、窓が跳ね上げ式なのも、ガラスがなかった頃の合理的な発想で面白い。秀吉と共にこの世を楽しんだ〝ねね〟、秀吉も他の武将と違て様々なアイディアで戦国の世を生き抜いたが、彼女の発想力は秀吉の上をいっていたと改めて思えるほどである。この場所に来れば、〝ねね〟あっての〝秀吉〟だったのだ、と誰もが感じるであろう。

66、八坂神社

京の宿は余程のことがない限り、八坂神社の近くに決めている。駅から歩いては遠いいが、いつも歩くのが小生の流儀になっている、南座周辺では、店や観光名所が遅くまで解放されているからありがたい。好きな食事を外で済ませ、極端な話、宿は寝るだけで良いのだ。知らない京の街並みを闊歩し、思う存分に堪能できる方が小生には向いている。ここ八坂神社は、早朝から夜遅くまで、いつ来てもお参りできる。その時々で、様々な人が来るので、それを見つつ思いを巡らすのも、もう一つの過ごし方でもある。

高台寺の鐘楼前のような、展望のよい高台を探し、ライトアップされた八坂の塔や京都タワーを望むのもよし。簾を下した料亭、高瀬川のせせらぎ、夜風を感じながら、そこをゆっくり歩くのも楽しみだ。門限ギリギリに宿に帰り、一風呂浴び、ビールで喉を潤し床に入る贅沢はやめられない。しかし最近の京都では「とりあえずビール」は禁句で、最初から日本酒を堪能するのが流儀になっているとのことだ。酒処伏見を抱えたイケズの京都らしい発想でもあり、京都の人は湯上りも日本酒なのだろうか。そんな酒の神様が四条通にある、ここ八坂神社は通りの東端の突き当りだが、反対の西端には松尾大社があり、酒の神様と酒の消費地が、同じ通りで綱を引くかのように、対峙しているのも京都らしくて解りやすい。

「祇園祭」を知らない人はいないほどこのお祭りは有名である。山鉾巡行は芸術品の一般公開というぐらいに見応えがありそうだ、正直言って未だに見たことがないのである。だが、山鉾巡行は八坂神社が行うのではなく、町内会の行事なのだ。貞観一一（八六九）年に、全国の数に相当する六六本の鉾を立て、八坂神社から御輿を繰り出して、神泉苑で厄払いが挙行された。その行事が町々に受け継がれていき、現在の祇園祭の山鉾巡行の魁になったとされている。八坂神社主催の祭りは、神輿の渡御にあり、祇園御霊会がそもそもの始まりで、死者の霊を慰めることが発端だった。その昔、都であった頃の京都盆地は、人も多くとかく不衛生になりがちで、疫病が発生するとその感染は広範囲に及んだ。そのような事態を発生させた悪霊を退治し、収束させるために行われるのが御霊会の目的だった。つまり祭りのハイライトは神輿の渡御で、現在は三基の神輿に神を乗せ、御旅所で滞在し悪霊を追い払う、もしくは悪霊を他の場所に連れ去ってもらうのだそうである。

ある時、たまたま京都駅から徒歩で清水寺を経て八坂の塔を拝み、坂を下った。下りきった大通りでは浴衣を着た人々が行き交う、丁度角で出会った男性に「何があるんですか」と聞くと「祇園祭の神輿が帰って来る、これから着替えて（浴衣に?）神社に向かう」とのことだった。話によると、クライマックスは「日付が変わる頃に、境内で執り行われる」らしく、それに参加するのだそうである。礼を言って、八坂神社の階段に向かった、途中で竹竿の上に提灯をかかげた人を先頭に、行列が向かってくる。白馬に乗った神官らしき人、神事の葛籠を持った人、様々な衣装をまとった祭りの一行がやって来る。大勢の人に混ざり神社の石段に陣取った。

小一時間待った二十二時頃に、南座の方から神輿らしき姿が現れた。三叉路になっている神社前で、日の丸の扇を合図に、大きな掛け声に合わせ、神輿がもまれた。神輿の担ぎ棒は前後に長く、道幅の制約からか左右にはない。全員の腕が延ばされ、手の平で担ぎ棒を支え、前と後ろが交互に上下させるのだ、揺れる度に本体の飾りや鈴が鳴ると同時に掛け声も響き渡る。神輿好きの小生にはたまらない、飛んで行って担ぎたい位だ。休憩後、御輿は神社の正門である南楼門に向かうため、南の方に去って行った。その先の細い路地を東に入りさらに北へ向きを替え、厄払いの役目を果たした三台の御輿は、南桜門から八坂神社の境内に帰って行くのである。まだ残る二基の神輿は姿も見えない、小生は宿の門限の都合で、境内で行われるクライマックスは見なかったが、貞観一一（八六九）年から延々と続く祭り、いつかは最後まで見届けたい思いを抱き、鳥居を後にしたのだった。

67、清水寺

清水寺ほど誰もが知る寺は全国にそうはない。婚活から自殺希望者まで、様々な人達がその可能性に願をかけにやって来るのだ。どちらの方角からやってこようが、道は仁王門に通じる参道に集まり、門前の石段を上ると、左右の仁王像に迎えられる。朱塗りの門を入ると、突き当りが本堂で、右に回れば舞台の上に辿り着く。

堂内の御本尊は十一面千手千眼観音菩薩像で、西国観音霊場の第一六番札所になっている。御本尊は秘仏で、三十三の姿に変化して災厄から我々を救ってくれるのが観音様とされる為か、三十三年に一度の御開帳なので、一生に一度拝めれば良いくらいである。三十六項に記した愛宕念仏寺を再建された大仏師の西村公朝氏の調査では「ご本尊の像高は一七三センチで、桧の寄木造で木肌そのままの素地仕上げ（お前立は、漆箔押なので金色に輝いている）で、眉間の白毫（仏像に見られる毛を表す玉）は水晶だそうで、鎌倉中期の造像と推定している」とある。

同じ造りとされるお前立のお姿も、胸元で両手を合わせ合掌する二本の手の他、四十本の手を持ち、頭上には化仏を乗せる。他の観音様には見かけない二本の両手を頭上に真直ぐ伸ばし、そこにも化仏の釈迦如来を高く翳（カザ）す「清水型」と呼ばれる独特のスタイルである。合掌の二本の他の四十本の手は、一本で二十五の法力があるとされ、掛け合わせて一〇〇〇、「千手＝無限・無量」つまり何でも叶えてくれるとされる、真にありがたい仏様なのだ。

ご多分に漏れず、この寺も度重なる火による災難を受け、本堂は三代将軍家光公により、寛永一〇（一六三三）年に再建された。懸け造りの舞台の用途は、本来は拝殿に向かい、奉納が行われる場所である。寺の様々な行事のために使われるのだが、参拝客にとっては恰好の見晴らし台で、誰もが御本尊に平気で尻を向け騒ぎ立てている（かつては自殺目的での飛び降りも後を絶たなかったそうだ。寺の調査では、高さ十三メートルからの死亡確率は十四・六パーセントと低い。何事も前向きな観音様の足元での、悲観的な行動の大方は、遮られてしまうのかも知れない）。

右の方角には遥か先に京都の街並みを望むことができ、正面には音羽の滝の先に、三重塔が山の緑に朱の色を溶け込ませている。本堂をお参りし舞台を左へ回り、石段を下りずに進むと、阿弥陀堂・奥の院・子安塔・音羽の滝へと順に拝観できる。

阿弥陀堂は、法然上人が最初に常行念仏を唱えた場所として記録が残り、本尊の阿弥陀如来をお祀りする。奥の院には、本堂と同じ懸け造りの舞台があり、阿弥陀堂と共に、その前では京都市内と本堂が一望でき、ライトアップ時に参詣した時は、様々な堂宇が浮き上がり、遠くの市街地の明かりや京都タワーの白い姿が印象に残った。奥の院の脇の小道を進むと、門前とは違った小振りの三重塔の前に辿り着く。この塔の別名は子安塔と言われ、安産の神様の子安観音をお祀りする塔で、聖武天皇と光明皇后ゆかりの御堂として親しまれている。

そこから坂道を下ると、売店の右に音羽の滝が見えてくる、というよりは多くの人が並んでいる。音羽山清水寺とあるように、宝亀九（七七八）年に、延鎮上人がこの滝の畔に庵を設け、千手観音を祀ったことに始まる。いうまでもなくその名からわかるように、清水寺の発祥の場所でもあるのだ。ここには三本の滝が流れ落ち、いつ来ても大勢の人が、その水を汲む柄杓を手にするために行列をつくり待っている。あまりの人の多さで、その列に加わるには相当な覚悟が必要な位だ。行列のできる滝の御利益は、学業向上・健康増進・縁結び、だから当然多くが集まるわけだ。縁結びは、本堂隣の地主神社と両方拝めば、効力倍増かも知れない。

神仏分離で寺とは別れ名前が変わり、元々は清水寺の神様だったのだろうか。最後に三重塔と西門の傍を抜けて門外に出るが、高さ三一メートルもある国内最大級の三重塔は、江戸時代（一六三二年）の再建とのことである。内部は密教の世界が展開されており、大日如来を中心とした曼荼羅の境地は、空海の高野山や東寺にも通じる。ライトアップ時にはこの塔が夜空に映える、拝観時間を過ぎ、参道のお店が閉まった後まで、赤々と輝くさまは見事である。そんな遅くの時間に訪れた時にも、門内には入れないが、見物客は絶えることがなく、不夜城ならぬ不夜寺のような気がするのである。

68、地主神社

参拝する度に不思議に思うのがこの神社である。何が不思議なのか、小生だけが不思議と思うのか、この神社をお参りするには、清水寺へ拝観料を払わねばならないのが一つ目。

二つ目は、いつ来ても大勢の若者でごった返しており、東京は原宿の竹下通り顔負けの若者が訪れ、首を垂れている。

見ていると、カップルや男性もいるにはいるが、ほとんどが若い女性のグループ、中には一人もいるが稀である。そう、参拝者の目的は婚活、グッドラック宗教なる言葉も造られているように、幸せは神に呼び込んでもらうのが昨今の流行のようである。結婚から墓場まで、といいたいところだが、清水寺にはお墓はないので、ここだけで人生が全うさせることは叶わない。それでもこの山へは様々な願いごとを手向けに人々は集まるのだ、人気スポットだけあって、多くのご利益が用意されているのもありがたい。そんな小生も、毎回異なる願いごとをして、心機一転させてもらい、山を下っているのである。

69、智積院

真言宗智山派で、全国に三千もの寺を従える総本山であり、関東では成田山新勝寺、川崎大師平間寺、高尾山薬王院、高幡不動（高幡山金剛寺）等が名を列ねる。関東在住の方であれば、信者以外でもどこかに一度は出向いていているはずだ。

寺の歴史を見ると、空海の高野山まで遡り、後に高野山を離れ、同じ和歌山の新天地で根来山を創建する。規模はみるみる拡大し僧侶六千人の大集団と化すが、豊臣秀吉に恐れられ壊滅的打撃（焼き討ち等）で衰退してしまう。その後は徳川家康の命で、京都の現在地を得て本格的に再興され、今の姿になったようだ。どこの社寺もほとんどが例外なく芸術や文化および伝統芸能との結び付きが強い。神仏（画、像、道具）から建築、作庭や茶道、華道、雅楽、演劇、祭り等にまでおよび、我々はどれか一つ位は感心を持っているのではないだろうか。ここでは、長谷川等伯の「楓図」と、息子の「桜図」が宝物館で拝観できる。能登の地から、妻と一人息子を連れ京の都に上り、狩野派に学んだ後、独自の道を歩むことになる。その秀逸な作品は狩野派をも超えるとされ、豊臣秀吉に見いだされるまでになる。秀吉の命で、祥雲寺（後の智積院）に息子の久蔵と障壁画を描いたのが、楓図と桜図である。

息子の桜図、五蘊を使った花弁は盛り上がり、製作当初は光り輝いた白だったことが想像できる。満開に咲誇るのは山桜だろうか、僅かに芽吹き始めた葉が花をひき立てる。どっしりとした桜の大木をあしらった構図と、金箔を使った華やかでいて、しっかりした筆使いは、父親譲りなのだろう。大木を中心から僅かにそらし、左右に長く伸びる枝振りは見事である。背景の金箔が成す空間とのバランスも良く、見る人を飽きさせない。

等伯の楓図はというと、ど真中に極太の幹を遠慮なく配し、その下を明るい秋の草花が全体を引き立てている。こちらも息子と同じく、思いきった空間を設け、モミジの葉を強調している。照明が暗いのが残念だったが、作品の劣化防止上やむを得ないのだろう。息子の久蔵と共に活躍するも、久蔵は桜図を描いた翌年に急逝してしまう。一説には狩野派の刺客による陰謀、暗殺との見方もあるほどに親子は一世を風靡したのだ。悲しみに明け暮れするも、息子の無念を晴らそうと奮起して描いたとされるのが楓図で、双方が国宝に指定されている。等伯は、晩年に徳川家康からお声がかかり、江戸に参上するも、二日後に病で倒れた。その後狩野派は消えるも、長谷川家は今も子孫が絵師として活躍されているようだ。

大書院には等伯親子の実物大のレプリカの絵を配した部屋がある。床の間から下座に移る襖には、楓図はもちろん、桜図と続く親子の競演が展開され、華やかしき往時がしのばれる。季節や天候にもよるのだろうが、庭に面した障子は開け放たれ、絵と庭が一体化しており、創建当初からのおもむきが味わえる。座敷に座り名画を楽しむのも良し、その絵を背にして東山の名所旧跡中随一といわれている名勝庭園〝利休好みの庭〟を眺めるのも良し、ここでは贅沢な至福の時を過ごすことができるのである。庭園は中国の廬山を再現しているという、自然の傾斜地をうまく利用して、築山や池がみごとに配置され、周囲の緑に溶け込む。山は高く、石は大きく、木々は多種で変化に富んでいる。池の水は、大書院の縁の下まで入り込み、寝殿造りの釣殿を意識し、平安時代の面影を再現しているとのことである。嵯峨野にある大覚寺本堂の五大堂と造り方は同じで、そこでは大沢の池の水を、濡れ縁の観月台の下に入れ込み、水面に映る月を楽しんだと言われる。ここ智積院の庭園も、計り知れない意図のもと、素晴らしい東山の自然を借景して一体化されており、ここだけでしか見られない庭を生み出しているのだ。名勝庭園と呼ばれるからには、他にない独創力が注ぎこまれているからなのであろう。

ここでは様々な遺構が楽しめるが、智積院の中心は何と言っても金堂で、本尊の大日如来が安置されている。元禄一四（一七〇一）年の発願で、宝永二（一七〇五）年の建立だが、明治時代に火災で失われた。再建は弘法大師生誕一二〇〇年を記念して、昭和五〇（一九七五）年に完成したとある。ここでも弘法大師が一役かっているが、その御堂の佇まいは堂々としており、寺の中心的存在である。

寺の南端ではあるが、金堂と肩を並べ本尊の不動明王を祀るお堂が明王殿で、こぢんまりとするも何か威厳を放つ。京都市内の大雲院の本堂を譲り受け、寺内を転々としていたらしいが、平成四（一九九二）年に現在地に落ち着いた。不動明王は大日如来の化身とされ、全国に多くのお不動様が祀られ、人々は親しみを込めてお参りしている。ここの明王殿も例外ではなく、他の建物と比べるとなぜか親近感が湧くのだ。金堂に比べると大きくはないが、大雲院の本堂であったことを知らずも、その存在感は大きく、自然と歩み寄りたくなるのが不思議だ。金堂との間には蓮池が設けられており、季節外れの蓮の花が咲いていた。左右のお堂の大日如来が一体となり、蓮の花と化して小生を迎えてくれたのであろうか、忘れられない一輪となったのである。

70、六波羅蜜寺

空也上人像ほどドキッとさせられる姿はこの世にたった一つかも知れない。口から飛び出す六体の繋がった小さな仏像は、南無阿弥陀仏の呪文を唱えながら遊行する姿とされる。念仏を全国に広めた姿そのものなのであろうか。高さ約百十七センチの小柄な像だが、見える化ブームの昨今を、遠い昔に既に具現化したことは驚きに値する。

六波羅の名は、涅槃の境地にいたる行い、布施・持戒・忍辱・精進・禅定・智慧、の六波羅蜜から来ている。この寺の起源は、空也上人が僅かながらの浄財をもとに、粗末ではあるが情のこもった御堂を建てたことによる。草庵の中に十一面観音を安置し、六波羅蜜寺へいたる道筋をつけるべく、空也の魂を込めた始動は、ささやかだったが、意志だけは強かったのだ。村上天皇は疫病の蔓延防止と退散を願った、それを受けた空也上人は市中を念仏を唱えながら病人に尽くしたそうだ、このことが空也上人の布教の証とされている。荷車に乗せていたのが、国宝に指定された御本尊の十一面観音、空也のお手製で、高さ約二六〇センチの立像である。辰の年に御開帳され、通常はお前立ちが拝める。高貴な生れをひた隠し、庶民の為に尽くした僧は他には記憶にない。人々はその人情味あふれる行動に感激し、空也の寺とあって、その信頼は平民から貴族まで幅広くに及んだようである。

近年で例えれば、全国行脚で治水をはじめとした、農業改革ともいえる成果をあげた二宮金次郎だろうか。他にも様々な事業を展開し、どこの小学校にも必ずという位立っていた人である。あの薪を背負って本を読んでいる姿は懐かしいが、空也上人はその僧侶版とでも言えるだろう。

しかし苦労を重ねた末の寺も、兵火でほとんど全てを失い、本堂は貞治二（一三六三）年に再建された。ここに参拝したら、宝物館に立ち寄らずに帰るのは邪道である。空也上人や平清盛坐像他の多くが鑑賞でき、必見とも言える。中でも、特筆すべきは、念仏が仏の姿となって口から出ている、空也上人立像である。他にも鬘掛け地蔵、夢見地蔵は定朝と運慶の作であり、ご本人の運慶や彼の長男湛慶坐像も収蔵され、見逃せない逸品が並ぶのも他の寺にはない特徴だ。近くには廃業した焼き物工場と思われる赤レンガの煙突も立っている、この辺りが葬送の地だった汚名を返上しきった、古き良き時代が偲ばれる場所でもある。

71、蓮華王院（三十三間堂）

千体もの千手観音（十一面千手千眼観世音菩薩＝千の手と、その手に目を持つ）をお祀りする御堂は、文永三（一二六六）年の再建後、一度も災害に合わずに現在に至ったことは驚きでもあり、その維持管理も並大抵ではなかったことだろうと察する。

中国にある兵馬俑には、二千体の兵士が並ぶが、いまだに発掘途上で八千体は埋もれ眠るとされる。しかし、数からすれば圧倒されるが、一体毎の技の緻密さからすれば、比較にすらならない。ここの観音様一体で八千体と同じ以上の価値があるのではないだろうか、気が遠くなるほどの見事さである。

後白河法皇の勅願で、寺の創建は長寛二（一一六四）年だが、像の造立は平清盛の私費とされる。お堂は様々な耐震対策がされているそうだ。基礎の液状化対策、梁の免震構造、壁の耐震対策など多くの工夫が施されているらしい。東寺の五重塔も、心柱以外の四本の柱と梁を工夫し、地震にも備えているのと同じ免振構造だそうだ。当時は構造力学や計算ソフトもない時代で、土木や建築の設計者は、いかに優秀だったのかも驚きである。

観音様に三十三の数字は付き物だ。西国を始め東国（坂東）や全国各地に観音霊場があるが、秩父の三十四か所を除き、ほとんどが三十三観音霊場であるようだ（秩父は西国三十三＋坂東三十三＋秩父三十四の合計が百観音ということらしい）。

蓮華王院のお堂は長さが百二十メートルあるが、その内陣を三十四本の柱で支え、柱間が三十三あるので、三十三間堂とされたそうである。御堂に入ると千体もの観音様が所狭しとばかりに居並ぶ、背の高さは皆同じ位で、しかも我々と似た高さなのが親しみを感じる。像の創建時は平安から鎌倉時代とのことで、作者が判明しているのが半数、その中には東大寺南大門の金剛力士を彫った運慶・快慶も名をつらね、百二十四体は創建当初から並んでいたそうだ。中央には丈六より大きい高さ三メートルの千手観音坐像が鎮座し、他と同じ木造漆箔押しの国宝である。運慶の嫡男である湛慶の作で、穏やかな顔はほれぼれするほどで、自然と足が止まる。周囲の観音様にも湛慶作が八体含まれるそうだ。

これだけの数となると、維持にも相当な労力が必要になるだろう、愛宕念仏寺を復興され、住職にもなられた仏師でもある西村公朝氏も修復に携わっていたという。その他多くの錚々たるメンバーで行われているに違いない。

余談になるが、御堂の端から端までの一二〇メートルを使い、その長さの先に設けられた的を矢で射る競技が今も行われている。創建当初は、二四時間に放つ数と的中率を競う競技が流行ったそうだ、最も優れた選手は八一三三本を的中させたとの記録が残る、命中率五一パーセント強だった、何と一万六千本以上を放ったわけだ。扇を射抜き、平家を倒すきっかけを作った那須与一、弓の名手と言われる人が当時は多かったに違いない。

コラム：京都駅から〝祇園さん〟までの神社仏閣

禅寺とは早い話、座禅道場を持つ寺といえば解りやすいだろう。開祖は、臨済宗は栄西、曹洞宗の道元、黄檗宗が隠元の寺々で大本山には、建仁寺・萬福寺・永平寺があり、前の二寺は京都、永平寺は福井にある。

禅の四大思想に〝地・水・火・風〟があり、宇宙の根源的形態の○△□とを重ね合わせ、禅を解いている。すなわち、□＝地：四角い箱に閉じこもったこだわりの心を開放することが禅、△＝火：座禅の仏と一体となった姿、○＝水：一円相という絶対の心理を表しているとされ、建仁寺の〝○△□の庭〟は、禅の思想を形にしている庭である。

建仁寺は祇園の繁華街の真っ只中に鎮座している。四条通を〝一力〟の名で有名になった黒とベンガラ色の〝万亭〟の角を曲がり、花見小路に面した暖簾を左に見ながら先へ進むと、祇園甲部歌舞練場前を通り、建仁寺の北門に突き当たる。「♪祇園恋しや・だらりの帯よ♪」祇園小唄の三味の音や、舞の師匠・「井上八千代」の声も聞こえてきそうな花街に、寄り添うように建つのが建仁寺なのである。ここ祇園では、賑わいと静けさが背中合わせのところがおもしろくもある。

四条通りの東の突き当りは八坂神社で、繁華街の中心に鎮座し祇園さんの別名を冠している。反対側の突き当りの西端には松尾大社が鎮座し、こちらは酒の神様で、祇園の料亭の女将やバーのママ達が商売繁盛の願掛けに躍起だ。西は酒の神、かたや東は酒の消費地、その一本道を華麗な和服に金銀豪華な帯を締めた人達が行き来する、これも京都ならではの光景で、妙な因果でもある。

松原通りの一本祇園寄りにある八坂通りを、国道一四三を渡り、坂を登りきった突き当りが八坂の塔である。右に行くと産寧（三年）坂となり、途中の左に高台寺方面の二寧（二年）坂を分けるが、古く小奇麗な民家や店が並び、落ち着いた雰囲気が楽しめる小路なのだ。八坂の塔を見て、右に直進すると突き当りが門前通りの清水坂で、多くの店が軒を連ね、左に曲がるとやがて清水寺・地主神社にたどり着く。参拝を終え、三年坂まで戻り、そのまま清水坂を下り、国道一四三を渡ると、松原通りに入り、その先を右折すると建仁寺・禅居庵、左折すると六波羅蜜寺となる。清水坂を下り、国道を渡らず左折し、国道一四三号を歩き、左に大谷本廟見ながら、一号線を越えさらに進むと、妙法院があり智積院と続く。智積院の前の国道一四三を渡り直進すると、右が京都国立博物館で、門前から見た斜め右が三十三間堂（蓮華王院）で、博物館裏手が豊国神社や方広寺が鎮座している。

小生は豊国神社と方広寺以外は行ったが、妙法院は天皇陛下お手植えの樹木は覚えているが、樹種やいつの天皇だっかなど思い出せず、庭園や唐門は見応えがあったが、記述からは除外した。方広寺には、豊臣秀吉が東大寺の大仏と大きさを競って造像し、最大級の像は完成後二度にわたり崩壊し再建されなかった。しかし金塊を溶かし込んだ鐘楼は残されており、知恩院の鐘と大きさは同等だが、重量は金塊を溶かし込んだので十トン重い八〇トンとされ、いかにも秀吉らしい発想なのである。京都駅から最も近い蓮華王院までは、徒歩でも十五分程度なので、高瀬川や鴨川を見ながらのんびり歩くのも良いし、京都の下町的生活感を感じられる街並みもこの辺りの特徴といえよう。

さらにこの地域は、その昔は庶民の風葬の地、東山・鳥辺野であったようだ。記載しなかった六道珍皇寺や恵比寿神社・護国寺の他、小さな神社仏閣が多く点在するので立ち寄るのも楽しみな地域である。西光寺（後の六波羅蜜寺）境内などに平家が軍勢の拠点を築いたのが〃六波羅第〃で、後に北条氏が六波羅探題を置くことになる。市街地には空き地もなく、葬送の地は人も寄りつかなかったので、広い土地が確保できたのであろうか。平家一族は、始めは葬送の地に拠点を置くが、代を重ねる毎に勢いを増し、鴨川を越えて市街地へと進出していくことになる。

その後、平時忠は「平家でない者は人でない」とまで豪語し、その館は、かつての国鉄梅小路機関区（現在の京都鉄道博物館）の隣、梅小路公園内あたりに西八条邸の名で御殿を設けた（西八条邸跡の看板が公園内にある）。嵯峨野にある祇王寺には、祇王祇女や仏御前が祀られている。それらの女性達は、平家の新たな拠点である西八条邸を舞台にして、清盛に夢を託していたのだ。亡骸の上に築かれた平家の街並みや進展地の御殿は、平家滅亡時に自ら放った火で消滅し、やがて静かな地へと戻り、今の姿があるようだ。

北東の山側、八坂の塔方向に目を移すと、高台寺がある。その鐘楼脇の駐車場になっている高台あたりは展望が良く、京都タワーのすぐ先、平家の西八条の御殿があった梅小路辺りも見える。駐車場南寄りの道路脇から見た八坂の塔は、京都タワーを背景とした夜景が綺麗で、細やかな木組みの塔と真っ白なタワーのコントラストも味わい深く、撮影ポイントとしてもお勧めである。歴史の街を歩くと、行くたびに新たな発見があり収穫が得られる、思いがけない過去を楽しみにこれからも歩き続け、先の世の糧にしたいといつも思うのである。

京都⑦（洛中：3　隠れた穴場・個性豊かな京都）

72、六角堂

六角堂の正式名称は、紫雲山頂法寺で本堂の形が六角形をしているから親しみを込めてそう呼ばれる。用明天皇二（五八七）年、聖徳太子の創建で、本尊は如意輪観音である。この地にお堂を建てるきっかけになったのは、太子が身を清める為に立ち寄った池での出来事だったとされる。衣を脱ぐ前に、大切に持ち歩いている念持仏を、池の傍の木の枝に掛けておいたのである。水浴を終え身支度を整え、立ち去ろうと木に手を伸ばした時のことだった。念持仏は「この地に留まりたい」と言って動かないので、太子は止むなく言う通りにし、六角形のお堂を設け安置したのである。

六角の由来は、六根に通じるそうで、つまり「眼根（視覚）、耳根（聴覚）、鼻根（臭覚）、舌根（味覚）、身根（触覚）、意根（意識）」による欲のことである。これ等の角をなくし丸くなり、心身を清らかにする、つまり六根清浄の状態にすることが求められる。山に行くと、白装束を纏い「♪六根清浄！　お山は晴天♪」などと唱えながら登る人々を見かけることがある。六根を健全なものに鍛え、お山よりも自分の心を晴ればれした状態にさせるのが目的なのだ。このような思想は、八正道にも通じるとされる。

八正道つまり「①正見＝心理などを正しく知り正しい見解を得る、②正思惟＝正しく考え判断する意欲を持つ、③正語＝正しい言葉遣いを心得、嘘・無駄話・誹謗中傷をしない、④正業＝殺傷・盗みを避け主体的になる、⑤正命＝道徳に反することなく暮らす、⑥正精進＝起こった不善を絶つ・起こらない不善を防止する・起こった禅は増長させる・起こらない善は起こす、⑦正念＝内外の状況に気付いた状態でいる、⑧正定＝正しい集中力を持つことで、仏教で言う悟りの境地に達する」が大切なのである。本尊の如意輪観音は、宝珠と法輪を持つ姿で、苦しみを除き願いを叶えてくれるといわれている。特に健康面（延命長寿と病気治癒）や子宝・安産に利くそうで、『今昔物語』にも逸話が記されているそうだ。

人は輪廻転生を繰り返すともいわれる、此岸（この世）の行いの良し悪しで、彼岸（あの世）の運命が決まり、六つの世界のどれかに生まれ変わるそうだ。つまり「地獄道、餓鬼道、畜生道、修羅道、人間道、天道」のどれかに決められるのである。下から二番目の人間道なら現状維持だが、どうもそうはならないらしく、最悪は地獄に落ちて行くから大変だ。ここ六角堂の如意輪観音様は、天道を司るとされるので、あやかりたいと願う信者が絶えないそうだ。厨子に入った秘仏の本尊は拝観できないが、お前立が毘沙門天と地蔵菩薩に守られ鎮座している。

本堂は明治一〇（一八七七）年の再建で、上方に頂法寺の額を掲げた大きく広い拝殿を設け、本堂と繋げている。拝殿の天井には観音菩薩と書かれた真っ赤で大きな提灯が吊るされており、迫力を感じた。寺内に建てられたビルのエレベーターに乗り往復すると、ガラス越しに六角堂の下から上までくまなく見ることができ、本堂と拝殿の造りも確認できる。聖徳太子を尊者とする親鸞は、二九歳の建仁元（一二〇一）年に、太子が創建した六角堂に「百日参籠」（夜は六角堂に籠り修行し、朝は比叡山に戻り修行する過酷な行）する誓いを立て、毎日比叡山と六角堂を往復していた。

苦行すること九五日目、こともあろうか、暁の空を破り、まばゆいばかりの光とともに、如意輪観音がお告げを放ったそうだ。「法然上人の教えを多くの民衆に広めよ！」とでも言ったのだろうか、親鸞は浄土真宗を開き、法然の浄土宗の教えをさらに深めて行くことになる。聖徳太子ゆかりの六角堂、ここで親鸞は日本最大の宗教集団、浄土真宗の産声を上げる決心をした、と言っても良いだろう。寺内にはそんな親鸞堂がある、そのそばには十六羅漢が思い思いの恰好で配置されている。仏陀の弟子の五百羅漢は良く聞くが、十六羅漢は「仏教を後の世にまで頼むぞ」との釈迦の遺言を託された十六人の弟子である。幼く柔和な顔に見える六角堂の羅漢像、いつも「優しい顔でおだやかに話をしていれば、必ず良い報いがある」という教えとか、心しないといけない。

嵯峨天皇は、菊ヶ島（大覚寺大沢の池にある）の野菊を切って飾り、そのことが生け花嵯峨御流の始まりになった。ここ六角堂の池のそばに、小野妹子を始祖とする僧侶の坊があったとされ、後に池坊と言われるようになった。六角堂は池坊が代々住職を務め、仏前に生け花を奉げていたとされ、後に池坊は僧侶と生け花を両立させるに至ったそうだ。後水尾天皇は、池坊の三二世専好を重用し、寛永六（一六二九）年に京都御所の紫宸殿で、華道の会を開催するまでになったとされる。その後に池坊は華道家元になり、六角堂は生け花の発祥の地になったのである。本堂の右には「華道発祥之地」の大きなお札が掲げられている。

千利休が訓示するには「規矩作法・守り尽くして破るとも・離るるとても・本を忘するな」がある、いわゆる世に言う「守・破・離」である。時代はどんどん進化し、生活スタイルや住環境は変化が加速している。和室の減少に伴い、花をいける床の間は消え、それに伴い水盤や剣山の出番も減ってきた。日本古来の伝統的な慣習でさえ見直されつつあるのが現状なのである。時代のトレンドを意識せず、従来の作法を守ることが困難な時代が到来している。千利休は茶道だが「守破離」という言葉はどんな伝統芸能などにも当てはまりそうだ。令和の時代になり、池坊には華道界初の女性家元が誕生する、この分野でも女性が男性中心の世界にメスを入れたのである。

今は都会のビルの谷間に埋もれるように佇む六角堂、様々な人々が出会った場所でもあり、ここで多くの学びを得ることができたのも、この寺に馳せ参じたからだと改めて感じられたのである。「寒くとも・たもとに入れよ・西の風・弥陀の国より・吹くと思えば」：見真大師・親鸞。頂法寺に掲げられている額〝見真大師の御詠歌〟は、浄土信仰天台密教の教えそのものなのである。

73、神泉苑

延暦一三年（七九四）に桓武天皇は、自らの庭園として、大内裏の南東の隣に造営され、当時は南北四町（約四四〇メートル）、東西二町（約二二〇メートル）の規模であった。創苑当時は天皇の庭園とあって、規模もさることながら、施工の趣も多種多様であったらしい。乾臨閣と称する主殿を北に置き、南を望む地に多くの御殿を配し、自然の山野や池を模して造園されたようだ。今風に言えば、遊具はなくもディズニー・ランドやディズニー・シーを組み合わせたような娯楽的要素も取り入れられ、船着き場などの遺構も発掘されているようなのだ。

延暦一九（八〇〇）年には桓武天皇が行幸されたのを皮切りに、歴代天皇はここで園遊会を催されたそうだ。今生天皇が赤坂御用地で、一年間の功績のあった人を労う園遊会を開催されるが如く、重陽の節句や相撲節会などの恒例行事も開催されていた。弘仁三（八一二）年からは、嵯峨天皇の主催で、花宴の節

（桜の花見と詩の会）に続き、隼狩り・釣り・避暑などの園遊会が盛んに開催されたとの記録が残っている。そんな優雅な庭園だからであろうか、源義経と静御前が出会った場所との言い伝えも残されている。確かな証拠は別として、夢物語が語られるほどの素敵な場所であったのだろう。

日本中に干ばつの被害が発生した天長元（八二四）年には、弘法大師空海に勅命で雨乞いの行をさせ、北インドの無熱池の善女龍王を呼び寄せ、全国に雨を降らすことに成功したといわれている。以後、神泉苑の池には善女龍王が住みつき、幾多の名僧が訪れ、雨乞いの行が盛んに行われたようである。

貞観五（八六三）年の疫病大流行の時には、その霊を鎮めるために朝廷による御霊会が開催され、天皇ご臨席のもと一般市民も参加し、雅楽や舞踏が披露されたそうだ。貞観十一（八六九）年には、全国の数に相当する六六本の鉾を立て、八坂神社から御輿を繰り出して、神泉苑で厄払いが挙行された。その行事が町々に受け継がれていき、現在の祇園祭の山鉾巡行の魁になったとされている。

御醍醐天皇は神泉苑で鷺を見つけ、召使に「捉えろ！」と言われたが、鷺は飛び立とうとした。「帝のご意思だ！」と大声を出すと鷺は平伏したとされる。以降、鷺は〝従五位〟を授かり、〝ゴイサギ〟の名が誕生したとまで語られている。

また徳川家康が二条城を設けた際には、神泉苑の湧水に着目し、その池を利用し掘が築かれた。従って苑の北側が二条城に取り込まれ、横取りされ削り取られた神泉苑は、巷の公園の如く極端に縮小してしまうのだ。名前の由来だった湧水の神泉だけでなく、整った庭園や諸施設も容赦なく破壊され、失われてしまい忘れ去られてしまったのである。

江戸時代になってから、快我上人他の面々が立ち上がり、荒れ果てたまま残された苑内を整備し、東寺が管轄する寺院として再興されたのが今の姿である。地下鉄東西線の工事の時に、かつての神泉苑の東端が判明し、その場所を示す石碑が立てられている。現在の神泉苑に不足はないが、歴史に禁句の〝もしも〟が許されれば、「もしも元の姿が復元されたとすれば、殺伐とした現代に潤いを呼び起こせるに違いない。ヨーロッパ諸国の王室などが築いた庭園が、現代の人々の心の支えになっているように、大いなる夢を湧き出させてくれるであろう。かつての楽園神泉苑は今だからこそ必要になっている」と思うのだが。

74、大徳寺

正和四（一三一五）年、大燈国師峰妙超禅師が開創した、臨済宗大徳寺派の大本山で、号は龍寳山。後醍醐天皇からは本朝無双之禅苑と評された名刹である。一休宗純や沢庵宗彭などの名僧、狩野永徳や千利休のような文化人、などが活躍し、多くの遺産を残している。大徳寺はご多分に漏れず、応仁の乱で荒廃してしまうが、頓智で有名な一休上人が復興に携わることになった。

後に豊臣秀吉は、本能寺の変の明智光秀を討った後、信長の葬儀を大徳寺で営み、その菩提を弔うためにこの地に総見院を建立した。それをきっかけに、戦国武将の塔頭建立が後を絶たず、一休和尚が復興した大徳寺は、隆盛を極めていくことになる。

復興に献身的努力を奉げた一方、中国から納豆なる食べ物を持ち込んだのも一休さんだ。納豆菌を使った水戸納豆のようにネバネバはなく、感じは甘納豆状で、強いて言うならば、辛納豆である。麹菌を使い発酵させ、乾燥後に熟成させ、薄味の関西には珍しく、濃い味噌や醤油の味がする。中国渡来だから、味を変えるわけにもいかないが、塩辛い食べ物が大徳寺納豆なのである。大通りから入る南門ではなく横道を進み、大徳寺納豆を売る店の前から総門を入り勅使門へと向った。

寺内に入ると大きな案内板があり、広大な敷地であることが一目でわかる。大徳寺本坊は、南から、勅使門・山門・仏殿・法堂・方丈と一直線に並び、市街地に面した東側を除く一帯は、多くの塔頭が立ち並び、往時の武将達が秀吉を頼った様子がうかがえる。大徳寺単独の寺域は、後水尾天皇が寄進した、総檜皮葺の四脚の勅使門から始まる。一見して門跡寺院と分かる、白い五本の定規筋が入った築地塀に守られるように建つ門は、前後が唐破風で重厚な造りである。塔頭ができる前は、この塀が寺全体を囲っていたのであろうか。その先が朱塗りの三門で、創建当初の門は、応仁の乱で焼失してしまう。現在の門は、応仁の乱後に再建され、一階部分が一休禅師の連歌師である宗長の寄進で、大永六（一五二六）年に完成した。時が過ぎること六〇年、千利休はこの門に二階部分を増築し、金毛閣と命名する。楼上には、釈迦如来と釈迦の十大弟子の、舎利弗と木蓮および十六羅漢像、が安置されている。さらには、秀吉が利休を切腹に追い込んだ、草鞋を履いた利休像が置かれた。堂内は、秀吉や家康が、狩野派以上の腕と見込んだ長谷川等伯による雲龍図や迦陵頻伽、仁王像と言った極彩色の絵が描かれ、あたかも天国の楽園と化しているのである。秀吉は、大徳寺を参詣した時、草鞋履きの利休が上から睨んでいるのを知ることになる。仏像ならまだしも「なぜ俺が利休に見下ろされなければならないのだ」との怒りをあらわにし、切腹を命じるに至ったのは有名だ。

さらに先を進むと仏殿に行き着く、応仁の乱で焼失の後は紆余曲折を経て、現在のお堂は寛文五（一六六五）年に那波常有が再建した典型的な禅宗様式である。本尊の釈迦如来は、徳川家綱の寄進で、高さ約一六〇センチ。天井画は狩野元信の飛天で、宇宙を飛ぶ姿はまさに天女であり美しい。

禅宗寺院の法堂は、法を説き教えを継ぐ神聖な場所とされている。天井に描かれた雲龍図は加納探幽の筆によるもので、龍は仏法を守護し、法の雨（教え）を降らせ、水を司る（寺院を火から守る）とされ、探幽三五歳の強い筆使いは見る者を圧倒する。この雲龍図は、日光東照宮（ここでは鳴き声（響き）を大きく確認できるように拍子木を打つ）と同じで、鳴き龍と言われ、平手を打つと室内が共鳴し、あたかも龍が鳴いたかのようなのでそう呼ばれる。

本坊方丈の正面に築かれ、秀吉が京都に造営した御殿・聚楽第の遺構と伝わる国宝の唐門は、桃山の三唐門（大徳寺・西本願寺・豊国神社）の一つに挙げられる。障壁画を立体的に表現したとされ、彫刻に登場するのは、麒麟・孔雀・牡丹・荒れ狂う波など、四十種とも言われる。それら多くの彫刻を鑑賞していると、日が暮れてしまうとも言われ、日暮らしの門との別名もあるくらいだ。

特別名勝の方丈庭園は、江戸時代初期を代表する枯山水の庭で、方丈の前が南庭、横が東庭である。南庭は大徳寺の僧侶の天佑紹杲の作で、石や木々を配した白砂を敷き込んだ庭で、勅使門が置かれている。東庭は作庭家の小堀遠州が取り組んだとされ、石組みを主体とする枯山水の庭である。方丈建物内の襖絵は、全て狩野探幽の筆によるもので、余白を大胆に配し、墨の濃淡で立体感を表現した八十以上もの数で構成されている。

大徳寺は、別院二寺と塔頭二二寺を従え、公開されている塔頭はたったの四カ所で、龍源院・瑞峯院・高桐院・大仙院である。

高桐院は、明智光秀の娘（ガラシャ）を妻とした細川忠興による、慶長七（一六〇二）年創建で、細川家代々の墓所を有する。

大仙院は永正六（一五〇九）年古嶽宗亘の創建で、本堂は東福寺に次ぐ最古の方丈建築で、玄関と床の間は日本最古で国宝でもある。枯山水の庭は開祖の大聖国師が室町時代に作庭したもので、禅院式枯山水の最高傑作とされ、特別名勝庭園に指定されている。滝から流れ出た水は、大河となり田畑を潤わせ、大海原へ流れ下る。そこには石を立て表現した滝、石の船が浮かぶ大河、白砂の大海原、どれもが見事としか言いようのない表現力である。

瑞峯院は大友宗麟（キリシタン大名）が天文四（一五三五）年に菩提寺として創建し、本堂・唐門・表門は創建時から存在する。枯山水の独坐庭、十字架を表した閑眠庭は必見の価値があるとされている。

最も古い塔頭の龍源院は、室町時代最古の建造物の方丈を持ち、文亀二（一五〇二）年の創建である。方丈の周囲には、五つの庭園を有し、北の三尊石で構成される枯山水、東の日本最小の壼石庭、南の一枝坦と呼ばれる苔の石庭、鶏足山と呼ばれる開祖堂前庭、庫裏南の阿吽の石庭が楽しめる。

これら四つの塔頭の例の如く、巨大な大徳寺は、塔頭の各々が仏画・仏像を始めとする貴重な品々や、堂宇や庭園など多くの文化遺産を残す我が国の代表的寺院群なのである。

非公開の聚光院は、千利休の菩提寺で、寺内には墓所が置かれ、物議を醸し出した金毛閣の直ぐ近くに利休は眠るのである。

75、大報恩寺（千本釈迦堂）

釈迦十大弟子像（快慶作）を祀る寺。京都では千本釈迦堂の名の方がピッタリくると言われる、真言密教の流れをくむお寺である。拝観券の裏には「瑞応山千本釈迦堂大報恩寺と称し、真言宗に属す。鎌倉初期義空上人の開創。本堂は今から約八百年前、貞応二年（一二二三）に着工、安貞元（一二二七）年に上棟の京都最古の国宝建造物である。境内諸伽藍完工のころと思われる嘉禎元（一二三五）年に倶舎、天台、真言の三宗兼学の道場として朝廷より許されている。往時は帝釈念仏の道場としても隆盛を極め、兼好法師のころは一層賑やかで徒然草二二七および二三七段にも記述され、現在に伝えられている。応人、文明の乱には、京洛はほとんど灰塵と化したが、当寺本堂だけは奇蹟的に焼けのこり、貴重な遺構として、建築学上からも重要視されている。鎌倉美術の粋をあつめた当山の国宝・重要文化財の多くは、本堂左側の霊宝殿に宝蔵され、末永く後世に伝えんとしている。本堂建立に功労があり、〝おかめの物語〟として伝承されている〝おかめ塚〟は境内東側にあり、その福徳をうけんとする一般信徒並びに、建築業界の信仰を一心に集めている。」と記され、幾多の災難を払い除ける御利益がある寺とも言えよう。近くに大徳寺や北野天満宮があるので寄られた方も多いのではないだろうか。

京都には神社や寺が多く、親しみを込めて呼ぶ慣わしがあるようだ。この寺は〝千本通り〟に近いことや、釈迦如来を本尊とするので「千本釈迦堂」の名で呼ばれ、近くの「千本ゑんま堂（引接寺、は庶民の憩いの場的にも見えた）」と共に親しまれている。

藤原秀衡の孫に当たり、一九歳で叡山澄憲僧都に師事した義空上人は、十数年をかけてこの地を得たそうである。上人は承久三（一二二一）年に、お釈迦様の念仏道場として寺を建立し、本尊の釈迦如来と、その弟子十人の立像を安置したのが始まりとされる。京の都は数多くの災害や戦乱に見舞われ、木造建築の神社仏閣はその都度甚大な被害を被ってきた。都のほとんどを焼き尽くしたとされる応仁の乱の時は、西軍の本陣だったことが幸いした。

不思議とは良く言ったもので、本堂の各所に槍や刀傷を受けたが、奇蹟的に焼失は免れ建物そのものは生き延びたのだ。洛中に建つ由緒ある建物の中で、創建当時の姿を残す最古の木造建築物として、国宝の指定を受けている。入母屋造りの総檜皮葺で、柱間は幅五間・奥行六間と奥深く、見た目は羽を広げたようで均整がとれ、その姿はどこから見ても美しい。西側後部の階段から庇の下の板廊を歩き、西側の扉から正面二間の外陣へ入った。外陣は総畳み敷きで、大勢の信者が一同に会せる広さが確保されている。内陣は見取り図によると正方形で、須弥壇は中央に置かれ、周囲を回ることができるようで、これもあまり見かけない構造である。入り口と反対側（東）の濡れ縁には、信者が寄進した〝おかめ〟達が棚に置かれていた。本堂の内陣にも招き猫ならぬ〝招きおかめ〟が置かれ、愛嬌を振舞っていたが、これには内助の功の伝説が存在することを知った。

何でも、夫である大工の棟梁は柱の長さを短く切断してしまい、途方に暮れ苦慮していたのだ。横に居た妻が「升栱（ますぐみ＝柱の上に置いて梁等を支える部材）を使えば」と進言し、ことなきを得たのだ。

そんなミスを犯した末に、妻の提言で救われたことが世に知れ渡ると、主人の信用は丸つぶれとばかりに、上棟式を待たずに妻は自刀したとのことである。上棟式当日に棟梁は、妻「おかめ」の名にちなんだ〝おかめの面〟を扇御幣に付けて、本堂の完成および武運長久ではないが無事永久と、妻の冥福を祈願したとされている。時代が八〇〇年以上過ぎた今日でも、上棟式には「おかめ」に似た〝お多福の面〟を扇御幣に付けて、建屋の完成と行く末を祈っているのは、棟梁高次の亡き妻に対する心意気そのものと言っても良いだろう。令和の世はジェンダー・ギャップを考える時代である、機転を利かせた「おかめ」のような女性が、男の半歩後を歩くのではなく前に出て活躍し、満面の笑顔で歩める時代になって欲しいと思うのである。

それはそうと、この寺には多くの仏像が祀られているのが特徴でもあると言えよう。空調の効いた霊宝殿には、釈迦十大弟子を始め、他の寺では見られない六観音全てが揃い、康慶の弟子だった定慶の作とされる。我々は三途の川を渡る前に、閻魔大王の御沙汰で六道のどれかに振り分けられ、あの世で暮らすことになるらしい。六道にはそれぞれに観音様やお地蔵様が居られるという。分かりやすい例を言えば、お寺に行くと（赤い帽子を被った）六体の地蔵を見かけるのがそれである（七六項：壬生寺参照）。ちなみに観音様ならば「地獄道＝千手観音菩薩、餓鬼道＝聖観音菩薩、畜生道＝馬頭観音菩薩、修羅道＝十一面観音菩薩、人間道＝准胝観音菩薩、天道＝如意輪観音菩薩」である。この寺では全ての観音様が出迎えてくれ、その違いを知るのも楽しみの一つである。

それとは別に、菅原道真公が梅の古木に自ら刻んだとされる、等身大（一七六センチ）の千手観音も祀られている。一説には寺が創建される以前に造立されたと伝わり、必見である。

秘仏の釈迦如来は見られなかったが、かつてはその釈迦と本堂に並んでいた十大弟子全てが揃っている。健保六（一二一八）年、快慶晩年の作で、肖像彫刻の代表的作品とされる。増高は九五センチから一メートル位で、目（犍）蓮と阿難陀には快慶のサインが認められるそうだ。緻密な彫刻の技は、快慶を筆頭とした慶派とあって見事である。個々の名と得意技およびここに置かれた像の印象を記すと。

①舎利弗（しゃりほつ・智慧第一‥たぐい稀な智慧で仏教を布教）は、釈迦の一番弟子だったとされる。機転を利かせ智慧を働かせ、一を聞いて十どころか百を知るほどの秀才であったらしい。舎利弗の知恵は突出していたようで、像を見ていると猿顔だが頭でっかちに造られており、作者も〝智慧イコール脳味噌〟をイメージしたと思える位である。

②目（犍）蓮（もくれん・神通第一‥勇猛果敢に仏教を広めた・母親を餓鬼道の苦しみから救い、お盆に行われる〝施餓鬼供養の起源〟とされる）の像を眺めると、あばら骨を露わにし、十人中一番の年寄りに見える。餓鬼道へ落ちた母親を救ったとされるので、人並外れた霊感の持ち主かも知れない、腕に血管を表し、額や顔に皺をよせ、苦労の跡が体中から発散されている。

③摩訶迦葉（まかかしょう・頭陀第一‥衣食住に対する執着心を払い除け励んだ）は、牙と角を付け加えれば、〝般若のような異国人の顔立ち〟で、忘れ難い。右手に錫杖を持ち、地蔵菩薩のスタイルでもある。

④須菩提（しゅぼだい・解空第一‥色即是空＝般若心経にも出て来る〝空〟を最も理解していた、世に不変のものはなく、かつお互いが関係しあっているのだ）は、西遊記では孫悟空の師とされる、かつては怒

りっぽい性格だったようだ。法隆寺の像は幼い姿だが、釈迦堂の像は蓮の花を持つ笑顔が素晴らしいオジサンである。

⑤富楼那（ふるな・説法第一‥説法を得意とし、生涯九万九千人に仏教を伝授したとされる）は、見慣れた空海を思い起こさせるお坊さん面、柔和なお顔から発せられる言葉は聴衆を魅了したに違いない。

⑥迦旃延（かせんねん・論議第一‥お釈迦様の教えを最も解りやすく解説できた）は、堅物とは思えないおっとりした顔つきで、伏目がちに佇む姿は深い思考中の故か。

⑦優波離（うばり・持律第一‥お経よりも戒律を最も暗唱し逸脱することがなかった）は、器を持ち語りかけるような顔で、いかにも真面目そうな像に仕上げている。

⑧羅喉羅（らごら・蜜行第一‥他人が見ていなくても、戒律を守り修行に努めた）は、釈迦の実の子で、十六羅漢の一人でもある。父親の生き写しなのか、非の打ち所が全くないといった性格だったようだ。

⑨阿難陀（あなんだ・多門第一‥お釈迦様の最後の二〇年間、身の世話をし最も多くの教えを聞いた）の像は、弟子というより仏そのもの姿に造られている。日本では聖徳太子が、一度に大勢の人の言うことを聞き理解した。また四天王の一人、毘沙門天は聖徳太子より優れ、多聞天との別名もある位多くの人の聞き役だったようだ。ただ阿難陀はお釈迦様に耳は傾けたが、民衆にはどうだったのか、この像からは何でも聞いてくれそうな感じがするのだが。

⑩阿那律（あなりつ・天眼第一‥釈迦の説法を聞いている途中に居眠りをしてしまい、これからは一生寝まいと誓い失明してしまったが、心の目が開き励んだ）は、阿難陀と同じ仏の姿に造像されており、像高

も同じ九六八ミリで、双子かと思うほど似ている。阿難陀の合掌姿に対し阿那律は左手で右手首を握っている。

これ等の十人の尊者の中で、お釈迦様が信頼を寄せていたのが、目犍蓮と優波離とされる。嵯峨野の清涼寺には、十体揃った像高八〇センチほどの十大弟子が霊宝館に祀られており、こちらは大報恩寺の像より古く、平安時代の作とされるが作者は不詳のようだ。

余談になるが仏像以外では、宗像志功の版画に「二菩薩（普賢菩薩・文殊菩薩）・釈迦十大弟子」がありこれも必見である（注：宗像志功記念館（青森）は令和五（二〇二三）年度末に閉館、その後は青森県立美術館が引き継ぐ予定。戦時中の疎開先だった富山県南砺市の福光美術館などにも収蔵されている）。

ここ千本釈迦堂には地蔵菩薩やその他の像も安置されており、寺域の景観よりも国宝の本堂の存在と仏像観賞およびおかめ伝説で魅力を発揮している寺であることを知ったのである。

76、壬生寺

壬生寺を手短に言えば、「地蔵菩薩と壬生狂言に新選組」を思い浮かべる。行ってみて驚いたのは、千体仏頭と呼ばれる塔の存在である。どこにでもみかける路傍の石仏を、円錐形のピラミッド状の山に、一体毎拝めるように安置している。寺の資料によると、京の都の区画整理で、行き場をなくした石仏（古くは室町時代からの阿弥陀如来や地蔵菩薩等様々）千体で構成され、平成元（一九八八）年の建立という。

寺の創建は正暦二(九九一)年で、本尊は延命地蔵菩薩である。平安時代の仏師・定朝の作で、『太平記』(南北朝時代）の中では、武士の身代わりでとらえられ（お縄頂戴され）たので縄目地蔵の名で呼ばれていた。先代の菩薩は昭和の火災でお堂と共に失い、令和二（二〇二〇）年に念願かなって復元されている。

二代目縄目地蔵は、極彩色豊かな袈裟を纏った柔和なお顔で、左足を蓮台から垂らし、錫杖を持った半跏像で、平安時代前期の作である。その本尊は律宗総本山である奈良の唐招提寺から移され、昭和四五（一九七〇）年落慶した本堂に納まっている。この菩薩は先代定朝作の縄目地蔵より古く、平安時代前期の作とされ、漆箔押しの像高一六五八ミリで、珍しく桐の一木造りである。袈裟には細かな〝きりがね文様〟が施され、一般的には地味なイメージのお地蔵様に華を添えている。

壬生寺のお地蔵様は、山門にも掲げられている通り、壬生延命地蔵尊の名で知られている。延命地蔵の御利益は、①女人泰産（安産）、②健康促進、③病気平癒、④長寿大往生、⑤知恵創出、⑥大金誘引、⑦敬愛促進、⑧五穀豊穣、⑨神仏御加護、⑩証大菩提（悟りを得て極楽浄土入り）、と万能であり、ここにお参りするだけでも素晴らしい人生を全う出来そうだ。

我々は三途の川を渡る前に、賽の河原でそれぞれの生きざまを検証され、閻魔大王の御沙汰により六道のどれかに振り分けられるらしい。寺の境内で、六体のお地蔵様を見かけることがあるが、それぞれの世界（道）と地蔵菩薩の関係は地獄道＝檀陀地蔵、餓鬼道＝宝珠地蔵、畜生道＝宝印地蔵、修羅道＝持地地蔵、人間道＝除蓋障地蔵、天道＝日光地蔵の各地蔵（地蔵は別の呼び方や説もあるが）である。閻魔様の御沙汰によりそれぞれの地で暮らすことになり、六道の地を司るお地蔵様に救われるとされる。特にお地蔵様は、最悪の地獄へ落ちた人々を手厚く救ってくれるありがたい菩薩でもあるとされる。

お地蔵様の次は二番目の、壬生狂言である。仏教界には融通念仏という考え方があり、一人ひとりが自らの力を出し合い、全員でバランスの取れた状態にし、住み良い世の中にする。個性を殺すのではなく、皆が全力を尽くし、得意技を提供しあい助け合う。知恵を結集し協力し合うことで、個々の苦悩と迷いを払い除け、喜びと平和な世を築く、そんな考えだ。壬生寺中興の祖である円覚上人は、身振り手振りを使い、融通念仏を広めたとされる。それが壬生狂言として受け継がれ、地獄落ちを始めとした演目と、地蔵菩薩との相乗効果で、壬生寺を揺ぎない地蔵信仰へと誘っていたのだろう。そんな壬生狂言だが、現在三十曲が演じられ、二曲以外は無言で、楽器との共演であるとのことである。いわば楽しみながら、無言劇の内容を自ら考え理解する、それは見えない仏教の教えを理解するのに似てはいないだろうか。この寺に集まり、融通念仏をもって楽しく生き、人生を全うすることができれば、寺も信者も益々繁栄していくはずだ。

縄目地蔵、壬生狂言の次が三番目、いよいよ幕末の志士・新選組の登場である。隊士達はこの寺で心身を鍛え、特に武芸や大砲といった兵法の訓練場としていた。新選組は文久三（一八六三）年に壬生寺で結成され、京の守護職だった会津藩の松平容保と連繋し、本陣の金戒光明寺と屯所の壬生寺で活躍したとされる。京都見回り組が正規組織だったのに対し、新選組は会津藩預かりの非正規組織であった。組織のメンバーが二百人以上に増強されて壬生寺では収容しきれず、西本願寺に本拠を移したようだが、屯所の壬生は役目を維持されたのだろう。幕府軍に従い、戊辰戦争にも参戦し、宇都宮や会津戦争にも出兵するが、箱館（北海道函館）戦争で新政府軍に敗北をきすものの、終始松平容保の援助があったとされている。寺内には、屯所や池田屋他で身を落とした男達の墓所がある。阿弥陀堂の中を抜け、朱の太鼓橋を渡った先、近藤勇の胸像とともに組員の墓が並ぶ。橋の下の池には、近藤勇が好きだったとされるスッポンではなく、多くの亀が泳いでいたのが記憶に残る壬生寺であった。

コラム：知れば奥深い五つの京都

新選組不動堂村屯所跡が、堀川塩小路のJR線路寄りの角にある。ここを知ったのは、東寺からタキイ種苗社の前を通って駅北口に向かった時だった。新選組といえば壬生寺だとばかりと思っていたが、金戒光明寺など意外な所にも足跡がある。壬生の長老だった八木家は、近藤勇の宿舎兼屯所でもあり、洛中に近く重要視されていたとされ、壬生寺と共に新選組の活躍の場だった。その後組員が増え手狭になり、西本願寺に拠点を移すが、組員の素行が悪かったようで寺に追い出されてしまい、落ち着いたのが新選組不動堂村屯所なのだ。大政奉還後は、新選組の役目が終わってしまうわけで、引っ越しから僅か半年後のことであった。「事あらば　われも都の村人と　なりてやすめん　皇御心」、不動堂村屯所跡にある新選組局長・近藤勇の碑より。

一説によれば、不動堂村は別の場所にあったとされる。壬生寺の場所でさえ変ってしまったのだから、確かなことは町の事情を余すところなく心得ていたはずの組員に聞かないとわからないのだろう。

新選組の役目を終わらせた一つの大政奉還、徳川慶喜がその意思表示をした部屋は、〝二条城の黒書院〟で四八畳敷きの一の間だそうだ。その松尽くしの部屋は、長押の上の天井近くまで松の枝が伸びる荘厳な座敷で、この部屋だからこそ肝がすわり、大政奉還の言葉を発することが可能だったと思うのだ。

二条城は徳川家康が神泉苑の湧水を場内に取り入れたくて、苑の大部分を横取りして築城した。家康の魂胆は、朝廷に対し幕府の力を示そうとするもので、権力を武器に諸大名に金と苦役を負担させ、城を完成させた。後水尾天皇を二条城に招き入れ、宿泊までさせ接待し、権力を誇示したのである。しかし、徳川家が、家康時代に権力を誇示したのも、慶喜時代に権力を放棄したのも、同じ二条城であったとは、偶然といえばそうなのだが、俄かに信じ難い出来事であった。

神泉苑は、娯楽的要素を取り入れた、日本初と言ってもよい庭園であった。ヨーロッパの国々にあるような、多目的庭園では日本初と言われ、狩りや宴などが行われていたが、それを中止に追い込んだのが家康なのだ。築庭当初の神泉苑は、当時の人々を楽しませ、誰もが豊かさを堪能していたのである。神泉苑は家康に、苑の魂とも言える泉までも奪われた、自由に楽しめる広大な庭園が残されていたら、と思うと何とも残念である。

神泉苑のような泉が湧いていたかはわからないが、聖徳太子が身を清めたり、出家し太子に仕えた小野妹子も池の畔の坊で修行したり、親鸞も百日参籠に励んだ池は清らかであったに違いない。太子が建てたとされる坊が後に六角堂という寺の俗称にもなっているのが頂法寺である。ビルの谷間に建つこの寺は、隣のエレベーターに乗ると、屋根の上からお堂も望めるので、まさしく六角形であることが一目でわかる。聖徳太子の偶然の出来事と親鸞が足しげく通った六角堂は、華道池坊家元が頂法寺の座主で、次期女性家元池坊専好誕生で異彩を放つ。尼寺ではないが、この分野でもジェンダーギャップ解消に一石を投じたのである。

それとは真逆の女性のことを知ったのが、おかめ伝説の大報恩寺（千本釈迦堂）で、内助の功の最たる事例に驚いた。それればかりではなく、釈迦十大弟子を始めとした居並ぶ仏像達は、まさに男の世界そのものであり、仏師の腕は国宝級と思わんばかりである。これほどの充実感を伴って拝観したのは久し振りであり感動した。

お堂に居並ぶ仏像も素晴らしいが、歴代の造園技術の粋を集めているのが大徳寺およびその塔頭である。木々が少なかった妙心寺境内と異なり、塔頭間の境内を歩いていても、大徳寺では清々しい気分に浸れるのもよい。増築した金毛閣の楼上に、草鞋を履いた利休自身の像を置き、秀吉に自害に追い込まれた。まさかその傍の塔頭の聚光院に利休が眠るとは初耳で、大徳寺には相当なご執心であったのであろう。中国の廬山を再現しているという〝利休好みの庭〟は智積院にある、大徳寺は〝利休好みの寺〟とでもいうべきなのだろうか。

京都⑧（洛中：4　隠れた穴場・既知と不知の混在）

77、上御霊神社

下賀茂神社で合流し流れ下る鴨川、上流の賀茂川沿いに北上し、頭にたたき込んだ地図を頼りに、頃合いを見計らって土手の道を左折。細い路地を何回か左右に折れ、若干広い通りに出た。目的地は本法寺だが、西に向かって歩いていると、突如現れたのがこの神社である。御霊神社の文字が懐かしい。というのは、小生が生まれ育った東京新宿の落合に鎮守の森があり、縄文土器や住居跡も発見されている貴重な場所で、そこに鎮座するのが中井御霊神社だからだ。

上御霊神社の鳥居を潜り境内に入ると、大きな四阿のような建物があり、三〜四人が屋根下のベンチに腰をおろしている。足も疲れてきたので、小生も真似るわけではないが、腰を下ろして休憩した。周囲を見回すと、境内は結構広く、社殿や神楽殿らしき建物が見え、これから向かう西側には、神社にしては珍しく、寺の門のような建物まで建っている。

ここは応仁の乱の発祥の地（最初の一戦を交えた場所で、鳥居の脇には「応仁の乱勃発地」の石碑が立つ）だったとか。このことは帰宅してから知ったので、石碑や説明の看板も見ずじまいだったのが悔やまれる。応仁の乱は、足利家の家督相続に加え、細川勝元と山名宗全の権力争いで、京の都を二分し十一年間も戦ったのだ。勝敗も付かず、ただ洛中の全域を焦土と化した、全く無意味な戦いだった。西陣織で有名な繊維産業が誕生した西陣、応仁の乱の西軍・山名が陣を敷いた場所であったので、そう名付けられた。他方の東軍は、細川が仁和寺を中心に陣を構えたようである。この戦いをきっかけに、日本は百年以上にもおよぶ戦国時代へと突入していったのだ。

話を神社に戻すと、時代を遡る延暦十三（七九四）年、平安京として都が移された時、都の守り神として鎮座され、御霊神社が正式名称である。貞観五（八六三）年の疫病大流行の時には、その霊を鎮めるために朝廷による御霊会が、宮中の庭ともいえる神泉苑で、天皇ご臨席のもと開催され、これが御霊祭りの起源になったといわれている。御霊祭りは京都の洛中では最も古く、貞観五年の時は八坂神社からの御輿渡御だった。現在では上御霊神社独自の祭りとして行われており、境内は戦場にもなったくらいなのでかなり広く、建物も立派で、地元にしっかりと根付いているのであろう。

78、本法寺

目的の本法寺に行き着く前に、偶然にも寄ったのが上御霊神社であったが、思いがけない歴史上の名所に出くわした。長谷川等伯の足跡をたどり、京での活躍の拠点となった本法寺に向かっている。能登は七尾の生れの長谷川等伯、あの松林図屏風は能登の海岸の松林なのか、小生のお気に入りで、上野の国立博物館で二回拝見した。狩野派の上を行くと秀吉に認められ、ここ京で活躍し、名画を多く残した。智積院には息子と共に描いた国宝の大作「楓図と桜図」が残されている。

本法寺には、京都の三大涅槃図（泉涌寺：横八メートル・縦一六メートル、東福寺：横六メートル・縦一二メートル、本法寺：横六メートル・縦一〇メートル）の一つ、等伯作の絵があると言われるのでやって来た。通常はレプリカの展示だが、他の寺と違いいつでも宝物殿で拝観できる。釈迦の入滅を哀しみ、人はもちろん、動物や草木までもが悲しみに明け暮れている。見ている方は、最初は興味本位でそれらの表情に気を取られていたが、お釈迦様の様子に気が付くと、悲しみの心に変わるのが不思議な位であった。

寺内には袈裟を被った等身大の等伯の石像が置かれている、等伯が日蓮宗に帰依するのは、母親譲りからなのであろうか。書院前には、本阿弥光悦作の名勝・枯山水の〝巴の庭〟がある。石で構成された巴の形、滝から流れた水は橋を潜り、蓮池に流れ下る、その表現はこぢんまりしているが見応えがある。

開創した日親上人は、日蓮の「立正安国論」に刺激され「立正治国論」を展開し時の足利義教に献じるが、逆鱗に触れ投獄されてしまう。同時期に投獄されていた、光悦の曾祖父と獄中で知り合い、交友関係が始まったのだ。関係は孫の代まで続き、私財を投じ、本阿弥家の菩提寺として発展して行ったのが本法寺である。重要文化財の紫紙金字法華経を始めとした光悦作の宝物も多く所蔵することにもなった。出会いとは何かの始まりでもある、本人同士の心意気次第で様々に化けることもある何よりの証だろう。

亥年生れの小生は、猪を祀る摩利支天があればお参りすることにしている。京都には、日本三大摩利支天を祀る建仁寺塔頭の禅居庵がある。全くの偶然だが、ここ本法寺にも摩利支天尊の御堂があり、猪の石像が迎えてくれた。小生の菩提寺は東京の品川にあり、家康の第一側室の亡骸が安置された法華宗（日蓮宗の一派）の長應寺である、宗派や摩利支天と共に、何かのご縁かも知れない。

79、東本願寺（真宗本廟・浄土真宗大谷派）

法然は比叡山を降り、南無阿弥陀仏を一心に唱える浄土宗を開いていた。親鸞は比叡の地を離れ、師と仰ぐ法然の下で六年間修業を積み、浄土真宗の基礎を固め、亡き後も弟子達に引き継がれて行くことになる。一時は弱体化も余儀なくされた真宗だが、蓮如の代で福井を拠点とし、北陸地方を中心に爆発的に信者を増やしていったのだ。蓮如の寺があった吉崎の地は、東西両本願寺の共有地と化し、史跡として残されているようだ。その近くには本願寺の名残の寺が建ち、今では東西に分かれた二つの本願寺別院として、それぞれに引き継がれているのである。

浄土真宗の本願寺、元を正せば一つだったのだが、東西に分かれる運命が待っていた。きっかけとなったのはお家騒動だが、その経緯を知るには、全国に広まった一向一揆まで遡らないと理解し難い。加賀の政権が、大組織に発展した同宗の破壊作戦に出たことを発端に、反発する過激な信者達が起こした一向一揆は、他の地域にまで拡大していくことになる。加賀の地では収まらず、信者と政権との戦いは、織田信長を巻き込むまで長引いた。そんな状況が続く中、本願寺を率いる親子に確執が起きてしまう。信長との抗戦派が後の東本願寺、信長への従順派が後の西本願寺と、袖を分かつことになってしまったわけだ。今でこそ両本願寺派は和解しており、親鸞を宗祖と仰ぐのは変わらないものの、長い年月が育てたそれぞれの慣習は元の盆に戻せず、御堂や仏具や様々な作法までが異なる教団となっているのが現在の姿と言っても良いだろう。

東本願寺は、京都駅前から見てタワーの真裏の近くにあり、御所に向かう烏丸通に面した場所で、真宗大谷派の大本山である。寺域は広いが、〃だだっ広い〃という言葉の如く、お堂の建物ばかりがやけに大きく、他の寺院に比べると、緑の少ない場所と受け止めざるを得ない。祈りの仏教の場と考えれば、まさに合理的で理に適ってはいるが、小生のように観光仏教を求めて巡る者にとっては、せめて木々の緑に囲まれた寺であって欲しく、そう考えると物足りなく感じてしまう。祈りの場であるので、大教会の椅子と同じで、畳の数は半端ではなく、大勢の信者が一同に会せる広さを保っているのがこの寺らしい。書院が並ぶお庭でも拝観できればと思うのだが、そう願う人は飛び地にある「渉成園」まで足を運べば、池泉回遊式庭園が楽しめることになる。

ご両親の時代からお世話になっている、多摩大学学長の寺島実郎氏が、親鸞七五〇回忌にあたる二〇一一年五月一〇日に御影堂で講演された。演題は「これからの仏教を考える・今を生きる親鸞」であった。その三年前には、高野山で「現代に生きる空海」という講演もおこなっており、この時は空海に関する様々な資料を海外出張の機内にまで持ち込み、読み込んだと言っていた。今回も、最澄を始めとする天台密教や、その比叡山から降りた、法然・親鸞でも読み込んだかと思っていた。ところが親鸞の名の由来まで語っているので、インドの高僧である天親（世親）菩薩や、中国の曇鸞大師までにも及んだのだろうか、聞きもしないが確かなはずだ。

七〇〇回忌の時には、鈴木大拙が講演しており、今回はそれに次ぐ節目であった。寺島氏は、鎌倉の東慶寺隣にある、大拙の遺品を収納する松ヶ丘文庫の理事もされていたので、仏教哲学者の鈴木大拙とは、余程のご縁や強い絆で結ばれているのかも知れない。金沢の鈴木大拙館では、禅の思想を学ぶことができ、彼の一部始終を知ることが可能である。京都では大谷大学の教授としても活躍され、同郷の西田幾多郎とともに多くの足跡を残している。

　正門に当たる御影堂門を入ると、正面に鎮座するお堂が御影堂である。

明治二八（一八九五）年に再建された単層だが、裳と呼べるのか、軒は二重になっており、羽を広げたような姿が美しい。本堂の阿弥陀堂よりも大きく、木彫の親鸞聖人を祀る世界最大級の大きさのお堂は、幅七六メートル・奥行五八メートル・高さ三八メートルと巨大である。正面と側面には軒を支える柱が立つが、その数は正面四本と適度な数で、全体的に美しい姿なので好感が持てる。内陣に敷かれた畳の数は九七二畳にもおよび、その広さは室内に入ってみると度肝を抜かれるほどである。僧侶や檀信徒の多くが参集し心を一つにする法要や法話が行われる、この場所に身を置くと宗派と寺の偉大さを改めて感じるのである。

明治二八（一八九五）年に再建されたお堂が東本願寺の本堂・阿弥陀堂で、幅五二メートル・奥行四七メートル・高さ二九メートルである。御影堂と同じで単層だが、裳はなく、瓦は天辺の冠瓦から一体の塊となり軒先まで流れ下っている。その重厚さは見事で、御影堂より小振りながら、お堂としての存在感は大きい。明治二八（一八九五）年の再建で、内陣は柱をはじめ室内は金色に輝き、まるで平泉の中尊寺阿弥陀堂のガリバー版とでもいうような巨大さである。ご本尊の阿弥陀如来の周囲には、法然上人や聖徳太子および、親鸞の名前の由来となっている天親菩薩と曇鸞大師を始めとした七高僧の影像が掲げられている。極楽浄土を想定したであろう造りの美しさは、この世とは思えない様相で、彼岸への旅立ちも満更ではないな、と思えるほどであった。

80、西本願寺（龍谷山本願寺：浄土真宗本願寺派）

京都駅前から西へ、二条城に向かう堀川通りに入り、北に向かったすぐ左にあるお寺で、南側には国宝の唐門が鎮座する。堀川通り左が寺域である、なぜか通りを隔てた寺とは反対側に総門が建っている。門の下を通る道路は正面道と呼ばれ、左右は門前の街並みなのだ。この通りには、伝導院と呼ばれるレンガ造りの異国情緒を漂わせる建物がある。寺が他の目的で明治時代に建てたが、現在は寺の教育道場となっているようだ。総門を潜り、堀川通の横断歩道を渡ると、御影堂門で、正面道からこれらの二つの門を潜るとその先が御影堂に行き着き、左右は様々な建物がある広いお庭になっている。西本願寺は、浄土真宗本願寺派の大本山である。龍谷山本願寺が正式名称で、その名の通り、龍谷大学も系列下に置く宗教法人なのだ。

五木寛之氏は作家生活を中断してここで学び、宗教に関する知識で右に出る作家はいないと思われる位に詳しい。中断した数年のことを本人は休筆だと称しているが、蝶が脱皮を繰り返すように、本人の価値である命そのものは温存し、表面的な形を模索する。釈迦から始まり、法然・親鸞・蓮如へと受け継がれた仏教を再確認し、新たな種を心の中に蒔いたのだろうか。尼僧と作家の二足の草鞋を履いた、今は亡き寂聴さんも顔負けと言ったほどの知識の持ち主である。百寺巡礼という番組では、知識もさることながら、脚力も相当なもので、山梨県にある日蓮ゆかりの久遠寺の回では、一段の蹴上がりが高く、かつ急で長い石段にもかかわらず、一気に登りきってみせた。ご本人は夜型人間だとも話される、執筆が夜型だからなのだろうか。近くに住む友人の森田和夫氏は「昼間に見かけることがない」と言う。確か日の出の頃に就寝し、日が高くなった後に目覚めると聞いたことがあり、お会いすることができないのかも知れない。

その五木寛之氏は、蓮如上人にご執心で、親鸞は当然だが蓮如なくして本願寺は語れない、との見解を示しているようだ。蓮如が表した御文すなわち、「親鸞上人の教えを解りやすく門徒宛ての手紙にしたためた解説書のようなもの」は民衆に大いに読まれ，読めない者は聞くことで、一時はすたれてしまった親鸞の教えは見事に蘇り、爆発的に全国に広まったともいう。法然上人の教えを、親鸞が深め、蓮如が広めたと言っても過言ではないであろう。

親鸞は法然を師と仰ぐが、『往生要集』を表した源信（恵心僧都＝比叡山横川の高僧）の教えも重要視していた。親鸞が宗祖である浄土真宗の教えに、悪人正機説があり、「救いの対象の一番は誰か」が記されている。親鸞が言う悪人は「自らの力で迷いを離れることができない人」、正機は「対象」とのことである。よって悪人正機は「自らの力で迷いを離れることができない人こそが阿弥陀如来の救いの対象」であり、悪人が救いの対象ではないという教えであろうと思われる。五木寛之氏は、奈良から鎌倉期までの、悪人正機説の変遷を、「泥中に・ありて・花咲く蓮華かな：源信」、「泥中に・あれど・花咲く蓮華かな：法然」、「泥中に・あれば・花咲く蓮華かな：親鸞」だと言った。武将の性格を表す例えに、「鳴かぬなら殺してしまえホトトギス：信長」、「鳴かぬなら鳴かせてみせようホトトギス：秀吉」、「鳴かぬなら鳴くまで待とうホトトギス：家康」の如きである。一度すたれかけた浄土真宗を立て直し、中興の祖と言われている蓮如上人がいる。悪人正機説ではないが、彼は本願寺のお堂はなくても、親鸞の教えを信じれば、どこに居ようが祈りは通じると考えたようだ、だとすれば「泥中に・あらねど・花咲く蓮華かな：蓮如」とは言えないだろうか。要は蓮池（本願寺の本堂）はなくても、鉢（自宅）に入れてでも心さえ繋がれば親鸞の教えを信じることができると説いたからこそ、爆発的に普及したのだと思うのである。現在では南無阿弥陀仏を唱える浄土宗＆浄土真宗は、神道を含めた日本の宗教の中では、信者数が最も多いとされる。

寺内は東本願寺並みに広く、大火の時に水を噴き上げお堂を守ったとされる逆さ銀杏と呼ばれる大木が鎮座する。銀杏の木は火に強く、水は噴出しないまでも、お堂を守り延焼を防いだのは事実なのである。親鸞上人の木像を納めるお堂が御影堂で、こちらも東本願寺と同じく、阿弥陀堂よりも大きい、堂内は祈りの場に相応しく、畳敷きで多くの信者が一同に会し参拝や説教を聞くことができる。寛永一三（一六三六）年の再建で、幅六二メートル、奥行き四八メートル、高さ二九メートルの大伽藍で、屋根の重さを支える為に、回廊の外側の土間から柱を多く設けているのが特徴である。従って濡れ縁が広く、南北と東の板張りを歩くことが可能で、北側は廊下で阿弥陀堂と繋げられている。

東本願寺と唯一異なるのは、御堂の位置関係だ、御影堂の左（南）に阿弥陀堂があるのが東本願寺で、その反対が西本願寺である。阿弥陀堂はその名の通り、木像の阿弥陀如来をお祀りするお堂で、本来は本堂に該当するが、御影堂よりも規模は小さいながらも巨大で、幅四五メートル・奥行四二メートル・高さ二五メートルで、宝暦一〇（一七六〇）年の再建である。造りは御影堂と似ており、軒を支える柱があるのも同じだ。親鸞の名の由来の、天親菩薩と曇鸞大師をはじめ、七人の高僧、および法然上人と聖徳太子の遺影が、阿弥陀如来の左右に安置されている。

お堂が大きいのは東本願寺と同じだが、寺内に飛雲閣と言われる御殿と庭園を有するのが、この寺の特徴と言っても良いだろう。京都で飛雲閣は、金閣や銀閣と共に〝三名閣〟とも言われ、建物はもとより庭園の美しさでも知られている。公開されていないので入ってはいないが、写真で見る限りでは凝った造りである。様々な嗜好が凝らされており、随所に趣の異なる仕掛けがされ、高床式にした室内にまで池の水を入れ込み、ご丁寧に船まで浮かばせてみせ、船に乗ったまま池から入室が可能なのだろうか。わびやさびを重んじた古風な建物には興味が湧き、いつかは中を拝観したいものである。

81、二条城

修学旅行の時は、数日前に切った爪が深爪だったらしく、よりによって京都で化膿し、宿だった聖護院の近くの病院で手術をした。その影響で靴が履けず、足の下に包帯で靴を縛り付け歩いた。ここ二条城では御殿の中には入らず、日下部先生という、社会科の教員と二人で庭園を歩き回った。当時の感覚では、相当広い庭園で、大きな城の建物の先に、まだまだ続くのだったが、歩くのが辛く途中で引き返し、その時は先生にご迷惑をおかけしたと思った。今回は雨の中だったが、前回入らなかった御殿の中をゆっくり見ることができ、修学旅行での無念さを払拭できたのである。

今思えば、当時見学しなかったのは、二の丸御殿で、散歩したのは二の丸庭園だったのだ。御殿内には、加納探幽を筆頭に、加納派の絵師達が描いた絵画が所狭しと並ぶ。原画は厳重に保存され、見学コースにあるのはその模写だそうだ。車寄せから入り、畳敷きの部屋が続く。遠侍・大広間・黒書院・白書院と奥へ行くほど格が上がり、各部屋は四・三・二・一と四つの間に区切られている。

遠侍の襖絵は竹虎や楓・大広間は松の大木づくし・黒書院では桜の間があり、四から一の間に行くにつれ松の木の数が、多く大きく目立つように設えている。白書院は物語風の絵で、松はなく落ち着いた感じだ。

特筆すべきは松づくしの黒書院で、この場所の一段高くなった四八畳敷きの一の間は、徳川慶喜が大政奉還を意思表示した部屋だそうだ。長押の上の子壁まで松の枝が伸びており、床の間を一層引き立てている。力強い松の絵に囲まれ、荘厳とも言える部屋だからこそ、一大決心を表明できたのかも知れない。

廊下には板の張り方を工夫し、人が歩くとキュッ・キュッと音が出る鶯張りも使われていた。入り口から白書院まで、城内の建物は一周できるように廊下が設けられている。階級制度に合せた建築様式と決まりごとや諸作法など、格式を重んじた当時の社会を改めて知るのだった。車寄せから屋根を見ると、奥の御殿の屋根が大きく聳え立つ、そのさまは修学旅行の時の印象と全く変わらず、懐かしさのあまり雨に濡れるのを忘れ見上げるのだった。

今回は水たまりを避けながら、場内の庭園の全てを隈なく回った。天守閣からの一望は素晴らしく、昔は櫓の上からさぞ遠くまで見えただろう。石段を下り、その先の清流園では加茂七石を見ることができた。これらの石が一同に見られるのは、二条城と七条大和路角の二か所だけとのことである。石の知見は全くないが、七石とは八瀬真黒石・鞍馬石・畑石・糸掛石・紅加茂石・紫貴船石・畚下石（ふごろいし）だそうだ、龍安寺に比べれば、開放的で小振りな石庭だが見応えがあった。場内を一回りし終え、同じ門から大政奉還一五〇周年を祝う垂れ幕が下がった二条城を後にした。

82、相国寺

近くまで何回も訪れたにもかかわらず、なぜか初めてなのがこのお寺、鹿苑寺・金閣や慈照寺・銀閣も塔頭に従える大本山である。正式な名称は萬年山相國承天禅寺であるが、名前が長いので、略して相国寺なのだ。

創建は足利義満で（一三九二年頃）だとされ、開山は約十年後の明徳三（一三九二）年で、夢窓疎石によるとされる。開山から二年後に全焼し、その後も応仁の乱等三回の火災にもめげず、文化年間（一八〇四〜一八一八年）に現在の姿に戻されたようだ。

時おり強い雨が降り、よりによって最悪な日に訪れた。悪いことは重なるもので、運に見放されたのか、ついていないというのか、拝観できなかった。というのは、どなたかの葬儀が明日執り行なわれるとのことで、準備のためのシャットアウトであった。しかし、仏様は小生を見捨てはしなかったのである。何かというと、多分通常は閉じているであろうお堂の表に面した扉が開いていたのだ。

堂内で葬儀が行われるのか、数人の僧侶達が、飾り物を移動し配置換えの作業に余念がなかった。掃除の埃を防ぐ為、扉を解放していたらしいのだ。そのお陰で、御本尊や脇侍を拝めたことと、堂内では許されないであろう撮影、外からでもあるし勝手だが可能ということにさせてもらい、本堂前の参道から数枚撮らせていただいた。本尊の釈迦如来坐像は、鎌倉時代の運慶作で、蓮華台上に禅寺の定印を結んで結跏趺坐する、像高百十センチの金色のお姿で、遠くから拝んでも立派なお姿である。

脇侍は、向って左に阿難尊者、右に迦葉尊者で、両像とも像高百二十六センチの立像で、作者は本尊と同じく運慶とされ、彩色が施されている。仏具の移動の為、須弥壇上で歩き回る僧侶達が数人いた、須弥壇は人の背丈よりも数倍高く、外から見ると異様なくらいだ。更に脇侍の大きさは僧侶の背丈よりも小柄なのは御本尊とのバランスを考えてのことなのであろう。

本堂だとばかり思っていたお堂は、寺の正式名称は無畏堂と呼ばれる法堂で、日本の法堂建築では最古のものとされ、寺では仏殿も兼ね本堂でもあるようだ。外からは天井は見えなかったが、そこには狩野光信の手で、蟠龍図と呼ばれる龍の姿が描かれている。日光東照宮や大徳寺の鳴き龍と同じで手を打つと、反響してあたかも龍の鳴き声とされる音が出るそうだ。東西の両脇にも須弥壇が置かれ、東には創建者の足利義満、西には宗祖:臨済禅師や開山の師:夢窓疎石の像も祀られているそうである。

寺域は広く、屋外の建造物は自由に見ることができたので、雨の中を回った。夢窓疎石を祀る開山堂、洪音楼と呼ばれる鐘楼、庫裏・方丈・経蔵などを歩いた。寺の案内では、鐘楼はどこから買ったかは不明だが、古鐘を入手したそうだ。鐘には「順調な気候で災害や戦争がなく、国が豊かで人民の安らかでありますよう・・・」なことが書かれ「干時寛永六己巳季卯月七日」との陰刻があるそうなので、一六二九年の造立である。二層の鐘楼の屋根は、軒下を複雑かつ多くの木組みで支えている。その木っ端は白く塗られ、重厚さを醸し出しており、地味になりがちな建物に異彩を放っている、しかし鐘が見えないのが残念だった。

外国人らしき人に数人出会ったが、日本人を見ることはなかった、名所旧跡を訪れる人々はその場所の状況把握をしているのだろう、事前情報が大切なことを思い知ったのであった。

83、北野天満宮

人は神にもなれる。徳川家康は東照大権現、明治天皇は明治神宮、菅原道真は天神信仰の天満宮へと、人が神になり祀られた。菅原道真公が最も活躍されていた頃、住まいは京都で、庭には梅の木があったようだ。また、全国の天満宮は京都から広まったと言っても過言ではないだろう、いわば天神様の故郷なのだ。創建は天暦元（九四七）年で、国宝の桃山建築の社殿は、慶長十二（一六〇七）年に造営された。わらべ歌に、「♪通りゃんせ・通りゃんせ〜・・・〜往きはよいよい・帰りは恐い♪」、歌詞に出てくるのは、埼玉県の小江戸・川越の地にある天神様の細道なのである。この例からも天神様は、全国各地で親しまれているといって良いのである。

何回か訪れた北野天満宮、一度は小雪が舞う真冬、ある時は少々早めの梅の季節、桜の終わった後の頃もあった。いつでも参拝客が多いのがこの社で、携帯電話がなかった頃の昔は、「○○宮司・○○宮司・何処々々へ」とのアナウンスが鳴る度に、忙しい様子が伝わってきていた。雪の頃は合格祈願、桜の頃は合格御礼であろうか、学生と思しき若者を多く見かけるのも天満宮の特徴だ。

道真は、幼い頃から父親譲りの才能を発揮し、文才だったこともあり、学問の神様としても祀られ、全国の天満宮詣が今も盛んに行われていることは、誰もが知るところである。東京の湯島天神には、娘や孫の合格祈願に訪れたことがある。さらには、山口県長門在住の義弟・梅月博文氏（令和五年六月没）の案内で足を運んだのが、九州の太宰府天満宮や山口の防府天満宮だ、これらのどこもが参詣者の主役は学生である。北野天満宮では、梅の花の種類もそうだが、その木の数が多いのも他の比ではないと言われる。

境内のどこにでも、場所さえあれば、梅・梅・梅、しかも種類が異なるので一度に開花することはないらしい。冬は梅以外の花が少ないから、暮れの頃から春まで楽しめるのが梅の特徴でもあり、花の鑑賞だけの為に訪れる人も多いと思われる。

「東風吹かば・匂ひおこせよ梅の花・主なしとて・春な忘れそ」：菅原道真、宇多天皇に信頼され、醍醐天皇時代に右大臣に登り詰めた道真。同じ左大臣の藤原時平の政略で、今で言う〝いじめ〟による無実の罪をきせられ、大宰府の地に左遷されてしまったのである。京の留守邸に咲く梅の香りが風に乗り、大宰府まで届くはずもないが、故郷を思う心中はいかばかりであったのだろうか。

道真の死から一年もたたないうちに、考えられない悪事が、次々に起きる。時平の急死や、都での様々な禍が勃発し、それは道真の怨霊とされ、それを鎮める為の祈祷が行われるほどの大騒ぎになったのである。

ここ天満宮の入母屋造りの社殿は、拝殿と本殿が横に屋根続きになつている。日光東照宮は石の間を境に縦の屋根続きだ、縦横の違いはあるものの似ている。このような棟続きの造りは権現造りという、家康の東照大権現からの命名だそうである。権現とは大日如来や薬師如来が他の姿になって現れることである。吉野は金峯山寺の蔵王権現や日光東照宮の東照大権現が代表格である。神社仏閣は遠い昔から、人が出会い繋がる場であった。

豊臣秀吉の醍醐の花見を知る人は多くも、北野大茶会（大茶湯）を知る人は少ないだろう。秀吉はここ北野天満宮でも、千人もの人々を呼び込み茶会を開催し、その時の茶室〝東陽坊〟は今でも建仁寺に保存されている。万葉集に詠まれた大宰府での梅の花見も盛んで、長官だった大伴旅人の歌にある〝令月〟と、聖徳太子ゆかりの〝和〟の文字を組合わせ、充てられたのが〝令和〟の元号で、北野も大宰府も醍醐も、目的は異なるが多くの人々を集めて来た。全国に広まった天神様の元祖北野天満宮、梅の花に集まるが如く、夢追い人の集まる場として、末永く続いてくれることを願いたい、それが道真へのせめてもの慰めではないだろうか。

84、平野神社

北野天満宮の近くにある社で、平安遷都の初期から鎮座する。御祭神は今木神を主神とし、久度神・古開神・比売神の四社であり、四つの社は、奈良の春日大社にある四社殿のような朱色ではなく、落ち着いた白木の神殿造りである。天皇家の他に、源氏・平氏・高階氏・大江氏・中原氏・清原氏・菅原氏・秋篠氏等により崇拝され、八性の祖神とも言われていたそうである。創建は延暦年間七八〇から七九〇年頃とされ、一時期は荒廃し存続が危ぶまれたが、紆余曲折を経て、第二次世界大戦後に神社本庁に名を連ねている。境内は樹木も多いが、特に桜の名所とも言われ、多くの公家達から様々な珍品の桜が奉納されてきたようである。京都円山公園の初代枝垂れ桜は、この境内から移植されたそうだ。毎年話題になる大阪の造幣局の通り抜け、小生も一度だが足を運んで散策したことがある、実に多くの種類の桜が植えられている。変わった品種の木には、平野神社の境内からの移植も多いとのことである。天神参りの帰りに寄ったのは、春先の梅の頃で桜の蕾もまだまだ小さかった。

六十種、四百本あると言われる桜の木、そんなに多くの種類があるとは知らなかった。かつて訪れた円山公園の枝垂れ桜のライトアップ、初代か否かは知らずも、樹形や花付きは見事であった。平野神社の夜桜は京都では有名らしい、今度は桜の花が咲く季節に訪れたい、きっと見たこともない珍種の花に出会えるはずだ。

85、下賀茂神社（賀茂御祖神社）

偶然にも御手洗祭り当日にお参りした時は、特に思い出になり忘れ難い。やけに人出が多く、有名な神社なので、小生と同じく足を向けるのだろう位の気持ちで、参道の左右に点在する名所を辿った。そうこうしているうちに、観光客らしくない人が多いことにいつか気付くのだった。しかも参道の先には何やら出店が並ぶようだ。だんご・たこ焼き・チョコバナナ等ののぼりや旗、様々な香りも参道に漂っている。境内の筆書きの掲示によると、御手洗祭（ミタラシマツリ）と呼ばれるお祭りなのである。

御手洗池の水は、上賀茂神社を抜けて流れ下る、ならの小川の水をたたえるものとばかりに思ったが、大間違いだった。何と池の中に湧き出す御神水だそうで、足を漬けて分ったのだが、水温がかなり低く、七月と言へども震え上がる位だ。水温二十度位と書かれているので、やはり冷たく感じるのがあたりまえである。この辺りの森は深い、保水力のあるブナやナラの木が豊かな地下水を生むのであろう、周囲に天然のダムを従えると思えば良い。受付で蝋燭を貰い、靴下を脱ぎ、ズボンを膝までまくり上げて池に入る。子供などは喜んで大はしゃぎだ、前方に進むと燭台が設けられ、蝋燭に火を灯し献上する。池を出て身支度を整えると、巫女さんが盃のような小皿に入った御神水を手渡してくれた、一気に飲み干し神様を体内に呼び込んだ。お守りやご利益のありそうな品々も並ぶ。参道の屋台では、御手洗祭りの名にちなんだみたらし団子が人気で、どの店先にも多くの人だかりがあった。

賀茂御祖神社（カモミオジンジャ）が正式名称で、賀茂建角身命（カモタケツヌミノミコト：西殿）と玉依姫命（タマヨリヒメノミコト：東殿）それぞれを国宝の社殿に祀る。玉依姫命の禊と男神の象徴の朱塗りの矢の出会いの伝説から、縁結びと子宝の神として人気があるとされる。御手洗祭りは東西に分かれた社殿と共に、ご神水を中心に行われる神事で、静かな雰囲気の中で身も心も清めるわけで、祭りとはいうが神事そのものなのである。社殿や楼門などの建物には、二葉葵の文様が施され、境内の庭には葵の苗も見られる。

その名を冠した祭りが、五月に行われる葵祭である。令和五年には上皇ご夫妻（平成の天皇皇后両陛下）が揃ってご覧になられ話題になった。御所を出発した五百人の行列は、下賀茂神社を経て、上賀茂神社まで約八キロメートルの道程を進む。御所から下賀茂神社と下賀茂神社から上賀茂神社まで、それぞれ七十分かけてねり歩く。下賀茂神社に到着後、神事が行われ、神社の境内で昼食の休憩が設けられている。午後には、上賀茂神社に向けて、行列は進み到着後は神事の儀式が行われるのである。馬や牛車や輿も登場し、平安絵巻さながらの行進は見応えがある。

小生はコロナの数年前に、出町柳の橋の袂で、下賀茂神社に入って行く姿を拝見した。この時も全くの偶然で、一時間前から待ったが、やって来る煌びやかな衣装や、真剣な面持ちの面々の顔は忘れ難い。下賀茂神社は上賀茂神社と相まって、京都の人にとってなくてはならない神聖な場所なのだと知ったのである。

コラム：知られざる発見

京都御所内は、見学の申請をしたことがないので入ってはいないが、何回か訪れて京都御苑の中を歩いた。苑内には玉砂利が敷き詰められ、御所を囲う瓦を乗せた築地塀の重厚さは素晴らしく、何か所かの門からは、御殿の建物の屋根が見え隠れしている。御所内には松の木が植栽されており、季節の移り変わりはさほど感じないが、苑内周辺の木々がそれを補ってくれ、季節を問わず心が休まる場所である。

世には洛中洛外図なるものが存在し、洛中の図には、御所のように塀で囲われた様子も描かれている。

米沢藩主だった上杉家に伝わる屏風絵は特に有名で、織田信長から上杉謙信に贈られ、作者は加納永徳とされ、国宝である。ことの経緯は諸説あるようだが、有力視されているのは、信長が同盟を結ぶために謙信に贈ったとされる説らしい。図の内容を現代風に言えば、ドローンで撮影した京の都の俯瞰を絵にしたものと考えればよいだろう。散りばめられた様々な場面に、絵の題材毎に相応しい諸物と衣装の人達、総勢二五〇〇人も登場させ、当時の様子がこと細かく描かれている。

近代画では、平山郁夫が描いた〃平成洛中洛外図〃を東京日本橋の三越で見たことがある。若干粗目の岩絵の具が使われたのであろうか、照明に光輝くその色は、煌びやかな京の都の様子に華を添えていた。

絵画といえば、本法寺に長谷川等伯の描いた釈迦の涅槃図を見に行った。二階建ての宝物館には、縦一〇メートル横六メートルのレプリカが常時展示され(直筆は期間限定で公開される)、一階および二階のステージからも俯瞰できるのが新鮮である。等伯は、五二歳の時に盟友千利休を秀吉に、五五歳の時は息子久蔵を二六歳の若さで狩野派の刺客(一説だが)によって失うも、その嘆き悲しむ心を六〇歳台で涅槃図にぶつけたのである。　その本法寺に行く途中に、たまたま上御霊神社の前を歩き寄ってきた。お寺のような山門を持った広い境内では〃応仁の乱の第一発が放たれた〃と後に知ったのも意外だった。中国は文化大革命後も、貴重な文化遺産を崩壊させ続けていると聞く。日本では明治時代に、神仏習合から神仏分離・廃仏毀釈へと、仏教排除の狼藉をはたらく世であった。豊かな時代になったからこそ、そんな過去を清算し、文化国家へ向けての歩みをさらに強固にすることが望まれている。

おりしも令和五年に、文化庁が東京から京都へ移転する日の目を見たのである。芸術や文化を大切にしてきた京都の地が、より一層の牽引役として、その力が試される時が訪れた。

東西の両本願寺には、連綿と受け継がれている法然・親鸞・蓮如の思想があり、多くの信者が訪れていた。下賀茂神社では、禊と称して足浸け神事に参加し、別の時には葵祭も見学した。何回か訪れた北野天満宮では、菅原道真に多くの人々が思いを寄せ、合格祈願などの絵馬を奉納している。強い雨の中二条城では中学生の時の無念を晴らし、相国寺ではお堂に入ることはなかったが、偶然にも外から御本尊を拝むことが許された。

これらは歴史や文化を知る上で、何かのご縁と前向きに考えている。その他の神社仏閣にも同じように、様々な過去が存在し、生活・習慣・祈り・作法・食材・道具・建築・造像・・・、などがそれぞれに根付いており、それを遺産にすることなく絶やさず継続させることに主眼を置くべきだろうと考える。人々が多くの知識や知恵を持ち寄り、芸術・文化・伝統芸能などが成り立っている、そのことに対する理解も必要になってくるだろう。

文化庁が京都を拠点に古都（奈良&京都）の地に根付き、全国展開へ向けた役割を全うし、全ての国民が参加してこそ豊かな国は取り戻せるはずだ、先ずは一歩先へ進まなければならないと思うのである。

京都⑨（洛南の名刹&稲荷）

86、東寺

日本一の高さを誇る五重塔と言われたら、東寺を思い浮かべる人が多いのではないだろうか。下りの新幹線が京都駅を出ると、間もなく左手に見えて来るのがそれである。天を衝くようなどっしりとしたその姿、創建当時は、その素晴らしさを驚きの目と我が子の晴れ姿を仰ぐように、誰もが自慢気に見上げたことだろう。

延暦一五（七九六）年、平安京の南の端に建立されたのが東寺である。平安京内に建立された二寺の一つで、対する西寺と共にその姿はあったが、時の争い・地震・落雷等による度重なる火災等で多くを失った。だが廃寺となってしまった西寺とは異なり、東寺はその度に時間をかけても再建され現在の姿になったのだ。

創建後、時の嵯峨天皇は空海に東寺を与えた、弘仁一四（八二三）年であった。空海はここを真言密教の寺へ発展させ、一年後には別当を仰せつかり、運営をも任されるまでになる。一世を風靡し、誰もが知る弘法大師空海にとっては、ゆかりの地とも言える三大霊跡がある。

一つ目は、誕生の地でもある香川の善通寺で、故郷でもあり、四国八十八か所の霊場の一つでもある。二つ目は、終焉の地でもある、高野山の金剛峯寺にある奥の院、そこでは入定して五六億七千万年後に弥勒如来が現れるまで、空海は生き続けているとされ、今でも毎日食事が運ばれている。そして三つ目は、嵯峨天皇に慕われ、華やかし頃に活躍し、この世で最も名声を極めた場所と言っても過言ではない東寺とされている。ここ東寺では唐で学んだ寺院様式に基づき、お堂や仏像の建立に邁進していたのである。

さらには日本初の私立大学でもある綜藝種智院を設立し、広く庶民にも学問の場として解放していく。いわば全国に広まった、寺子屋のさらに先を行く学び舎と言っても良いかも知れない。

また日本の真言密教の発祥の地である高野山金剛峯寺、現在に至っても空海の聖地とでも言える一大宗教都市は、生活と宗教が同居する前代未聞ともいえ、他国を含め類を見ない場である。そこでは真言密教の教えを見える化した、曼荼羅図を見ることができる。唐の地で学んだ両部曼荼羅、すなわち胎蔵（界）曼荼羅図と金剛界曼荼羅図がそれで、一目瞭然の如く密教の教えを理解できるわけである。

この曼荼羅図を立体的に具現化し，仏像として現したのが、ここ東寺の立体曼荼羅で、空海の発想だと言われている。そのさまは、特に講堂内や五重塔内に入ると、興味深く拝むことができ、時間を忘れるほどだ。講和を聞くより、曼荼羅図を見るより、講堂の立体曼荼羅を一目見れば密教の教えは理解できる、空海はそう仕組んだに違いない。立体的な曼荼羅は喝磨（カツマ）曼荼羅と呼ばれるそうで、仏像を利用して教えを解くわけで、講堂内はそのような場所なのであろう。学びの場を設立したのも、見て理解できる立体曼荼羅を考えたのも、広く一般庶民に平易かつ親しみやすく教えを解こうとの情熱があったからだろう。庶民には仏像のお姿を写真に収めることができないので、是非出向かれ一目見れば納得されるはずだ。講堂内は大きく三ブロックに分けられ、向かって中央に如来・左に明王・右に菩薩を配し、天部を含め二一尊が安置されている。中央には丈六の大日如来（木造漆金箔押し）、焼失後の二代目だそうで明応二（一四九三）年の作（重要文化財）である。七層もの蓮の花の上に鎮座する大日如来の光背には、数えると三七もの化物を従えており、圧倒される。その四隅を輪光背の半丈六の如来（重要文化財）がお守りしている。右には、修業中の金剛波羅蜜菩薩を中央に、四隅を同じく四体の菩薩が固めている（いずれも、承和六（八三九）年作：国宝）。左には五大明王（全て、承和六（八三九）年作：国宝）、中央に真っ赤な火炎の光背を背負った不動明王、四隅にも燃え盛る赤い輪光背を乗せた四体の明王、いずれも忿怒のお顔が勇ましい五体が鎮座する。さらに周囲には、四天王、梵天および帝釈天の六天部が御堂を固めている。これぞ立体曼荼羅と言わんばかりで、空海の〝やって然り〟の声が聞こえてきそうであった。

弘法大師空海の坐像を治める格式の高い御堂が西院・御影堂である。運慶の子息・康勝の作で弘法大師の肖像彫刻では最古の像と言われる。木造彩色であり、お顔の茶色と衣の黒の色が異なるのが見られる。手入がいき届いているように見受けられ、全体の表面は光沢に満ちており、何ともありがたみの多さが滲み出ているかのようだ。像高約八三センチの木造彩色で、天福元（一二三三）年造立の国宝、鎌倉時代・真言宗の代表作とされる。

奈良時代から、どこの寺院でも様々な伽藍の中で、金堂は中心的な存在で、その御堂にお祀りする仏像がその寺の御本尊とされるのが一般的である。東寺の金堂も例外ではなく、創建当初に建立され、多くの伽藍の心臓部に相当する御堂に変わりはない。丈六の中尊薬師如来および、日光・月光菩薩立像を配する中心的存在だ。残念なことに、創建当初の金堂と薬師三尊像は、文明一八（一四八六）年に勃発した土一揆で、両者もろとも焼失してしまう。現在の御堂の落慶法要は慶長一一年（一六〇六）で、御堂は一六〇三年、ご本尊は一六〇四年の完成とのことで、諸事情があってか二年後にめでたく式典が行われたようだ。中尊の薬師如来坐像は丈六で、背丈の二倍ほどの光背には、三尺の七仏薬師坐像が見られる。台座には、同じく三尺の十二神将が三体ずつ、東西南北の四面を守っている。目をこらしてよく見ると、その頭上には、干支の動物たちが顔をのぞかせているのがおもしろい。勇ましい武将に、ウサギやヘビが伴うところが笑いをさそう。脇侍の日光・月光菩薩の体は、御本尊の半分の大きさである。蓮華の足元から伸びる幅広で大きな光背、その前に浮かび上がる立像は悩ましいほどの躯体である。御本尊の威厳のある落ち着いたお顔に、微笑とでも言える菩薩の柔和なお顔が華を添えている。三体の仏像はバランスが良く、見飽きることもなく、時間を忘れるほどなのである。

芯柱を大日如来に例え、立体曼荼羅としているのが「五重塔」である。その心柱は塔を支えず、九輪塔までを貫き、周囲の四本柱と梁を工夫し、耐震性を生んでいるそうだ。塔の中はまるで仏像達の聖地なのである。須弥壇の仏像はさることながら、その四隅の柱はもとより、塔の外周の柱全てと、その壁の全てに密教の教えが見える化されている。塔内空間や壁から天井まで、いわば胎蔵（界）曼荼羅の世界そのものなのだ。これを読み解くにはどれだけの時間が必要なのか、美術館で絵画を鑑賞するのとはわけが違う。仏達によって空気すら占領されており息が詰まりそうで、真言密教の教えの深さに圧倒され、めまいを感じつつ塔を後にしたのだった。

南東の端にある塔を出ると、そこから北には池を配した日本庭園が広がる。伽藍群が多い他の地域に比べると、緑も多く景観が優れた場所である。古から受け継がれた伽藍、木立越しに見ると、その良さはさらに引き立つ。池に映る塔も優雅だし、池と木々の間を歩くと、石庭や枯山水とは異なり、季節毎に変わりゆく自然は、すんなりと心に染みてくるだろう。

仏教は、遣唐使船に乗り、中国で密教を学んだ空海や最澄などにより遥かインドから大陸を経てやってきた。仏像彫刻の多くも、様々な方法で大陸を経て迎えられた、いわばメイドインチャイナと言っても良いくらいだ。他方、現代社会をつぶさに見渡すと、衣・食・住が多くの中国産に囲われて生活が成り立っている。ここ東寺にも当時の中国製とされる素晴らしい彫刻の仏達を見ることができる。一つは国宝にも指定され、唐時代の作といわれる兜跋毘沙門天立像である。日本にはない、金鎖甲と呼ばれる女性のロング・スカートのような鎧を纏い、天女の手のひらに仁王立ちし、邪鬼がそれを支えている。大きく見開いた眼は、異様に吊り上がり、一度見たら忘れられない顔である。蓮の花を中心にした炎が燃える輪光背、かんむりの前面には一羽の鳥が彫られている、孔雀だろうか。

さらに五大虚空蔵菩薩像も、もう一つの中国伝来の仏様である。五種類の鳥や動物の上に蓮華座を設け、その上に鎮座する五種類の虚空蔵菩薩。いくつかの化仏を付けた冠と輪光背を背負った異色の仏様なのだ。当初は彩色されていたとのことだが、今は退色しており、木彫の上の漆の黒が現れて、それはそれで彫りの様子が把握でき、かえって興味深くかつ見事な像である。

東寺は京都駅から歩いても近くで、近鉄に乗れば一駅である。じっくり時間をかけても良いし、ついでの時にも寄れるので、是非訪れたい古寺なのである。

87、東福寺

紅葉の素晴らしさで定評のある寺だが、伏見稲荷の帰りに寄ってきた。この寺を有名にしたのが通天橋で、紅葉の頃には渡れないほどの賑わいになり、下から見上げるのもよし、橋の上から紅葉のグラデーションを俯瞰するのもよし、と紅葉づくめの寺なのである。小生は何本かのモミジが、ほんのり薄化粧した頃に訪れたので、閑散としていた。橋は昭和時代に再建されたが、天授六（一三八〇）年の創建である。下の谷を歩き伽藍を行き来するのは、散策目当てなら楽しめるが、僧侶にとっては一苦労であろう。双方を歩いてみると、橋のありがたさが身に染みて感じる。

この寺の隠れた存在が、市松模様の庭である。植木・芝・白砂の三種類の〝市松模様〟が楽しめる。植木と芝は方丈庭園で、白砂の市松模様は橋を渡り、さらに坂を登った奥まった開山堂の庭にあり、凛とした清々しさを醸し出している。

先ず驚くのは三門の大きさだ、思遠池に面して「妙雲閣」の扁額を掲げた門は、禅寺での現存は日本最古とされる。南禅寺や知恩院と同じ五間三戸の形式で、中間の三間に扉があり両サイドの一間は白壁である。二層目には釈迦如来と周囲に十六羅漢がお釈迦様をお守りするのは、知恩院と同じである。摂政だった九條道家が奈良の興福寺を模して、東の京に建てたので東福寺とした。実に一七年の歳月を費やして創建し、建長七（一二五五）年に完成したとされる。

ご本尊は釈迦如来、脇侍は観音菩薩と弥勒菩薩である。以前の本尊は、焼失した遺品から推定すると、立像なら一五メートル、坐像ならその半分と巨大だったらしい。この「本堂」は、大正から昭和にかけて再建され、高さ二五メートル五〇センチ、幅四十一メートル四〇センチは昭和期の木造建築では最大級とのことである。その荘厳さは開山堂近くの高台から俯瞰すると良く解る、銀色に輝く瓦屋根の巨大さには誰もが圧倒されるだろう。緑の木々との相性も良し、真っ赤な紅葉との対比もさらに良し、これぞ正にお寺という感がある。

明治二三（一八九〇）年の再建で、方丈建物の周囲を取り囲む本坊にある庭園（八相の庭＝現・東福寺本坊庭園）は我が国唯一で、東西南北にそれぞれ趣の異なる庭を有する。東・南が石庭であるのに対し、北・西は市松模様を基本としている。庫裏から方丈へ向かう渡り廊下の左右に石庭が見える、直ぐ下の右側（東）は長短七つの石の円柱が波打つ白砂の中に佇んでいる。ここは海ではなく空で、七つの石柱はあの柄杓の形を模した〝北斗七星〟だそうで、頭を切り替えるとそのように見えてくる、石の長さが光の強さを表すのだろうか。左（南）を見ると、日本庭園の思想とされる篷莱神仙思想（中国の道教由来の不老不死の仙人が住むと言われる蓬莱山を基に考えられた思想）を現わすといわれる四つの石の塊が白砂の中に見え、その先に苔でおおわれた山が続く。

縁側を角まで歩くと、西側は苔と砂と植木の庭だが、注意深く見ると、植木のサツキかツツジは真四角で隣との空間も交互の真四角に仕切られている。そう、あの歌舞伎役者の佐野川市松が考案した市松模様なのである。縁側を進み通天橋を見ながら、北側に回り込むと、今度は小振りの市松模様が現れる。芝と角石が主役で、右上に行くほどに形が崩れている。これは意図的にグラデーションを設け、だんだんと緑の領域へと誘う仕掛けなのだそうで、作者が言うにはボカシという技法の採用らしい。その先で縁側は一周し終わりだが、それぞれの庭は解説を読むと意図を持っていることが解る、それを自然の中に具現化したところが奇抜で面白い。

本堂から開山堂に向かうには、結構深い谷を越えなければならない。そこで考案され、天授六（一三八〇）年にかけられたのが通天橋というわけだ。往きはこれを渡り、帰りは谷を歩いた。木造屋根付きで、思ったよりも幅が広く、観月台ではないが展望用の突き出た場所もあり、紅葉時期には混雑覚悟で渡らなければならないのだろうか。

通天橋を渡り切った先をさらに奥へと坂を上がると、立派な門に行き着く。開山堂というから、何か小さな御堂がポツンと建っているのかと想像していたが、全くの当て外れだった。門を入ると、左に回廊が回り、ここを歩くと、金堂と思われる御堂に向かうことができる。もちろん庭園内に真直ぐ伸びた敷き石の先にもその御堂は見え、ここを歩くことも可能である。

屋根の中央には、それを突き抜けるようにして設けられた展望台のような木造の建物が異色だ。窓や開閉可能と思える扉、さらには欄干付きの歩廊が回っているようにもみえる。何とこれが開山堂とのことであり、創建当初はここが寺の中心であったのだろうか。堂内一階には開山の師である円爾弁円の尊像が安置され、二階中央の展望台のような建物は伝衣閣と呼ばれるそうで、その御堂の中には、阿弥陀如来立像・布袋和尚坐像・薬師如来坐像が祀られているとある。前の庭園の半分には白砂が敷かれ、一メートル四方位に仕切られている。一つおきに縦横に等間隔の直線が引かれ、全体を見渡すとこれも〝市松模様〟なのである。居並ぶ座禅僧の後ろ姿のように、背筋の通った禅寺の教えを表すかのようでもあり、心が引き締まる思いで奥の院を後にした。

谷と多くの木々、壮大な堂宇の瓦と市松模様尽くしのお寺でもあった。京都の三大涅槃図は、泉涌寺（幅八・縦一六メートル）・東福寺（幅六・縦一二メートル）・本法寺（幅六・縦一〇メートル）とされる。どれにも様々な動物が描かれているが、東福寺の図には唯一ネコが描かれているそうだ（兆殿司（明兆）・

ものである。

室町時代の作）。小生は本法寺のレプリカは拝観したが、他は未だ実現していない、是非機会を作りたい

変わったところでは東司（百雪隠＝便所）があり、日本最古の遺構で、用便も修業とされ作法が定められていたという。山門の反対側には、浴室があり、東大寺の湯屋に次ぐ古いもので、蒸し風呂（現代のサウナ）だったそうだ。

禅寺に付き物なのが禅の道場だが、東福寺の禅堂は〝僧堂〟とも呼ばれ、まさしく僧侶の修行の場であり、現存する道場では最古であり最大でもあるそうだ。開山堂がのどかとも思えるほど、本堂や禅堂は荘厳であり、隙がない佇まいであった。

88、泉涌寺

街道脇に現れた、泉涌寺の入り口となる高い石柱が立つ場所から、参道に折れて寺へと向かう。林の中に点在する幾つかの塔頭の門を覗きながら、参道を一五分ほど歩くと山門に辿り着く。

一般的に寺は高い場所に伽藍を配しているので、長い石段を踏み上がったり、迂回させたスロープを登ったりして本堂に向うことになる。苦労の末辿り着くから、ありがたみやご利益が増すのであろう。足が不自由な方やお年寄りのため、鞍馬寺のように僧侶が運転するケーブルカーや、山梨県の久遠寺のようにロープウエイまで設けているところまである。

しかしここの寺は全く逆なのである、大門と呼ばれる門から一望すると、伽藍を見下ろすことになり、

目線の先は伽藍の屋根の上なのだ。かと言って急坂でもなく、行きだけでなく、帰りも〃よいよい〃程度の傾斜なのがありがたい。東山三六峰の月輪山の麓にあるこの寺の場所は、なだらかな丘陵の谷合に位置するからなのだ。だから豊富な湧き水に恵まれ、寺の名前はその場所に相応しい名前に変わっていった。

門を入ると左に折れる細い参道があり、そこは楊貴妃観音が祀られる観音堂で、この寺では最初に美人が出迎えてくれるのである。山荘を寺として仙游寺としたのが僧侶の神修で、斉衡二（八五五）年に藤原緒嗣より与えられたのが寺の始まりである。

天皇家ゆかりの寺となったのは、貞応三（一二二四）年に勅願寺となってからで、四条天皇が仙游寺に心を止められたのが発端である。後に月輪大師が大伽藍を建立したところ、境内に泉が湧きだし、嘉禄二（一二二六）年に泉涌寺に改め、寺の開祖となったのである。四条天皇の遺言で寺の隣に御陵を築くようにとの命があり、火葬されて以来は孝明天皇（明治天皇の父）までの廟所と成り、多くの皇族が月輪陵に眠る。玉座のある御座所の縁側から眺めた庭の隣が御陵の入り口になっている。表に出て寄ってみたら、手水舎の横には立派な白木の案内板があり、廟に眠る多くの皇族の名前が記されていた。

大門から見下ろした時、一番手前に見えるのが仏殿で、寛文八（一六六八）年に徳川家綱の手で再建された。一見すると二階建ての重層に見えるが、中に入ると単層で、下の屋根は裳階であることが解る。須弥壇には、運慶作の阿弥陀如来・釈迦如来・弥勒菩薩の三世仏（過去・現在・未来）を祀る。堂内には狩野派による彩色画が施され、来迎図か須弥山のような世界が広がる。御堂は木組みが細かで、見応えがあるのは建物の内外共に同じで、外の木端の白が印象に残る。京都の三大涅槃図は、泉涌寺・東福寺・本法寺にあるが、泉涌寺の涅槃図は、幅八メートル、長さ一六メートルもの巨大なもので、吊るしても上と下は折り曲げ、コの字にしなければならないそうだ。つまり極端な話、上部は天井に、中間は壁に、下部は床にコの字型に折らないと仏殿内では鑑賞できないそうだ（明誉古磵（ミョウエコカン）・江戸時代の作）。東福寺や本法寺（長谷川等伯のレプリカは、いつでも見ることができる）の絵と比べ、抜きん出た大きさであることが解る。

その隣には舎利殿が鎮座するが、非公開なのが残念だ。仏殿と共に京都御所からの移設で、舎利塔の中に仏牙舎利（釈迦の牙＝歯）が収められている。天井には狩野山雪の手で鳴き龍が描かれ、手を打つと共鳴する造りのようだ。外観は、裳と漆喰の白壁が、優雅な姿の御堂を一層引き立てており、素晴らしいの一言である。

文化一五（一八一八）年に京都御所内に建造された御里御殿を移築したものが御座所で、それにつながる棟がその時に増築されたそうだ。皇族方が訪れた時には現在も使われ、役割に応じたお付きの人々用の複数の部屋が設けられている。天皇陛下は玉座付きのお部屋にお入りになられるとのことで、一段高い畳の場所と、違い棚付きの床の間、壁や襖には鳳凰が飛び交う画などが素晴らしく、落ち着いた部屋である。部屋に面した和風庭園はこぢんまりしているが風情があり、濡れ縁に座り眺めるのは格別である。塀の向こうは皇室の方々が眠る月輪陵で、霊気が流れ込んでくるような感じもする。

楊貴妃観音堂を見ずにこの寺を去ることができない。羅漢像に囲まれた中央に、淑やかなうつむき加減で迎えてくれる美人像は、楊貴妃の熟年時代のお姿だろうか。これだけ見れば他は見なくても良い、というくらい魅力的かつ見応えがあり、他の寺などにはない存在なのだ。あえて言うならば、中宮寺や広隆寺の弥勒菩薩ぐらいかも知れない。比較の対象にはならないが、どれも生身の御姿のように感じるところは共通している。玄宗皇帝が亡き楊貴妃の像として彫像したともいわれ、南宋から寛喜二（一二三〇）年に請来されたとされる。金色に輝く炎の縁取りと、赤を基調にした色彩豊かな光背。観音独特の宝冠の上には、肩幅にも達する山形に尖った煌びやかな飾り（極楽浄土の宝相華唐草模様の透かし彫り）を乗せている。日本人離れした白木造りのふくよかな顔、滑らかな肌となで肩で細身の体躯、その坐像は貴賓に満ちている。観音経によると、観音様は三十三の姿に変わり、どんな願いも叶えてくれるとされる。玄宗皇帝に愛された女性をモデルとした美貌の観音様、男性よりも女性のファンが多いのは、皇帝は無理としても、美しい姿に変身し世の男性に好かれたいという女性の切なる願いが込められているからなのだろうか。

明治天皇のご意向で宮内省が再建したお堂が霊明殿で、四条天皇を初めとした、天皇や皇族方の御位牌などが納められている。お寺というと、修行僧が勢いよく歩き回り、お経をあげ、何となく元気を感じるものだ。だがここは、優雅でおちつきのある雰囲気を感じる。天皇家の方々をお祀りする寺は、目的は同じでも、空気感すら異なるのである、そんなことを思いながら寺を後にした。

89、今熊野観音

この寺の本尊は十一面観音であるが、ボケ封じ観音様でも知られ、京都・滋賀・大坂・兵庫に十か所ある霊場の一つに数えられている、ボケには認知症も含まれるだろう。関東にも神奈川を除く、一都五県にボケ除け三十三観音霊場があり、奈良・大阪・和歌山には、ボケ除け二十四地蔵霊場もあるのだ。織田信長は人生五〇年と言っていたが、今はその倍の百年時代に入った。高齢化社会では、病気やボケが増えると思われる、かつてはボケる前に命を全うできたが、これからはボケとの戦いの時代だ。健康維持と筋力と脳力（能力でなく）トレーニングが勝負だとも言われている。境内を歩く人は多くはなかったが、この先の世では様相が変化し、ボケ地蔵の参拝客も増えるに違いない。バリアフリー化や自動運転の参拝専用車も必要になるだろうと思われる。

ある時、空海は老翁に姿を変えた熊野権現に出会い、一寸八分の観音像を渡された。そこで、十倍の大きさの一尺八寸の胴内に、託された像を収めた十一面観音を造り、お堂を建立し祀ったとされる。平安時代には熊野詣が盛んだったらしいが、弘法大師がこの地で熊野権現と出会い、その場所に仏を誘致しようと建てたのがこの観音寺だそうだ。権現とは仏の化身とされている、熊野や大峰山は修験者の山であったが、ここ京都は修験道から離れ、名も現代の熊野・今熊野とされたのだ。今では西国三十三観音霊場の第十五番札所としても栄えている。御本尊は弘法大師の作で秘仏、後白河法皇が帰依する頭痛や知恵の観音様でも名を馳せると言われる。

赤い橋の手前には今熊野観音寺の文字を刻んだ大きな石塔が建つ。境内の本堂右には空海を祀る御堂もあり、傍にはボケ封じの観音様が孤独な姿で立っていた。ボケ封じを大切にするには、この像にも御堂を建てて祀れば、老人や家族が大挙してお参りし、ありがたみが倍増すると思うのは小生だけだろうか。それにしても森の中に静かに佇む寺であったのは、気品を伴った泉涌寺の隣という立地条件だからなのだろうか。

90、伏見稲荷大社

行ってビックリ、見てビックリ、資料を読んで三度ビックリ。これほどに奥深いお稲荷さんは他に知らない。日本にはその昔から山岳信仰が栄え、富士・日光（男体山）・熊野・大山（ダイセン＝鳥取）（オオヤマ＝神奈川）・石鎚・霧島・白山・出羽三山（羽黒山・湯殿山・月山）・立山・・・数えたらきりがない。ここ伏見も例外ではなく、稲荷山信仰がことの始まりと言われている。

山岳信仰は、山が御神体であるので、奈良の大神神社のように拝殿はあるが、（基本的には）本殿はなく、山自体が信仰の対象になっている。山岳信仰の山には一般的に、頂上に大きな石や奇岩があり、それを信仰の対象にしていた。例えば、南アルプスの地蔵岳の場合、標高二七六四メートルの頂上に、オベリスクと呼ばれている尖った巨岩がある、これを大日如来として崇拝されているのだ。現在はというと、オベリスクとは別に、個人が石像彫刻のお地蔵様や、様々なシンボルの石を高所まで担ぎ上げ、所かまわず置いて祈りの対象にしている。ここ稲荷山の場合も同様で、標高は二三三メートル足らずだが、だからこそ誰でも山頂までのいたるところに石像などが担ぎ上げることが可能で、社や鳥居が設けられ礼拝所とされているのだろう。

元々稲荷山には三ヶ峰が存在し、一ノ峰＝上之塚、二ノ峰＝中之塚、三ノ峰＝下之塚に加え、人呼塚＝間之塚、という場所に巨岩があったり、土を盛り上げて祈りの場所としていたらしい。今では、個人が様々な信仰対象物を担ぎ上げ、お塚と称し、鳥居や狐を伴う社が置いてあるのだ。そんなことを続けられると、収拾が付かなくなるので、現在は許可された以外は禁止されているとのことである。要は、山岳信仰が個人信仰へと様変わりしたとみてよいだろう。誰が始めたのかは不明だろうが、明治時代に入ってからのようだ。南アルプスの地蔵岳の場合はほんの最近らしいが、放置すれば足の踏みどころもなくなる気がする。

稲荷山はこのような経緯で信仰が始まったが、一般的なお稲荷さんは、民間・神道・仏教による信仰が始まりだと考えられている。三つの説のいずれも稲作や五穀豊穣から始まり、商売繁盛その他に拡大されたようだ。

民間伝承説は全国の稲荷に関係し、土着農民の信仰に由来しており、稲作から始まり商人や一般にも普及していったようである。

神道説は、秦氏が絡み豊作の神ではあるが、前記の稲荷山三ヶ峰での信仰開始がきっかけとされる。朝鮮から帰化した秦氏は、京都の太秦近くを拠点として、当時は新興国だった日本に、大陸（中国・朝鮮）の産業技術を広めた。

仏教伝来説は、東寺の経営に当たっていた空海が絡んでいる。東寺の建設の材木を稲荷山から調達した関係から稲荷信仰へとおよび、ここにも秦氏が登場する。神仏分離以前は、寺にも神社があり（東寺など多くの寺で今でも見られ、日光東照宮はその逆で五重塔が置かれている）、稲荷神社も置かれた。

伏見稲荷では、麓の大鳥居をくぐり、左右の狛犬ならぬ狐のお出迎えを受けて楼門を入り、さらに狐が迎える拝殿に着く。本殿は社の奥に鎮座するようだが、拝殿の屋根はそのカーブが見事で、いかにもご利益がありそうな佇まいである。

一般の参拝はここで充分だろうが、左側に付けられた参道を、山頂の一ノ峰まで行くことにした。幾つもの鳥居をくぐる参道を登り、奥宮へ到着。この先は赤い鳥居が隙間なくどこまでも続く、やがて鳥居の中の道は二手に分かれ、とりあえず左を進む、この辺りが千本鳥居と呼ばれる有名な場所で、どちらを歩いても奥社奉拝所に着く。

外の景色が見えないほどにびっしりと並んだ鳥居にも驚くが、最後の山頂まで確認しようと思い、歩みを止めず先を急いだ。熊鷹社や四辻の展望台を過ぎ、遂には頂上まで辿り着いたが、何と小一時間を要した。神奈川県の大山山頂の阿夫利神社奥宮には行ったが、小生としては前代未聞の稲荷参拝なのである。本殿から一ノ峰（頂上）までの鳥居の数は一万基以上を数えるらしい。とにかく稲荷山全域の登山道にある社の左右にキツネが二匹ずつ宿るわけだ、いったいどれほどの狐を抱えたお山なのだろうか、暇に任せて数えるのも楽しみかもしれない。

余談だが、岐阜県海津市に俗称おちょぼ稲荷がある。月末がお参りのピークで、行く年・くる年ではないが、行く月・来る月のように月を跨る参詣が御利益があるそうだ。会社のサテライト工場が近くだったので、月末の夕方に一度お参りしたが、鳥居の近くで蝋燭と藁紐付きの三角の形に切られた油揚げを買い、神殿に捧げるのだ。蝋燭は専用の燭台に、油揚げは正月のお賽銭宜しく、神殿前に投げ入れる、木の床は油がたっぷり染み込んでおり、参詣客が如何に多いかを物語っていた。

横道に逸れたが、ここ伏見では油揚げ一つ見かけなかった。市街地に近いので、ネコやカラスが多く、禁止されているのかも知れない。創建当初は、稲荷山の山頂に本殿があったらしいが、応仁の乱で山頂まで焼かれ、焼失してしまう。明応八（一四九九）年、本殿は麓の現在の場所に再建された。

小生は、往きは三条駅から京阪電車に乗り、伏見稲荷駅で降りた。駅前から隙間なく立ち並ぶ古風な門前の商店街を抜け、横の方から二番鳥居をくぐり本殿に向かった。帰りはＪＲにしたので、本殿から真直ぐ歩き、大鳥居で振り向いた時に、二番鳥居の先に社が見えた。昔は京阪電車の駅からが表参道だったのだろうか。時代は移りゆくもので、店が一軒も建っていない新しい参道を歩いてみると、何か物足りなさを感じる。やはり人々の暮らしが息づく門前通りがあっての神社仏閣なのだと思った。

今まで多くの神社を参拝したが、どこの神社にもお稲荷さんは付き物だ。小生が生まれた新宿の落合にある中井御霊神社にも、本殿の横に石の鳥居を持った、小振りのお稲荷さんの社がある。全国の神社を調べると、八幡神社を称するのが数からするとトップとのことだ。鎌倉の鶴岡八幡宮は誰でも知ると思うが、そこにも丸山稲荷神社が併設されている。お稲荷さんがどこの神社にも見られるということは、日本の神社で最も多いのが稲荷神社になり、その頂点に君臨するのが伏見稲荷大社であるのだ。

初詣の人出のトップは明治神宮だが、成田山新勝寺・川崎大師・伏見稲荷大社・鶴岡八幡宮がトップ五の順で、伏見は二百七十七万人を数えるとのことのようだ。「そうだ 京都、行こう。」のＪＲ東海ではないが、あのＰＲにも千本鳥居が登場する。誰もが足を運べる本殿、のんびり歩けば千本鳥居の先の奥社奉拝所、健脚向きには山頂の御宮まで、それぞれ自分に合ったお参りが可能だ、そんな伏見稲荷大社なのである。

91、醍醐寺

秀吉の桜のお花見で名が知れた寺で、満開の時期を狙い訪れてみて、なるほど素晴らしい桜だと思った。慶長三（一五九八）年に秀吉が宴を開いた当時は、まだまだ細い幼木だったであろうか、七百本の桜を寄進したそうだ。北政所をはじめ淀君など、正式にお呼ばれした者だけでも千三百人というから、たいそう華やかな花見だったろう。一説には、身分や貧富の差も度外視で、敷物持参で人々を招き入れたとされ、さすが秀吉でそういう気の使い方が好きだ。

しかし、同年七月に倒れ、ねねの介護にも関わらず、翌八月には息を引き取ったのである。まさに桜の花の散るが如きの引き際だった。「露と落ち露と消えにし我が身かな浪速のことも夢のまた夢」：豊臣秀吉（辞世の句）。

醍醐寺の寺域は広く、大まかに上醍醐と下醍醐に分かれ、時間の都合で歩いたのは後者だけであった。開創は空海の孫弟子に当たる理源大師聖宝で貞観一六（八七四）年まで遡る。後の醍醐天皇が上醍醐に薬師堂等を、下醍醐にも伽藍を整えたが、応仁の乱などで焼失してしまう。そこで登場するのが醍醐の花見の秀吉、この寺の復興の末の花見だったそうだ。さらに秀吉は庭造りにも凝っており、特別名勝と史跡に指定されている三宝院の庭園には、水を引き滝を設け、藤戸石と呼ばれる名石や巨石を配した名称庭園を設けている。

寺で最も重要な金堂や御本尊の薬師三尊像は、秀吉が紀州から移設したとされる。上醍醐には薬師堂・開山堂・如意輪堂は残るそうだ。しかし、准胝堂は落雷で焼失し、下醍醐に観音堂を建立し、准胝観音菩薩坐像はそこに安置され、西国三十三観音霊場の十一番札所になっている。

寺内の桜はどこも樹齢を重ねた大木で、花付きの多さからも実に見応えがある。霊宝館横の枝垂れ桜は、大きさ・色・枝振りの三拍子が揃い、小道反対側の二本の染井吉野もそれと競うように見事である。桜が満開の時期とあって、桃源郷ならぬ桜源郷とでも言おうか、夢見る極楽浄土のようでもあった。

秀吉が和歌山から移築した醍醐寺の五重塔は、日本の三名塔の一つとされ、我が国最古の塔・法隆寺の五重塔、西の京とも言われ大内文化の中心だった山口の日本で最も美しいといわれる瑠璃光寺の五重塔と並ぶ。五重塔は、有名な花見が済み、秀吉の亡き後の天暦五（九五一）年に落慶し、京都で最も古い木造建築物とのことだそうである。塔の前は広場になっているが、周囲には桜が植栽されている。満開の桜のもとで、秀吉がその美しい五重塔を見たとしたら、感極まるあまり声を発し、涙を流したであろう。

様々な歴史を感じる名刹を歩いていると、新たな意欲が沸き上がり、いつの日にかは上醍醐まで足を運びたい。老木になると花付きも悪くなると言われる、今が醍醐の桜の見頃であることは確かなのである、奈良不退寺の御詠歌ではないが「桜花・ただ一筋に頼みつつ・醍醐の寺に・急ぎ参らん」・・・秀吉の誘う声が聞えてきそうだ。

コラム：洛南の魅力

平安京の南の端には、羅城門が置かれ、朱雀大路を北上すると、朱雀門に辿り着き、門を入ると大内裏になり、政治の中心であった。羅城門の東西には、東寺と西寺が対象に設けられ、都を守ったとされる。

下りの新幹線が京都駅を出て間もなく、左の車窓から東寺の五重塔が見えてくる。最澄は官僧（朝廷の命で得度）として国の費用で唐に渡るが、空海は私度僧（個人の意志で得度）の身、いわば私費で唐に渡たり、帰国後の二人が仏教の基礎を築いたことは誰もが知るところである。創建後、時の嵯峨天皇は弘仁一四（八二三）年、空海に東寺を与えた。空海はここを真言密教の地へ発展させ、一年後には別当を仰せつかり、運営をも任されるまでになる。

空海は官僧の最澄と異なり、学問に苦労し、志のある誰もが学びを受けられるように、東寺の中に日本初の私立大学、綜藝種智院を設立する。その後紆余曲折を経て、現在の種智院大学が存在し、学長は村主康瑞（すぐりこうずい）氏。空海同様僧侶で、宝塚にある中山寺塔頭・総持院のご住職で、大本山中山寺の長老でもあられる。空海の志は連綿と受け継がれており、学長は「本学の学びの原点は、宗祖弘法大師空海が開創された綜藝種智院にあります。すべての人々に「学び」を開放された宗祖の精神は、現在も全く古びていません。本学は、宗祖の建学精神を現在に受け継ぐとともに、真言密教の智慧を活かして、人が生まれながらに持っている人間的な可能性を育てることを目標としています。」と語る。空海が、身分や貧富や性別や年齢にこだわらず受け入れた精神は、現代の教育システムの中で活かされているのである。

空海は、胎蔵（界）曼荼羅図と金剛界曼荼羅図に描かれている密教の教えを、いかにすれば民衆に理解してもらえるだろうかと、日夜考えた。その結果辿り着いたとされるのが、東寺の講堂に並ぶ仏達だ。立体曼荼羅を一目見れば密教の教えは理解できる、との確信に至ったのであろう。中央に大日如来を置き、左に明王、右に菩薩を配し、天部を含め、二十一尊が安置され、真言密教の教えを解説しているわけである。洛南地域は広い、東福寺・今熊野観音寺・泉涌寺・伏見稲荷大社は徒歩範囲だが、そこから醍醐寺や東寺は距離があり、東寺は京都駅近辺と、醍醐寺はむしろ宇治方面と一緒に訪れることを考えたほうが良いくらいだ。

泉涌寺に向うまでの参道左には塔頭が並び、時間があれば寄るのも良い。本坊では、皇室のしきたりに則った部屋の配置や装飾を見ることができ、お付きの人達の役割に応じた処遇が見てとれる。泉涌寺から森の参道を歩く今熊野観音寺は、熊野詣とは一線を画し、鬱蒼とした森を歩くだけでも心地よい。

東福寺は、伽藍の巨大さに誰もが驚くだろうし、建築に興味がある人にとっては見飽きない。庭園は様々な趣があり、歌舞伎役者だった佐野川市松が考案した市松模様を発見するのも楽しみで、起伏に富んだ広大な寺域を散策するのも変化に富んでいて良いだろう。

伏見稲荷大社へ電車で行く時は、ＪＲではなく、京阪電車に乗り伏見稲荷駅で降りるべきである。参道に隙間なくビッシリ並ぶ昔ながらの門前街は実に良い、ＪＲで行くと駅からの道には、店が全くないので拍子抜けがするだろうし、高揚感が伴わないのである。本殿に着いたら、足に自信があり時間が許せば、山頂まで行くと満足感に浸れる。そこまでは無理なら、せめて奥宮の先まで行けば心は満たされるであろう。そこは赤い鳥居が隙間なくどこまでも続く千本鳥居と呼ばれる有名な場所で、鳥居の中の道はやがて二手に分かれるが、どちらを歩いても奥社奉拝所に着くので安心だ。ここまでは舗装された参道なのと、傾斜も緩いので是非行くことをお勧めしたい。「そうだ 京都、行こう。」にも登場する朱の鳥居は必見であるからだ。

醍醐寺に電車で行くには、JRなら、奈良線の六地蔵駅か東海道線の山科駅で、共に地下鉄東西線に乗り替え醍醐駅下車が便利で唯一の手段だ。寺域は大きく二つに分かれ、山を登った上醍醐と平地の下醍醐である。桜の頃に訪れた時は、それこそ人を見るようであった。寺内の満開の桜は素晴らしく、特に霊宝館横の、醍醐大枝垂れ桜は必見で、すぐ隣には染井吉野の大木もあり、花の共演は素晴らしいの一言である。さらに国宝で日本三大名塔とされる五重塔は、広場があるので三方から観賞できるのでありがたい。完成を待たずに世を去った秀吉は、この塔を見ていない。あの花見もまだまだ幼木だったし、大木は衰えると花付きも損なわれる、今が花見のチャンスかもしれない。

京都⑩（宇治の三大寺）

92、平等院

平安時代に入ると、貴族達の間では死後の身がどうなるかに強い関心が抱かれ、不安と共に様々な考え方をするようになる。仏教で言うところの、他国にはない末法思想が日本に広がった。誰もが一度は見たことがあるのではないかと思われる涅槃図という画が盛んに描かれた。釈迦が命を落とし横たわり、この世に生きる全てのモノが周囲に集まり涙を流している、あの画である。

仏教では、釈迦の死後を三つの時代に分けて説明している、つまり「正法・像法・末法」という世の中だ。釈迦の死後しばらくは正法の時代で、その教えが守られ続ける。正しい釈迦の教えである仏法が伝わるので、仏門に入れば悟りが開かれる。しかし、時代が進み像法の時代では、釈迦の教えが伝わり難くなり、悟りの効果も薄れてくる。さらに我々が生きる現代は、平安時代から一万年もの長い期間、ひたすら続くと言われる末法の時代に入っている。釈迦の教えも効果も期待出来ず、どうすれば救われるのか不安を抱くようになり、そういう時代が現在も延々と続いているわけである。この世で救われないなら、せめて死後のあの世で救われたい。仏教界で考え出されたのが浄土信仰で、法然や親鸞が先導して広めた。その思想を具現化したのが藤原道長で、平等院に設けられている浄土庭園と、浄瑠璃寺に唯一残る九体阿弥陀なのである。九体阿弥陀信仰は消え去り、現在唯一残るのが浄瑠璃寺の九体阿弥陀堂である。

時代も変わり、今となっては九種類の往生ではなく、等しく往生するのが良いとされるのだろうか、阿弥陀如来を単独で祀るようになって来た。鳳凰堂に鎮座する阿弥陀如来坐像は、天喜元（一〇五三）年の定朝作で像高約二七九センチの国宝である。光背に十三仏（大日如来と十二の飛天）、その他合計五二の仏を従える。特に堂内の三方の壁面上部には来迎図が描かれ、極楽浄土へ死者を誘う間、雲中供養菩薩が宙を舞い、音楽を奏で舞や歌でもてなす姿は、異彩を放っている。藤原頼道が父道長の別荘だったのを永承七（一〇五二）年に現在のようにしたのだ。

阿字池を中に、鳳凰堂側があの世の彼岸で、手前がこの世の此岸との設定である。白洲正子によると、日の出前から待つと、日が差し込む様子は素晴らしいとのことだが、開門前なので一般人には見ることができない。想像するには、お顔に合わせて格子に開けた丸窓に朝陽が差し込み、阿弥陀如来が浮かび上がるのだろう。小生が見るのは昼間か午後なので、時間的にはよくないのかも知れないが、扉が開かれ池越しにお顔が拝見できた時もある。屋根の天辺には鳳凰が、手前に流れ落ちる瓦の先には龍の頭が見え、初代の鳳凰は鳳凰館に納まる。鳳凰が羽を広げた形の翼廊が左右に広がり、拝観者は橋を渡り、池から見た右側の翼廊から本堂に入ることになる。

堂内の様子は先にも記したが、特筆すべきは、ご本尊の頭上の天蓋である。外側の四角と内側は八角形をした鏡板で構成され、二重構造になっている。外側の方蓋は透かし彫りの唐草模様が目を引く、天蓋の内側ご本尊の中央の上には、一段と輝く八花鏡と呼ばれる螺鈿の宝相華模様の鏡板が吊るされ、池に反射した光を周囲に拡散させ、ご本尊を照らすのであろうか。御堂の天井にも宝相華や鏡が吊るしてあり、これも堂内の周囲を明るく保つのであろう。これ等の素晴らしい芸術品を見せ「極楽浄土への旅は恐れることはないですよ」とでも言いたいかのようでもある。事実、じっと見上げていると、周囲の飛天と共に、その空間に吸い込まれそうで、「極楽往生もまんざらでもないな」といった気分になってくるから不思議である。堂内から外の景色は写真撮影が許可されたので、あの世から見たこの世をカメラに収めた。

宇治といえば平等院と宇治茶は欠かせない。中国の宋から栄西が持ち帰ったお茶の栽培方法は鎌倉時代に明恵上人により、高雄の高山寺の茶園から宇治にもたらされたとされ、豊臣秀吉や千利休が好み、宇治茶の名は全国に知れ渡っている。

日本人は平等院のお堂を、お守りのように誰もが持ち歩いている。後の世はキャッシュレスになるそうだが、お守りとしての十円玉の代わりとなるモノは登場するのだろうか、それは誰もが行くことになる鳳凰堂の世界から確認できることなのかも知れない。

93、三室戸寺

紫陽花の頃には、ＪＲ宇治駅から直通のバスが出る。歩いたら遠いのと、昔は無料だったので乗って行くのがベストであった。山門を入り、参道の右下に紫陽花の群落地を見ながら、だらだらと登り坂をしばらく歩く。最後に石段を上がると、びっしりと幾重にも並んだ鉢から、所々に葉より高く背を伸ばした蓮の花が見事に咲き乱れ、花越しに重厚な本堂の屋根が聳え立つ。

宝亀元（七七〇）年、光仁天皇が、毎夜宮殿に差し込む霊光の発生場所を知りたく、右少弁犬養に命じ探させたのだった。犬養が渓流に沿って山中に分け入ると、青く澄んだ清淵に光明赫々とした千手観音菩薩が現れ、掬い上げると仏像の一尺二寸の観音様に変わったそうだ、天皇の命で後にそれを宮中に招き入れたのであった。その後、現在の場所に清淵から持ってきた秘仏の観音を基に、最初に清淵に現れた光明赫々とした千手観音菩薩を、二丈一尺の新たなお尊像として造立した。元の一尺二寸の尊像を、その体内に納め、三室戸寺に迎え、寺の完成をみたとされている。

本堂は文化十一（一八一四）年に落慶し、御本尊は後に造立された金銅製の二臂千手観世音菩薩である。平安時代には多くの伽藍を持つ大寺だったようなのだ。しかも、かつては西国三十三観音霊場の結願の寺でもあったが、現在は第十番に変わっている、本尊は秘仏で御前立しか拝めないのが残念だ。釈迦如来像、阿弥陀三尊像などは宝物館で拝めるが、月一回の開館なのでこれも見られなかった。お釈迦様は摸刻の清凉寺式で、脇侍の勢至と観音の両菩薩は、三千院と同じく正座スタイルで、いつでもすぐにお出ましする意思をお持ちなのが頼もしい。

庭の右方向には鐘楼と三重塔も見え、鐘楼奥には不動明王が、洞窟とまではいえないが、磨崖仏として刻まれている。健脚の信者が全国の山道を駆け巡っていた頃は、多くの行者がここを訪れたと言われ、修験道の寺としても栄えたようだ。

紫式部はここまで来たのであろうか（諸説あるが、小生としては本人の著作と考えたい）、鐘楼の手前には、源氏物語の宇治十帖に描かれた浮舟の碑がひっそりと立っている。夫の薫と匂の宮との間で心が揺れ動いた浮舟、丘の下の遠くには身を沈めようとした宇治川が望める。のどかな初夏の日差しは、その平地や川原を温め、上昇気流となって登ってくる。それはまるで浮舟の魂の化身に思えるほどに生暖かい。高台に咲く蓮の花は、はかない女心に揺さぶられるかのようになびくのであった。

丘を下る林には、色とりどりの紫陽花が見事に咲き誇り、華やかし頃の浮舟そのものなのだろうか、花々は実に可憐である。迷路のように続く花の楽園の中をゆっくりと歩み、浮舟の心の中はいかばかりだったのだろうか、などを思いつつ山門を後にした。「よもすがら・月をみむろとわけゆけば・宇治の川瀬に・たつはしらなみ」西国十番・観音霊場ご詠歌より。明星山三室戸寺は宇治の丘の上に静かに佇むのであった。

94、萬福寺

隠元禅師という、明朝時代の臨済宗を代表する中国の高僧が開創した寺である。福建省にある禅宗の一派、黄檗山萬福寺の住職で、弟子二〇名を伴い、承応三（一六五四）年に来日した。

日本には禅宗という宗派はないが、禅宗と総称される中に、臨済宗と曹洞宗があり、当初は臨済宗黄檗派を名乗っていたが、幕府の意向で明治九年に黄檗宗を名乗ることになる。経緯は調べてはいないが、臨済宗の一派にしてはあまりにも異国情緒に富み、従来からある寺々から異論が唱えられたのかも知れない。この三宗は座禅を中心とした修行によって、心の本性が明らかにされ、悟りが得られるとしている。

インゲン豆と同じ発音の隠元禅師は、何となく親しみがあり覚えやすい名前なので知れ渡っているのではないだろうか。事実インゲン豆は禅師と共に渡来し、その他スイカ、レンコン、ナス、タケノコ、ナンキンマメも持ち込んだようだ。そんな僧侶が開山した寺は、中国色が濃く、異国情緒満載の興味深い寺院なのだ。どこの寺でも使用され、お経の時にたたかれる〝木魚〟も師が導入したと言われ、ここでは一抱えもする大きな木魚が使われていた。

禅宗では、正法眼蔵や座禅を重視し、心の持ちようが全てに通じる唯心を大切にしている。要は自分は何物なのかを追求し、生き抜くことで阿弥陀如来に帰依するのだろうか。唯心は哲学に通じる考え方で、宇治の萬福寺に行くと、今まで訪れた寺々とは明らかに異なる雰囲気が漂う。

伽藍の建築様式、木材の種類、諸物の形、僧の一日の修行、食事など様々な所作は中国に帰依するのであろうか、異国的な目新しさに感動を覚える。どこの寺に行っても伽藍はともかく、貴重な仏像は撮影禁止が多い、理由は様々なのだろうが、萬福寺は飛鳥寺と並び撮影や模写は自由である。

京都から奈良に向かう途中の宇治の手前に、黄檗という名の駅がある、萬福寺が属す黄檗宗から採った駅名であろうか。駅を降り、五分ほど歩くと総門に到着する。一目見て異国情緒漂う門の形で、屋根を三分割し、中央部分を上に押し上げ、その端を下の屋根に乗せる二段構えだ。上下の屋根瓦の端には、名古屋城の天守閣のように、黒瓦の鯱を乗せ、三間の朱の柱は中央部を解放し、出入りが可能になっている。寺の規模からすると、こぢんまりしており、意表を突かれた感じだ。

ここからが寺域ではあるが、伽藍が立ち並ぶのは少し歩いた先になる。放生池という名の池を見ながら右方向を目指すと三門に到着、ここからが拝観領域になる。ここで総門を見た時の疑念を晴らすことができたのである、三間三戸の門は大本山に相応しく、大きく立派な二層造りで、上に「黄檗山」下に「萬福寺」の額が掲げられている。

三門を西端に伽藍は左右対称に並ぶ。萬福寺は、中国福建省から渡来された隠元隆琦禅師が、後水尾法皇や徳川家綱の尊崇を得て、寛文元（一六六一）年開創された。伽藍の配置や堂舎の建築様式は、中国の明朝様式を取り入れている。創建から現在に至るまで、戦乱や災害にも遭遇せず、禅宗伽藍建築群は、主要二十三棟を始め回廊他を含め、国の重要文化財に指定されている。

三門を入り離れた先の石段の上には、玄関に当たる天王殿が見えている。「天王殿」の額の下に、金運来福の文字が吊るされ、五色に彩られている。何でも二つに分ける中国の陰陽思想と五行（自然界は木・火・土・金・水で成り立つ）と色（五行の色＝青・赤・黄・白・黒（紫））が組み合わされ表現されていた。堂内には布袋様の金色に輝く大きな像が置かれ、へそを前面に大きく膨らんだお腹と満面の笑顔をふりまき、左手に袋を携えている、七福神でも馴染み深い中国の弥勒菩薩である。他に四天王（東：持国天・南：増長天・西：広目天・北：多聞天）、それに韋駄天が四隅と堂内を守っている。

先の奥には本堂の大雄宝殿が置かれ、屋根は二重だが室内は単層で天井が高い。上部の軒には隠元書の

「大雄宝殿」の額が、下の裳階には木工庵書の「萬徳尊」の額が掲げられている。本堂に使われている木材は、日本特有の檜などの針葉樹ではなく、東南アジアのフィリピンからインドにかけて分布するチーク材であり、仏教建築としては珍しく貴重とされる。前面左右には、日本の仏教建築には見られない丸窓を配し、一目で異国の寺との印象がある。本尊の釈迦如来座像は、寛文九（一六六九）年に造立され、二五〇センチの木像で、釈迦十大弟子の阿難陀（多門第一‥お釈迦様の最後の二〇年間、身の世話をし最も多くの教えを聞いた）と訶迦葉（頭陀第一‥衣食住に対する執着心を払い除け励んだ）を伴い、三像とも金箔仕上げで輝いている。須弥壇の上を見上げると「真空」の文字が額に納まっており、これは明治天皇の御寝筆であるそうだ。御堂の両サイドの窓際には、十六羅漢（仏教を後の世にまで頼むぞ、との釈迦の遺言を託された十六人の弟子）の他に、慶友（ケイユウ）尊者と賓頭蘆（ビンヅル）尊者を加えた十八羅漢が左右に分かれ並ぶ。この方式は中国の明代の寺院形式を受け継ぐもので、中国の大雄宝殿と同じだそうである。登場する仏の顔は、どことなく異国情緒が漂うので、この寺のおかれた背景が強く感じられる。

さらに奥には法堂が建ち、そこには「獅子吼」の文字を納めた額が掲げられている。今までの伽藍と異なり、東西の方丈と共に檜皮葺で、他の伽藍とは違う和風のイメージが、かえって異色を感じたほどである。

この奥は、威徳殿へと続くが、説法と修行の場だからなのか、立ち入りは禁じられていた。寺の案内によると、法堂内には須弥壇が置かれ、その上には楷書で書かれた「法堂」の額が掲げられ、隠元禅師の直筆の大書とされる。法堂の場所からは、南に並ぶ伽藍が見下ろせ、鐘楼や祖師堂などの伽藍が並び、伽藍はほとんどと言ってもよいくらい回廊で繋がっており、中国の寺院様式を表しているのであろう。

この寺の修行や、食事を含めた諸作法は、開梆（カイパン）と雲版（ウンパン）による合図で始まる。開梆は、木製の魚の形をしたものや、単純な四角い板で作られており、木槌で叩いて音を出すことで、起床や就寝その他を知らせる。雲版は食事や朝の日課に使われ、青銅製である。静かな環境だから続けられるのであろうか、都会の喧騒の中では、役立たずの可能性が大きいかも知れない。

コラム：宇治の魅力

世に禅宗という宗派はないが、禅寺は、栄西の臨済宗・道元の曹洞宗・隠元の黄檗宗の三つに大別される。曹洞宗は福井の永平寺が大本山だが、宇治の萬福寺は臨済宗から独立し黄檗宗となったのは先に述べた。京都の禅寺は、曹洞宗と黄檗宗は数えるほどで、他は全て臨済宗を名乗っている。しかも驚くことに多くの塔頭を従えた大本山が多い、天龍寺・妙心寺・南禅寺・建仁寺・大徳寺・相国寺・東福寺である。栄西禅師は、建仁寺を創建し建仁寺に没し、その名の通り根っからの臨済禅の主であった。従って栄西を師と仰ぐ多くの僧が誕生し臨済宗を広めたのであろう。ここ宇治の特産品といえば何と言ってもお茶で、臨済宗はお茶との関係も深く、それを知るには栄西禅師や明恵上人にまで遡る必要がある。日本のお茶の産地は、宇治はもとより、九州・八女・静岡・川根・埼玉・狭山などが挙げられるが、知名度からすれば宇治は断トツなのだ。お茶は、明恵上人が臨済宗の開祖栄西から栽培を学び、日本最古の茶園を築いたのが京都高雄の高山寺である。その後明恵上人は宇治の地でも、栽培の指導を行い、今では抹茶・煎茶・玉露などが次々と開発され、全国有数のお茶の産地になっている。大徳寺では、茶人千利休が秀吉の逆鱗に触れ、自害に追い込まれる悲劇が起こった。

その秀吉も利休から茶を学び、北野大茶湯を開催し、千人もの人が押しかけ楽しんだとされる。北野大茶湯は、天正十五（一五八七）年に北野天満宮で開催された茶会だ。その時使われた茶室〝東陽坊〟が建仁寺境内に残されている。東陽坊長盛は真如堂の塔頭住職で、これまた利休に茶を学んだ。利休も長盛を可愛がり、楽焼の創始者である長次郎作の中から、利休が見立てた名作七茶碗の一つ、黒茶碗東陽坊と茶釜（東陽坊の文字を鋳込んだ）を高弟の東陽坊に献じたとされる。

小生が訪れた三寺院は、阿弥陀信仰と仏像の平等院、花と紅葉と源氏物語の浮舟が寄り添う三室戸寺、中国の伽藍や仏教が楽しめる異色の萬福寺、どの季節に訪れても期待を裏切らないのが、銘茶と古刹の宇治なのである。

京都⑪（洛北の山里）

95、上賀茂神社（賀茂別雷神社）

京都では最も古い神社と言われ、一の鳥居を一礼し抜けると、何と芝生の中の参道を二の鳥居まで進む。明治神宮の西参道にも、額ほどではあるが似た場所がある。一礼し二の鳥居を入ると今度は小川が流れ、川は合流分岐しているが、それぞれに名前がある。ここは賀茂氏のゆかりの地で、賀茂玉依比売命（かもたまよりひめのみこと）が川で身を清め懐妊し、生んだ子が天に向かい、降臨したのが社殿背後の神山で、その人こそ神として崇められている賀茂別雷大神だそうだ。朱塗りの玉橋で御物忌川を渡ると、朱塗りと白壁の回廊を跨ぐように楼門が見えている。反対側から流れ来るのは御手洗川で、玉橋の左で川は合流し、流れ下る先の名は、ならの小川（水源である楢の原生林からの命名）となる。「風そよぐ・ならの小川の夕暮れは・みそぎぞ夏のしるしなりける」：百人一首から。

小生は別の日に、流れ下ったならの小川のせせらぎが流れる、下賀茂神社を訪れたことがある。たまたま出会った〝みたらし祭り〟の足浸け神事で、湧き出た水を貯めた御手洗池で足を清め、ご神水を飲み内臓まで清めたのだ。京都の人にとって「みそぎぞ夏のしるしなりける」は今も生活に溶け込んでいる、この祭りなくして夏は迎えられないのだ、いまだに続くとは何と素晴らしいことか。

上賀茂神社に戻ろう、ここの神域は糺の森が周囲を取り囲む、縄文時代からの自然林で、三万六千坪の森は欅・榎・樵・楢・樫などの広葉樹で構成され、北山杉のような人工林とは全く異なる貴重な森である。登場するならの小川の〝なら〟は奈良ではなくブナ科の楢の木のことで、樵の生息地は天然の貯水池とも言われ、水の浄化作用もあり、御神水としては最高なのであろう。

日本に残されている天然ブナ林で有名なのが、世界遺産に登録されている、秋田・青森にまたがる白神山地で、天然の貯水池とも言われている。ここ京都では神社の北北西にある秀峰・神山がそれに相当し、水源から湧き出た水は、神山から明神川となり神社境内に流れ入る。源流は桟敷ヶ岳と言われ、賀茂川水系に含まれるが、この辺り一帯は緑豊かな森で神そのものなのである。

天然の森は神域と言っても良いのであろう、今や日本の水源は地権者により、中国などの他国に売られているとも聞く。日本人は、日本に居ながら、日本の水が持ち去られるのを横目で見ていなければならない時代になってしまったのだ。国をあげ水源は守らねばならないのである、そのようなことを考えていると、上賀茂神社の出番が訪れているような気がしてならない。

96、貴船神社

出町柳を出た二両の電車は、カーブの続く山中の貴船口駅に停まった。結構長い階段を下り、森の中のような道路を歩き出す。川沿いの道路は緩いカーブで、せせらぎ沿いの登り坂は、それほど急ではなく心地良い。二十から三十分は歩いただろうか、右側に宿と料亭のような趣の館が川と道路に挟まれるように建っている。その前方左に赤い鳥居と石段、赤い柵と多くの灯篭に神域の趣を感じる。

平安時代の歌人である和泉式部が、夫の心変わりに悩み、ここに祈願し願いが叶ったことは有名だ。さらに、境内に湧き出す泉は枯れたことがないとされ、水を命とする料理人や関係する商売人からの信仰は篤いとされ、参詣者が絶えないそうだ。

結社は古く、神武天皇の曾祖父までさらに遡らねばならない。日本神話に登場する中で、誰もが一度は聞いたことのある名前といえば、木花開（咲）那姫（コノハナサクヤヒメ）ではなかろうか。絶世の美女であったとも言われ、楊貴妃も真っ青になるほどで、桜の花も一目置いたほどだとされる。日本一の高さを誇る富士山、そこの浅間神社にも木花咲那姫は祀られている。八ヶ岳と山の高さを争った富士山だが、頂上間に樋を渡し、中央から水を注いだら富士山に流れた。これを素直に受け入れなかった強情な姫は強硬手段におよび、何と八ヶ岳をけ飛ばし破壊してしまい、日本一を獲得したとされている。木花咲那姫を祀る神社も多い、富士の浅間神社はもとより、木花神社（宮崎）を初め伊勢神宮、縣神社（宇治）、高千穂神社（九州）などなど全国におよぶようだ。

木花咲那姫には姉がいた、神武天皇の曾祖父（瓊瓊杵尊：ニニギノミコト）の愛を妹に取られ、失恋してしまったのである。その姉が人々に良縁を授ける為に居られるのが、ここ貴船神社とされる。姉である磐長姫命（イワナガヒメノミコト）のその思いは人々に届けられ続けている、お参りに訪れた和泉式部もご利益を授かったように、広く女性達に夢を与え続けていると知った。湧きだす泉あり、木漏れ日あり、木々の間を吹き抜ける風は爽やかで、恋の成就を叶えてくれることは、疑う余地がないのも貴船神社なのである。

97、鞍馬寺

伝説の鞍馬天狗を知らない人の方が稀だろう、ここ鞍馬山の僧正ケ谷に住み、牛若丸（源義経）に剣術を教えたとされる。今で言う小学校に入学せず、十年位鞍馬山に籠り、剣術に磨きを掛け市中に戻った牛若丸の師匠は鞍馬天狗だったのだ。

さらに、源氏物語にも登場する寺「北山のなにがし寺」が鞍馬寺だ、ここで最愛の紫上（若い少女時代）に出会う源氏、源氏物語は山中にも及んでいたのは、流石の京都と言える。紫式部は若宮だった源氏と若紫の初対面の場として、意図あってこの山中を選んだのだろう。若さと好奇心の強い二人の出会い、洛中でもなく、身近な情景の場でもなく、あえて山中としたのは、新鮮かつ強烈な恋を想定してのことであったに違いない。

奈良時代に鑑真が苦難の船旅にもめげず渡来し、東大寺と唐招提寺で活躍された。その愛弟子の鑑禎により宝亀元（七九六）年に草創した説や、藤原伊勢人が延暦十五（七九六）年に創建したとも言われるのが鞍馬寺である。

鞍馬行きの電車に乗り、終点で下車する人の目的は、温泉もあるが、鞍馬参りが大半であろう。山門は仁王門と呼ばれ、朱塗りの木造で、左右の格子の中には、湛慶作の阿吽の仁王像が納まる。単層ではあるが階が設けられ周回できるようだ。ここを潜るといよいよ神聖な寺域の中に踏み入れるわけで、自ずと背筋も伸びる。左の烏樞沙摩明王（ウスサマミョウオウ）というトイレの神様を祭る場所で用を足し、少しでも身を軽くして山登りの行に掛かる。

水かけ観音や六地蔵を通り、聖観音様を祀る修養道場の先には、晋明殿と呼ばれるケーブルカーの駅が現れる。寺が運営するれっきとした鉄道法に則った施設で、単線の二百メートルという短さだが、歩き慣れない人にはありがたい。小生等は、袈裟を纏った僧侶が運転する違和感や興味も浮かんで、乗ってみたいとも思ったが止めておいた。それよりも何よりも、九十九折りの途中に十か所以上もある礼拝所や景勝地に寄りたかったのだ。これ等を省いても良いのであれば、歩くだけでも三十分の道のりを、たったの二分で登り切るケーブルはありがたい。

「遠きて近きもの、くらまのつづらをりといふ道」とは清少納言が参詣の状況を枕草子に記しているので、ここの九十九折参道は有名だ。確かに九十九まではいかないが、折り曲がりながら登るので、傾斜のほどは知れており、余程の不自由な足でなければ歩けるだろう。距離も稼げるので、所々に置かれた参拝所も、休憩がてらに立ち寄るのに丁度良い。ケーブルでも九十九折りでも、本殿の金堂が建つ標高四百十メートルの場所まではもう一登りしなければならない。

見晴らしが素晴らしい平坦な場所に金堂は建っており、狛犬ならぬ、阿吽の狛寅が出迎えてくれるのが異彩を放つ。狼とか天狗ならまだしも、寅とはどういうことか、多くの寺々に寅が描かれているのを知ってのことか、何とも不思議だ。北方の守護神の毘沙門天は、北の山中から都を守る〝京の守護神〟でもある。鞍馬寺は、鞍馬弘教と呼ばれる天台密教系ではあるが、宗派を問わない寺でもあり、秘仏の聖観音・毘沙門天・護法魔王尊（影向の杉の巨木）を三位一体とし、尊天として霊宝殿に安置する。国宝の毘沙門天三尊像、毘沙門天は妻の吉祥天と子の善膩師童子を従え、右手に錫杖を持ち、左手をおでこに当て遠くを眺めている。兜跋毘沙門天は、異国情緒豊かな鎧を纏い、二頭の邪鬼と仏の掌に支えられ仁王立ちしている。その他三体の毘沙門天が並び、鎮護国家と福徳を授ける仏を並べ、京の都を監視しているのかのようでもある。

人里離れた奥深い山中は、今でも鬱蒼とした森を従えている。都を取り巻く山々、神や仏、ひいては天狗まで住み着き、四方八方から守りを固めているのであろう。金堂左から行者道と思しき細道が奥の山中へと続く、奥の院に向かう参道である。もちろんここは健脚向きの参拝路には変わりない。

小生は下調べをしなかったので貴船神社を先に参拝したが、どう考えても逆であった。奥の院に向う途中には、与謝野晶子の書斎が移築され、鉄幹と共にその歌碑が置かれている。地蔵堂の先は、岩盤に遮られた木々の根が地表に網の目のように現れている〝木の根道〟となり、不動堂・義経堂・魔王殿を経て、西門を抜けると貴船神社へ向う参道が続いている。天候や時間帯にもよるが、山道を歩き慣れていれば、鞍馬を先に貴船を後にお参りすべきと思ったが時既に遅しであり、小生は残念ながら金堂止まりの参拝であった。

98、寂光院

壇ノ浦の戦いで敗れた平家、命を絶とうと入水したものの救われた徳子。山奥のこの地に、身を隠すように生き永らえた。尼と化し門主になり、平家一門の菩提を弔う。世継ぎで、わが子でもあった安徳天皇との別離はいかばかりであったろうか。祇園精舎の鐘の声から始まる物語はあまりにも有名だ。インドの竹林精舎の隣に築かれた国が祇園精舎、源信の往生要集と合わせて考えると理解が進むだろう。

亡き人を弔う行為は、とかく後ろ向きに思われがちだが、果たしてそうであろうか。その可能性を思い、身代わりとして将来に夢を膨らませ、自らをも喚起させることが可能になれば、菩提も浮かばれるに違いない。当時の女性は表に出ることがなかった、だからこそ落人のように身を隠し尼となり、手段を変えて人々との交流を続け、訪れる人々に様々な思いを託したようにも思えてくる。そんな余生を送ったと思われる庵室跡が、使われていた井戸と共に本堂の裏手に残されている。

寺の本堂は、推古天皇二（五九四）年、聖徳太子が父の用明天皇を弔う為に創建され、自彫の地蔵菩薩を祀ったとされる。平成一二（二〇〇〇）年の火災で焼失したが、飛鳥時代から代々受け継がれた設計思想が貫かれ再建されているとのことだ。聖徳太子お手製の本尊は六万体地蔵尊と呼ばれ、平成の火災で損傷が激しく、収蔵庫に安置された。胎内には三千体にもおよぶ小さな地蔵菩薩が、経文などと共に納められており、ほとんどは無事で、宝物館で拝観できる。現在の本尊は、平成一七（二〇〇五）年に復元された、瓜二つとも言える忠実な姿となっているそうだ。像高約二五六センチの彩色で、建礼門院・阿波内侍の両坐像と共に新たに建立された。

鐘楼は平家物語に相応しい名「諸行無常の鐘」と命名している。インドの祇園精舎では、鐘を打つ習慣がなく、鐘もないようだが、この鐘の誕生は宝暦二（一七五二）年と鋳込まれており、近江の鋳物師の作である。ここ大原の里は、歩を進めればその数だけ素晴らしい発見がある、低い山並み・人の手がかけられた田畑・のどかな風景に溶け込んだ家々。そんな里で鳴る鐘はどんな響きなのだろうか。三千院の先には声明（ショウミョウ）で有名な勝林院もある、その声と鐘の音の響きが重なるとどんなハーモニーが生まれるのだろうか、聞いてみたいものだ。

99、三千院

京都では、青蓮院・妙法院と並び、天台三門跡と呼ばれ、天台浄土教の念仏道場でもあった格式の高い寺院である。人里離れた地で、炭焼きをし生計を立てていた頃、大原の女性は炭を頭に乗せ売り歩いたとされる、いわゆる大原女（オハラメ）である。今でも京都駅からはバスで一時間は要する山間で、その面影を感じる風光明媚な場所だ。

英国から来た、ハーブ研究家のベニシアさん（令和五（二〇二三）年六月没）も、好んで定住していた。

阿波内侍・建礼門院・ベニシア、大原女の人々が暮らす里。その誰もが恋に破れたわけではないが、〝女一人〟の歌詞の真っ先に出てくるのが「♪京都～大原三千院～恋に破れた女が一人♪」である。

バスを降り、参道を高台へと登るにつれ、城壁のような石垣が現れ、その先に山門が見える。石段を登って入るのが御殿門で西門、正門の朱雀門は南側に位置するが、現在は閉門されている。平安時代は浄土信仰があつく、極楽往生を願って、貴族達はこぞって信仰に走った。巨万の富を仏教などに投じ、様々な堂宇が建てられたりもした。創建は最澄が比叡山に設けた小さな堂宇まで遡る、比叡の御堂を円仁に継がせこの地に移った。最澄の堂宇は代々引き継がれた後、明治四年に霊元天皇により三千院を拝命した。

遠い昔、隋の時代に天台宗の開祖である智顗（チギ）が言うには、一念三千（一念に三千の諸仏を観る）の思いで修行することが大切、仏と向き合うにはそれ位の覚悟が必要であると。そのような故事から名づけられたのが三千院なのだ。明治時代、大原の地にその名で根を下ろし、現在に至るのである。

寺域は広く、なだらかな丘に高い杉の木が茂り、その中に堂宇が離れた場所に建立されている。その間は細い参道でつながり、苔生した中に石碑や可愛いい石像が幾つか置かれ、爽やかな風の中を歩いているといかにも聖域との感がするのである。御本尊は、本堂の宸殿に鎮座する薬師瑠璃光如来で、伝教大師最澄の作とされ、秘仏である。

しかし、三千院と言ったら、阿弥陀三尊像なくしては語れない。往生極楽院に祀られる像は、久安四（一一四八）年造立の木造漆箔押しで、金箔で覆われ光り輝くから尚更ご利益がありそうに思える。大きな光背に守られるような阿弥陀如来、御堂に鎮座させる為に、天井を船底のように設え、御堂と一体となっている感じに受け取れる。三体とも坐像で、像高は阿弥陀如来がいわゆる丈六の二メートル三十センチ、菩薩が半丈六の一メートル三十センチというのでかなり大きい。

共に国宝であるが、他の寺の像と異なるのは、観音菩薩と勢至菩薩の座り方である。結跏趺坐ではなく、正座をしているが、お尻を若干浮かし、立ち上がろうとしているようにも見える。この座り方は大和座りと言われるらしく、阿弥陀如来と共に死者を迎えに行く寸前の姿と言って良いのだろう。寺としては「死後も安心し、極楽往生できるお寺ですよ」と三尊像を借りて言いたいに違いない。信者にとっては、「誠にありがたい御姿で、安心して天国へ旅立てるなら、このお寺にお任せしよう」と心が決まる、そんな気がすると言っても罰は当たらないであろう。

コラム：洛北の魅力

街中にある神社仏閣はそれなりに趣があって良いが、市街地から距離を置いた自然の風景に溶け込んだ場所はそれ以上の特徴が出ているのが好ましい。市街地に一番近い、上賀茂神社ですら、背後に神聖な神山を抱え、鬱蒼とした森と共に、神の領域そのものの中に鎮座しているのだ。

三千院と寂光院はのどかな山間の地なので、十年単位でみても、周囲の景観の変化は少ないのではないだろうか。どこにいても日向ぼっこができそうな明るい場所が大原の地である。鬱蒼とした木立の鞍馬とは、陰と陽の差ほどの違いで、令和五（二〇二三）年六月に世を去られたベニシアさんが、ハーブを育てるには格好の地であったのではないだろうか。土地の産物を頭に乗せ売り歩いたとされる大原女、そんな女性たちは土地柄からいえば、明るい性格であっただろうと想像できる。

建礼門院徳子が隠れ住んだ大原は、何となく宇治のイメージに似たような気もする、浮舟と徳子が入水したものの、助けられたのも奇遇といえば奇遇である。三室戸寺も、常寂光寺の丘も女性にとっては格好の住処なのかも知れないのである。

出町柳を出たエイデン（叡山電車鞍馬線）が貴船口駅の二つ手前の市原駅を出発すると、モミジのトンネルになる。春は新緑、秋は紅葉のトンネルで、電車も速度を落としてくれ、日が暮れるとライトアップもされる。運良く天井脇がガラス張りの車輛に乗り合わせれば、その感動はさらに増す。クライマックスは次の二の瀬駅までだが貴船口駅も周囲がモミジの木なので、撮り鉄の撮影ポイントで、モミジの中を登ってくる車輛や、鉄橋を渡り鞍馬に向かう列車は撮り逃せない。

貴船神社や鞍馬寺近くの山は、多種の木々が織り成す自然林で、新緑や紅葉は変化に富んでおり見飽きることがない。和泉式部が貴船神社で祈りの末に念願が叶えられたのも、紫式部が鞍馬の地で若紫と光源氏を引き合わせたのも、そんな森の霊験あらたかな場所だからと知ってのことだったのだろう。

天狗が我が物顔で駆け抜ける鞍馬山は、空海が住んだ神護寺と似た地形である、最澄は神護寺には住みつかず、比叡山との間を毎日のように駆け抜けたと聞く。仏教を広めた僧達は、念仏を唱えながら修行も兼ね、天狗のような健脚ぶりを発揮していたに違いない。

京都⑫（両極端の京都）

100、浄瑠璃寺

ここは本当に京都なの、と思わず疑いたくなるような場所にあるのが浄瑠璃寺である、京都府木津川市加茂とあるからいうまでもなくなく京都なのだ。奈良駅から乗ったバスは市街を抜け、山間へと入っていく。上り坂のカーブを幾つか越え、森の木々が途切れ、明るい場所でバスは停まった。門前に茶屋も並ばない、農家のお宅へ向かうと思しき小道を歩くと、浄瑠璃寺のこぢんまりした山門に行き着く。もうかれこれ三十数年は経つだろうから今は状況が変わっているかも知れない。

寺内を進むと、小道は池に遮られ左右に分かれる。左には山の緑に溶け込むように三重塔が見える。右は池と建物の間に、広くはないが明るい色の土の空間があり、陽の光を反射させ、回廊に回された障子の白を一層際立たせている、これが本堂である。

平安時代に入ると、貴族達の間では死後の身がどうなるかに強い関心を抱くようになり、日本独自の考え方が芽生えたようだ。仏教が盛んだったインドや中国にはない末法思想が日本には広がった。平安時代からこの先も一万年続くと言われる末法の時代に我々は暮らしている。人々は釈迦の教えも効果も期待出来ず、どうすれば救われるのか不安を抱くようになり、そんな世の中は、現在も延々と続いているわけである。この世で救われないなら、せめて死後のあの世で救われたい。仏教界で考え出されたのが浄土信仰で、法然や親鸞が先導して広めた。

その思想を具現化したのが藤原道長で、平等院に設けられている浄土庭園と、浄瑠璃寺に唯一残る九体阿弥陀なのである。宇治の平等院もそうであるが、池を挟んでこの世の此岸と、あの世の彼岸を隔てて、彼岸の位置にお堂を置く配置は同じだ。お堂の中には、あの世でお迎えしてくれるといわれる阿弥陀如来、金色の神々しいお姿が迎い入れてくれる。平等院の阿弥陀様は一体であるが、浄瑠璃寺には何と九体もの阿弥陀様が鎮座されている。古の頃には、京都でも九体の阿弥陀様をお祀りする習わしがあり、守られていたそうだが、今もその思想を継ぐのは浄瑠璃寺だけと聞く。

東京世田谷を走る東急大井町線に九品仏という名の駅がある。そこにあるのが九品仏・浄真寺というお寺だ。浄真寺を拝観すれば、なぜ九体もの阿弥陀様を祀るのか、一目瞭然という言葉通りに理解できる。観無量寿経の九品往生の思想に則っとり具現化されているというのである。我々はこの世で様々な差別を強いられ、好むと好まざるとに関わらず、それを受け入れ生き抜いている。だが、あの世に行っても、現世での生き様（努力や心がけ、行いや品格など）により上下九通りに仕分けられるそうで、死んでも差別が待っているのだ。

閻魔大王の御沙汰がどう下るのかは、三途の川を前にしてみないとわからない。臨終の時のお迎えの使者も、上は阿弥陀如来がお付きの二十五菩薩全員を従えてやって来る上品上生（ジョウボン・ジョウショウ）から、下は誰も迎えに来ない下品下生（ゲボン・ゲショウ）まで、その差別的扱いは死と共に再開するから恐ろしい。あの世に行っても、九段階に応じた阿弥陀様に、それぞれの御沙汰によって寄り添うことになるのだ。

浄真寺には、上品堂・中品堂・下品堂の三つのお堂が配置され、それぞれに三体の阿弥陀様が祀られている。お堂の中の三体は、上生・中生・下生に分類され、合計で九体の阿弥陀様がおられるというわけだ。例えば中央にある上品堂の中の阿弥陀様は、上品上生・上品中生・上品下生の三体であり、中品・下品堂も同じ考えの三体である。この九体は、例えお堂を離れて外でお会いしても、誰もが見分けることができる仕掛けになっている。宗派や条件によって変わるらしいが、「印＝イン」と呼ばれる手の形を見ると解るのだ。「品」の手の置かれた位置と「生」の親指とどの指が触れ合っているかを組み合わせることで九種類の阿弥陀様を見分けるとの設定だ。横道に逸れてしまったが、京都に戻ろう。

この寺の拝観順序は、先ずこの世に建つ三重塔から始めるのが良い。既に述べたが，塔内には我々が生活しているこの世、仏教では東方の浄瑠璃世界なのだが、そこにいるとされる薬師如来坐像が祀られており、浄瑠璃寺の名はそこからきているのだ。治承二（一一七八）年に京都の一条大宮からの移築とされる、国宝の三重塔では一番背の低い一六メートル八センチで一階部分に薬師如来は鎮座する。白壁以外の木部は朱に染められ、その木っ端は白く塗られ、桧皮葺の屋根と相まって非常に美しい。その下に立ち、池越しに望むあの世、仏教では西方浄土とされるが、そこに建つ御堂は稀にみる横長であるのが不思議だ。

池を回り込み本堂に入ると、九体もの阿弥陀如来が横一列に並び、圧巻であるのと同時に、お堂が横長である疑問が解けるのである。極楽浄土とはこのような素晴らしい場所だと知れば、死と向き合うことも恐れずに済むというものだ。平安時代の仏教関係者が、苦渋の末に導き出した、具体的で誰をも納得させ得る教えであったのだろう。浄瑠璃寺の九体阿弥陀座像、ひときわ大きな中央の中尊はいわゆる丈六（一丈六尺）サイズ（坐像なので高さは立像の半分の二メートル二十センチ）、両脇の四体（計八体）はそれより小振りの阿弥陀様である。御姿の形から、中尊と他の八尊は揃って上品ということだが、あの偉大なる法然ですら下品での極楽浄土入りだったと聞く。

我々一般人は残念ながら閻魔大王様は素直に上品には推挙してはくれないだろう。だからこそ日頃の行いを悔い改めると阿弥陀如来に手を合わせ、お誓いする必要がありそうなのだ。現世で生きている間にたゆまぬ努力をし、せいぜい下品から中や上に引き上げていただけるよう、お願いしなければならないわけである。これが寺院に出向いてお祈りする、幾つかの願いごとの一つに挙げられる。浄瑠璃寺にはそんな仕掛けがされていたとは思いもしなかったし、気付いたのはさらに後になってからなので、時既に遅しの境地である。

浄瑠璃寺には更なる仕掛けも施されている。宝ヶ池を隔てた三重塔側の此岸と、本堂側の彼岸との位置関係は、微妙に計算された上での設計なのだと知った。何かというと、薬師如来がいらっしゃる三重塔が真東であり、阿弥陀如来の中尊がいらっしゃる本堂が真西に当たるように仕組まれているのだ。彼岸の中日に真東、つまり薬師如来の後ろから昇った太陽はその頭の真上と、中尊である阿弥陀如来の真上を通り、西方浄土の彼方へと沈んでいくのだ。つまり彼岸の中日に阿弥陀様をお参りすれば、障子があろうがなかろうが、お体には陽の光が左右均等に当たり、理想的なお姿を拝めるわけである。

中尊の左脇には厨子が置かれ、吉祥天立像が納まっている。運良く、たまたま御開帳の時に訪れ、厨子の扉は開かれていた。古くはインドの女神で、ヒンズー教の神の妻とされるが、渡来した日本では、なぜか毘沙門天の妻と言われるようになったらしい。毘沙門天は、聖徳太子以上の感性で、一度に多くの人の全ての事柄を聞き漏らさないといわれ、多聞天の別名がある位だ。その妻であるからだろうか、様々な願いごとを聞きいれ、富や幸せを呼び込む神、吉祥天となったようだ。左手に如意宝珠を示すように掲げ、「どんな願いも叶えてさしあげます」と言わんばかりで、その御姿は美しい天女を思わせる。頭上から足元まで、煌びやかな装飾品と衣装を纏うお姿は、男女を問わず魅了されるだろう。

特筆すべきはその御顔だ、真っ白い風船を膨らませたようなふくよかな表情は、なぜか煌いて見えるほどだ。東寺の講堂に並ぶ仏像は、空海が曼陀羅図を解釈しやすく立体化したものである。智積院を飾る長谷川等伯の息子の久蔵が描いた桜図は、帆立や牡蠣の貝殻を粉にした胡粉を使い、白い輝きを放ち、見る者を圧倒させる。極彩色豊かなこの吉祥天は、まるで日本画を立体化し表現したかのようだ。この像に使われている顔料も、日本画と同種のものが使われているのだろうか、描き分けられた色使いは、単なる色彩とは異なり素晴らしく、御姿共々心に染み込んで離れないのである。

どこのお寺にも奥の院というお堂が設けられており、開山の祖だったり、秘仏だったり、様々な思いが込められた場所がある。寺の案内所で聞いたら、ここ浄瑠璃寺も例外ではなく、奥の院があるとの説明だった。ほとんど人も通わない危険な場所だと念を押されたが、そうなるとますます興味が湧き、行き方を聞き早速出かけることにした。バス停まで戻り、バスが登ってきた奈良駅方面に五分ほど道路を下ると、左手に当尾（トオノ）阿弥陀磨岩仏が道路の石垣に据えられ、その脇から左の山中に山道が伸びている。浄瑠璃寺奥の院の道標があるので迷うことはない、だが問題はその先だった。道はだんだんと狭まり、斜面の木々の間に設けられた、人一人がやっと通れる位の登山道のような細道なのである。整備が行きとどかずビジネスシューズでは危険な位だ、やがて長い急な下りは沢へと辿り着く。奥の院といってもお堂はなく、良く見ると石仏が三体、周囲を水が滝の如く流れる沢の岩の上に離れた間隔で置かれている。上部には不動明王、少し下の離れた左右に、コンガラ童子とセイタカ童子二体が不動明王をお守りしていた。この場所はお寺の関係者はもとより、信者の方々もお参りしないのだろうか、往復四十分ほどの山道は荒れ放題。枯れ枝が道に積み重なり、崖の土も崩れ放題、生きた心地がしなかったし、クマやタヌキやキツネが出なかったのが不思議なくらいであった。死を覚悟で行った奥の院は前代未聞であった。現在はどうなっているのだろうか。

101、八坂の塔（法観寺）

京都ではこの塔が見える近辺を宿にしている。何回も来ているが、いつも夜に到着し、欲張って名所旧跡を歩こうと朝は早い、つまり昼間はこの近辺にいないのだ。京都では最も親しみのある塔なのだが、遠望するだけで、一度も寺の境内には入ったことがないのが不思議な位である。遅くに着いた時は、鴨川沿いにやって来るが、夕暮れ時は清水寺経由で三寧坂を下り、塔を見ながら二寧坂の細道を見て、八坂にやって来る。というわけで寺の門が開いている時を知らない、ライトアップされているか、朝日に輝く頃が馴染みの塔と言えるだろう。

寺の名は法観寺、有名な木曽義仲の首塚もあるらしいが如何せん門を潜らないから見ていない。遠くからも遠望できる塔の高さは四六メートルで白鳳時代の様式を受け継ぐといわれる。度々の火災にもめげず再建され、永享一二（一四四〇）年に足利義教の再興のものが現存とのことである。京の都を見下ろすかのような高台に建ち、誰もが親しみを持って見上げる、その優雅な姿は末永く人々に愛され続けていくことに違いない。わざわざ一〇一番目を設けたのは、次の百ヵ所へのスタートのつもりでもあるのだ！

コラム：京都の臍と隠れ里

誰もがお守りのお堂として肌身離さず持っているのが、京都は宇治の鳳凰堂だろう。キャッシュレス時代が迫る中、十円玉の行方はどうなるのだろうか、いらぬ心配も頭を過る。そんな平等院は宇治なので京都と思えるが、同じ浄土信仰の浄瑠璃寺は京都の外れでもわけが違う。奈良駅からバスに三・四〇分揺られると浄瑠璃寺バス停に着く。てっきり奈良の寺かと思っていたが、帰宅後にパンフレットで、そこは京都であり奈良との県境近くだと知った。平安時代は疫病が流行したそうだ、医学は未熟で病気にかかれば死の世界が待っており、その恐怖から人々を救おうと、宗教関係者は躍起だったそうだ。現在も続く仏陀の教えも伝わらない末法の時代は、皆が死を恐れ、そこから逃れようとした。末法思想から生まれたのが浄土（阿弥陀）信仰で、九品往生などが考えられ、過去の行いにより往生は九種類に分けられた。

此岸の浄瑠璃世界に三重塔を置き薬師如来を鎮座させ、池の対岸には、彼岸の極楽浄土のお堂に九体の阿弥陀如来を鎮座させているのが浄瑠璃寺であり、一体の阿弥陀如来の平等院と考え方は同じだ。盛んだった九品往生を知る唯一の寺は、京都の隠れ里のような場所に残され建っていた。やがて草木国土悉皆成仏の考えも出てきたりして、命あるものは等しく往生できるとも言われ、盛んだった九体阿弥陀は、京都では浄瑠璃寺に唯一残されるまでになってしまったのである。

京都といえば祇園、祇園といえば京都。かれこれ四〇年以上前になるだろうか、向町にあった設備メーカーに行った帰りに、始めてお茶屋に寄ったことがあった。開発部長だった藤原良夫さんと一緒に、暖簾をくぐったのを思い出す。確か、建仁寺と鴨川の間の細い路地だったと記憶する。京都出身で、京都工芸繊維大学に通われていた藤原さん、馴染みのお店だったのだろうか、店先で女将がビックリした顔つきで、お互いが疎遠の侘びを口にした。昼間だったので、客室ではなく女将の居間のような座敷だったが、町屋に見られるような、小振りな石灯籠と池を配した坪庭が風情を誘った。若造だったあの時は、お茶屋などの知識は全くなく、店の名前も聞かなかったので、その後訪れる機会はなかった。

格式の高い店では一見さんお断りだから暖簾もくぐれない。あの時、客として遊んでいたら、病み付きになり、今頃は身上を潰していたかも知れないと思うとゾッとする。建仁寺へ向かう時は、わざわざお茶屋が並ぶ小路を歩くのが好きだ。もう一つ好きな道をあげれば、清水寺から産寧坂を下り、八坂の塔へ向かう小路も乙なものである。特に人波が消えた夜、薄明かりの中、遠くに灯りで照らされ浮き上がる八坂の塔の存在感は格別なのだ。その素晴らしい姿は誰の目にもとまるだろうし、京都の臍のような趣がある（カバーの裏表紙）。

臍といえば、六角堂（七二頁参照）に臍石が置かれており、そこが京都の中心との説もある。京都タワーが、ただ駅前の目印としての役割なのとは全く異なり、もう一つの臍としての存在が八坂の塔だ。小路の角で塔を真下から見上げ、その木組みの素晴らしさをいつでも堪能できるのも観光寺とは違った楽しみだ。

その先の下り坂に、上が大きく下にいくと小さくなる、赤い身代わり申が一本の糸に何体も吊り下げられた街並みは、京都らしくて落ち着く気分になれるのが良い。京都には庚申信仰が生活の中に根付いているのだろうか、不老長寿を祈る中国の道教によるとされる飾り物。十干十二支（じっかんじゅうにし：十二支はおなじみの〝えと〟）の組み合わせ、十と十二の最小公倍数の六十が周期となる。「十干（甲・乙・丙・丁・戊・己・庚・辛・壬・癸）、十二支（子・丑・寅・卯・辰・巳・午・未・申・酉・戌・亥）」年齢では一回りの六十歳を還暦として祝うのは誰でも知るところである。年でなく日にも六十の周期がおとずれ、信仰によると、この日に寝てしまうと体の中に住む見張り役が天の帝に飛び、日頃の行いを報告するそうだ。悪事の回数や大きさで寿命が短くされてしまうらしい、寝なければ伝令は飛ばないそうなので、たとえ悪事を働かせても寿命は短くされない。お茶屋さんや飲み屋の玄関先に下がる身代わり申、事情を知らない小生の都合の良い勝手な判断では、この日に店に通い、夜通し舞妓や芸妓をあげ、寝ずに過ごせば長生きできるに違いない。たぶん京都の人達は信心深く、義理人情にも厚いのだろう。毎年一月の十日戎の日には、建仁寺そばの恵比寿神社の境内は、花街の女性の姿であふれると聞く、京の街に住む人々の信心深さには頭があがらない。そんな小生はというと、信仰心はさほど篤くはないが、寺や神社に詣でた時は、拝殿で必ず頭を下げている、京都の人は「特別の思いがあってのこと」と受け取っているのかも知れない。

あとがき 〜エピローグ〜

全国各地に点在する遺産などはどれも貴重であるが、日本人の歴史や文化を辿るには、奈良と京都の二カ所は特に参考になり、形あるもの（建築・仏&神像・美術工芸品・古文書など）を見て理解するのが好きなので、この地での旅を続けている。旅好きはこれで終わるはずもなく、未来永劫の行脚となるであろうが、目次の項に記した百の区切りでまとめてみた。

五年前には、多肉植物の自生する姿を求め、南アフリカ共和国の道なき道の原野三千五百キロを、十日間に渡りアウトドア車で走り抜いた、七十歳の古希を迎えた時だった。前代未聞の体験は、時が経つにつれ「とんでもない所へ行ってきたのだ、こんな旅は自分の中にしまっておいてはダメダ！　多くの人に知らせなければ！」とその思いは益々強くなっていくのだった。植物といえども栽培品と異なり、自生種は品種の見分けに苦労はしたが、多肉植物の第一人者、小林浩様のご指導の下、写真集を兼ねた、本邦初の南アフリカ多肉植物原野紀行『Cape Plants』を三年前に発刊した。専門色が強い内容から、多肉植物の趣味家を対象に、会員制の「国際多肉植物協会」主催の行事や、園芸店などで冊子として販売させていただき、八百人を超える方々に楽しんでいただいている。一般の方々向けの内容にし、書店に置いたらどうかとの意見が多く寄せられ、写真を増やした改訂版も出版予定だ。おりしもコロナとの共生が進み、海外旅行も復活の兆しが見え始め、国内外を問わず、様々な目的での旅行者が増えることに期待したい。

小生は歩くことと写真を撮るのが好きで、写友会と冠して、大学の仲間とスマホや一眼レフなどを持ち、主に東京周辺を撮り歩き、作品に説明文などを添え、パソコンメールで交換しあったりもしている。そのメンバーに、森田和夫さんという文章の達人がおり、業務で世界中を駆け巡っている知識人でもある。英会話はもちろん、フランス語やドイツ語も理解できるので、海外でのビジネスや旅行には事欠かないという。クラッシック音楽や旅行好きで、特にヨーロッパの音楽や街や歴史を織り交ぜた紀行文には興味をそそられ、いつかは我が身もと夢を見ている。そんな森田さんには、今回の編集作業にメールで参加していただいた。

（有）1ミリの古谷聡さんは、多肉植物の先輩古谷卓さんの御長男で、今回の編集と本のデザインや作成にご尽力いただいた。お二人にはこの場を借りてお礼申し上げたい。

また文中に実名で登場する友人や先輩には、日頃大変お世話になっている。更には旅先で出会った地元の方々や旅行者、神社仏閣の関係者など、様々なお知恵を拝借した多くの方々にも合せてお礼する次第です。

神社仏閣はのんびり歩くに越したことはなく、可能ならば百歳までの余生を活かし、さらなる収穫を得たいと希望に燃えている。リニアが走れば日帰りでも時間的には充分になるだろうし、そうなると困るのは宿泊施設の経営者かもしれないが、そこはインバウンドを見込むなど、取組み次第で先が見えてくるだろう。円安が加速し、海外へは行きにくくなっている、歴史や文化を見てまわる国内旅行を見直す良い機会になってきた。

資源に乏しい我が国は、小生を含めた多くの人々が企業戦士となり、様々な技術を確立しそれを礎に、「技術立国」を実現させ、豊かさを享受出来るまでに成長できた。残念なことに現在は、あらゆる面と言ってもよい程に、他国と比べ見劣りがし、成長はおろか衰退の一途を辿っている状況なのが心配だ。美味しい水・酒・調理での「おもてなし立国」、充実した医療技術での健康維持を基にした「長寿立国」、地震・台風・大雨・津波を克服し、自国を含めた世界に提供する「防災立国」、インバウンド需要喚起を梃にした「観光立国」などを確立しなければならないと感じる。傾きかけた国を豊かにしなければ先は見えてしまう、「新生日本立国」へ向けた課題は山積しているのである。自国についてよく知り、学びを通して日本人として誇りを持てる国に変える必要があるのだろう。それに加え、文化を見直す時代が訪れている。世界広しといえども、日本には他に類をみない多くの芸術文化や伝統芸能、地域に密着した民芸などが根付いている。何としてでも文化力を高め「文化立国」の実現は、今まで以上に重要な課題になっていると思える。

文化庁が〝文化の臍京都〟を拠点に根を下ろし、古都の地「京都&奈良」で活動を開始した。東山文化をひたすら愛した足利義政は、晩年に月を見る為に、山荘東山殿（銀閣寺）を設けた。文化芸術分野において、人材育成を始めとした取組みで、伝統の維持と創出を模索し、義政の様に新たな成果を出すことが求められているのではないだろうか。

最後に、古都に限らず国内外を含め、好奇心を前面に出し、未知を既知に変えながら、旅を続けたいと思うのである。小生のつたない経験が、多少なりとも読者の皆様のお役に立てば幸いと思う次第です。小生はメモよりも記憶に頼るので、文中に不確かな記述があればご容赦願いたい。カメラを肩にかけ、一日八千歩を確保し、健康と希望に満ちた明日を願いながら。

【著者略歴】
松原 裕一（まつばら ゆういち）
東京都新宿区に生まれる。地元の幼稚園・小学校・中学校・高等学校を経て、武蔵工業大学（現：東京都市大学）卒。ソニーケミカル（株）入社、協栄プリント技研（株）顧問を経て、２０２３年９月ＢＯＯＫマークのＹＭ総研始動。著書に南アフリカ多肉植物原野紀行『Cape plants』（２０２０年）がある。

古都・行った

私の・京都&奈良・収穫旅行

二〇二三年十二月二十四日　初版発行

著者・発行者　松原 裕一
発行所　ＹＭ総研
〒１６１－００３２
東京都新宿区中落合４丁目１９番２号
印刷・製本　モリモト印刷株式会社
デザイン　古谷 聡（ichimilli）

ISBN:978-4-9913251-1-3